U0674834

创新创业丛书

日文原书名　ハイテク産業を創る地域エコシステム

西澤昭夫　忽那憲治　樋原伸彦　佐分利応貴　若林直樹　金井一賴　著

于飞　姚家宏　曲淑艳　译

创业企业的
国际经验

东北财经大学出版社
Dongbei University of Finance & Economics Press

大连

辽宁省版权局著作权合同登记号：06-2017-122

NAZE SEKAIWA FUKYOUNI OCHIITTANOKA BY Kazuto by Kazuto Ikeo & Nobuo Ikeda.
Copyright©2009 by Kazuto Ikeo & Nobuo Ikeda. All rights reserved.
Originally published in Japan by Nikkei Business Publications，Inc.
Simplified Chinese translation rights arranged with Nikkei Business Publications，Inc through
Nishikawa Communications Co.，Ltd.

图书在版编目（CIP）数据

创业企业的国际经验 / （日）西泽昭夫等著；于飞，姚家宏，曲淑艳译 . 一大连：东北财经
大学出版社，2017.6
（创新创业丛书）
ISBN 978-7-5654-2713-8

Ⅰ．创…　Ⅱ．①西…②于…③姚…④曲…　Ⅲ．高新技术企业-企业管理　Ⅳ．F276.44

中国版本图书馆CIP数据核字（2017）第036243号

东北财经大学出版社出版发行
　　大连市黑石礁尖山街217号　邮政编码　116025
　　网　　址：http：//www．dufep．cn
　　读者信箱：dufep @ dufe．edu．cn
大连图腾彩色印刷有限公司印刷

幅面尺寸：170mm×240mm　字数：207千字　印张：15.25
2017年6月第1版　　　　　　　2017年6月第1次印刷
责任编辑：李　季　王　莹　　责任校对：何　力
封面设计：冀贵收　　　　　　　版式设计：钟福建
定价：42.00元

教学支持　售后服务　　联系电话：（0411）84710309
版权所有　侵权必究　　举报电话：（0411）84710523
如有印装质量问题，请联系营销部：（0411）84710711

↘ 前 言

　　日本风险企业是否分成了微观论和宏观派？答案是不仅分为重视国家扶持政策的宏观派和注重企业家活动的微观派，甚至存在从企业家的独立自主立场特征来看应该拒绝接受国家扶持政策的争议。但是，正是这种分裂阻碍了日本风险企业抱团创业、成长以及集聚的发展。在欧美，有很多通过风险企业的抱团创业、成长、集聚而形成高新技术产业的成功案例。它们通过中间组织的区域生态系统，使企业联合体即企业家的微观活动和国家主导的宏观政策巧妙地衔接在一起，从而实现了其成长和集聚。

　　为了以欧美高新技术产业的形成为对象，依据之前的研究，对现状进行分析，探究作为中间组织的微观活动和宏观政策衔接的区域生态系统的构建过程及其构造和功能，由独立行政法人经济产业研究所（以下称为RIETI）成立了"以NTBFs的创业、成长、集聚为目的的区域生态系统的构建"研究会，以西泽昭夫（RIETI研究所成员、东北大学）为研究代表，由通晓日美欧风险企业理论和政策等的金井一赖（大阪大学）、忽那宪治（神户大学）、佐分利应贵（东北大学、经济产业省、京都大学）、玉井由树（东北大学大学院、爱知淑德大学）、丹野光明（政策投资银行、民间都市开发推进机构）、樋原伸彦（立命馆大学、早稻田大学）、若林直树（京都大学）组成了一个研究团队，从2007年9月开始，进行了为期两年的调查研究。

　　此调查研究初期正值产业集群理论的全盛时期。产业集群不仅支持风险企业，对区域经济重建也有一定效果，作为"万能药"备受期待，而区域生态系统的概念几乎没有被正视。但是，在2010年12月全美产业学校管理机构的专家在华盛顿召开的由大学发起的风险企业支持会议"大学创业：为未来经济发展铺平道路（University Startups：Paving the Road to

Future Economic Strength）" 上，围绕着对高校科技成果转化风险企业的支持，把由以大学为核心的支持性组织称作区域生态系统（regional eco-system），各区域单独组建，区域间竞争在谋求比过去更好的结果。以扩大区域生态系统为目标，联邦政府也创建了 i6 Challenge Grant 区域支持制度等，本书列举的波士顿、硅谷、奥斯汀等先例，作为一种促进政策，使其扩展到全美国。

另外，在上述调查研究中，把承担大学方面的尖端研究成果商业化的新创企业称为高新技术创业企业（new technology-based firms，NTBFs），关注高校科技成果转化风险企业 NTBFs，依据其产生、发展的历史进程和企业特征，重新为风险企业下定义。从这个分析角度来看，把围绕着波士顿的 NTBFs 抱团创业、成长、集聚（在世界上初次创建了 ARD 等风险投资、在迷你电脑这一微型电子计算机产业内形成了新部门进而推动经济发展，形成了硅谷模式）的区域生态系统构建过程作为分析对象。

据 A. 萨克森宁（A.Saxenian）的评价，波士顿虽然比硅谷历史悠久，却没有硅谷那样的影响力，所以虽然初次在世界上构建了围绕着 NTBFs 的抱团创业、成长、集聚的区域生态系统，但其历史意义并没有得到充分的探讨。要探寻必须创建围绕着作为风险投资对象的 NTBFs 的抱团创业、成长、集聚的区域生态系统的因果关系，必须对起初不得不创建风险投资的波士顿给予足够的关注。要弄清波士顿构建区域生态系统的必然性、构建过程及其构造和功能，必须界定作为中间组织的区域生态系统，这是一个极其重要的研究课题。

从支持风险企业的观点来看，仅探明作为中间组织的区域生态系统构建的必然性及其构造和功能是不够的。可以说，弄清风险企业的抱团创业、成长、集聚的区域生态系统构建的具体条件和过程同样是重要的课题。因此，把波士顿的研究和欧美高新技术产业的形成作为对象进行先行研究和实地调查，尝试推导出一种可以看到已形成的区域生态系统所具有的类似性和其构建过程的多样性这种矛盾特征的模式。通过这种模式，使得宏观政策与微观企业家活动相结合，把使抱团创业、成长、集聚成为可能的中间组织——区域生态系统构建的复杂过程可视化，能够提出其再次出现的可能性。

但是，通过这种模式的导出，发现必须探寻区域生态系统的构建过程，即如何既具有由区域特性产生的多样性又具有已形成的区域生态系统的类似性的复杂过程，因此，并非要立即进行构建的尝试，而是要明确在区域内开发所扮演的重要角色是什么。于是，谁能在区域中主导其复杂的构建过程这个新的课题也随之浮出水面。

RIETI 的研究会带着以上的问题展开了调查研究活动。通过持续的研究会议的召开，虽然想要探明日美之间的类似性和差异性，但是为了与US 模式相对化，将分析角度综合化，决定采用欧洲的范例。作为具体的调查对象区域，选定了剑桥（英国）、爱丁堡和格拉斯哥（苏格兰）、奥卢（芬兰）、慕尼黑（德国）、以色列等地，于 2008 年组建团队进行了实地调查。之后，为了再次确认研究成果的妥当性，对美国波士顿、硅谷、奥斯汀进行了再次调查，并且继续调查了底特律、波特兰、明尼阿波利斯等地。通过这些研究活动和实地调查，最终发挥研究团队各自的专业性，归纳总结研究成果编著了本书。

最后，对于在类似但说法不同的研究题目下共同进行研究的 RIETI 表示衷心感谢。而且，由于 RIETI 的川本明研究调整负责人（现企业再生机构）、尾崎雅彦研究协调员（现大阪大学）、富田秀昭研究协调员参加了本研究会，使倾向于理论研究的研究团队更加关注政策观点。事实上，正是由于部分政策制定者的参加，才使得理论分析和政策的对应统一得以实现。大家在百忙之中能来参加本研究会，在此深表感谢。另外，在研究会议的召开和实地调查方面，也得到了 RIETI 研究支持人员矢户洋子、木村麻弥的帮助，在此也深表感谢。

此外，在本书付梓之际，向给予本书出版关心与帮助的有斐阁书籍编辑二部的藤田裕子也致以深深的谢意。

执笔者代表：西泽昭夫

2012 年 1 月 23 日

由NTBFs形成高新技术产业

[西泽昭夫]

1 US模式的引进和停顿

日本自20世纪90年代末以来，连续引进了以US模式为目标的新的改革政策，如《产学技术转移促进法》、日本版《拜杜法案》（Bayh-Dole Act）、"高校科技成果转化风险企业1 000家计划"、"产业集群计划"、"智慧集群创业"等。泡沫经济的崩溃已过去了10年，受美国IT泡沫的影响而日渐高涨的全球IT热对日本经济没有起到新的发展作用，随着全球IT泡沫破裂，在担心经济萧条深化之际，肩负灵活运用大学研究成果进而形成高新技术产业重担的高校科技成果转化风险企业备受期待。

在此后一连串的新的改革政策下，借着"小泉改革"的热潮，高校科技成果转化风险企业的目标不仅超过了1 000家[①]，还有相继创建新兴市场的效果，即使在泡沫经济期间也没有见过如此之多的首次公开募股（ini-

---

[①] 据估计，2004年年末的高校科技成果转化风险企业数量累计为1 112家，营业额合计1 635亿日元，总就业人数为11 231人（价值综合研究所，2005）。

tial public offering, IPO）①企业上市。但是，2006 年的活力门（Live
Door）事件以后，在新兴市场上的丑闻事件和 IPO 企业的业绩不佳，使
得风险企业面临的形势突然恶化，2006 年以后，高校科技成果转化风险
企业不断减少（如图序-1所示）。

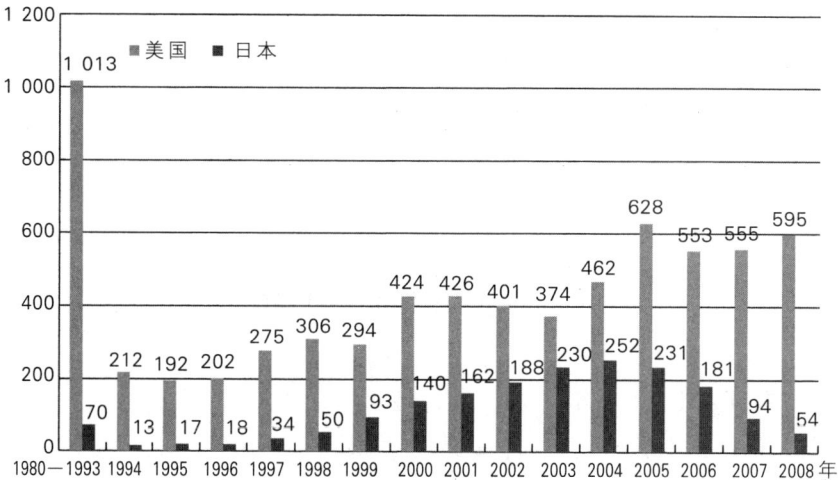

图序-1　日本高校科技成果转化风险企业创业数量的变化趋势

　　不能忽略雷曼事件的影响，由于在新兴市场上 IPO 丑闻频频发生，加
上干事证券公司和监察法人等的自我调控，预示了 IPO 急剧下降的倾向
（如图序-2所示）。如今，日本风险企业（包含高校科技成果转化风险企
业）的风险很大，肩负着高新技术产业形成的重担，应给予积极支持的公
众意识还没有形成。不但如此，移植 US 模式的高新技术产业形成政策被
贴上了"市场原理主义"的标签，随着政权的交替，正在由成长政策转向
分配政策，开始重视对于期待景气对策和雇佣对策的即效性的传统企业给

---

　　①　IPO 是指首次公开募股，是发行市场（primary market）上的行为，而新股上市则是流通市场
（secondary market）上的行为，意味着能够在市场上买卖该发行公司的股票。虽然在日本曾经使用"新
股上市"一词来形容 IPO，但是由于公司法针对上市公司另有规定，因此有必要将 IPO 与新股上市进行
区分。

予再造支持。

企业数量（家）

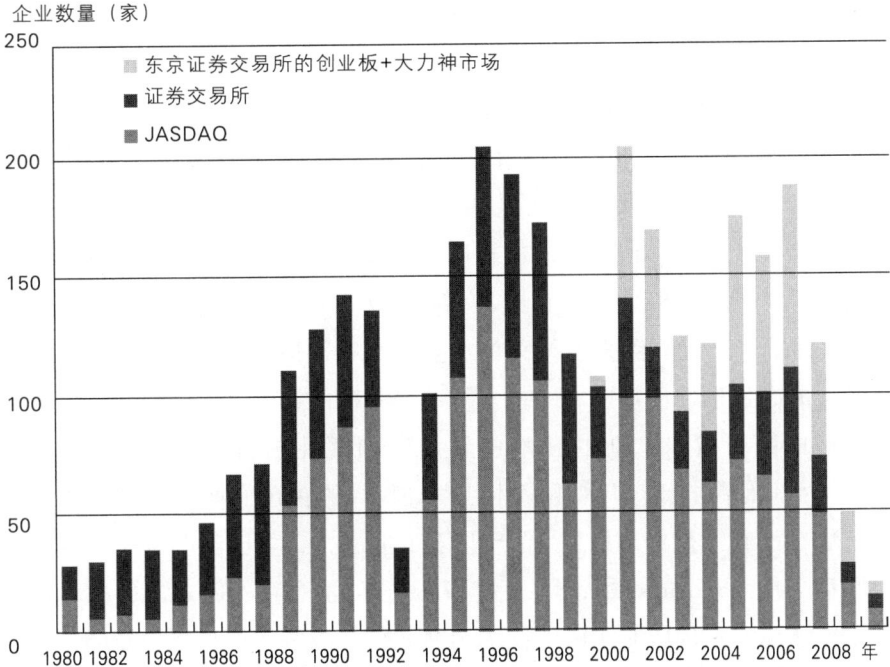

图序-2　新上市企业数量（含已在其他交易所上市又在本交易所上市的企业数量）

　　美国风险企业支援政策是由和"市场原理主义"不同的组织原理构成的。作为第二次世界大战以后世界经济发展引擎的美国产业，其衰退引起了全球经济危机。风险企业支援政策正是为了度过由美国所引起的经济危机而被提出的。从一直以来由联邦政府主导的宏观政策，转化为面向地域方面的产学官连同主导的实施体制，发生了很大的结构性改革。

　　如果上述观点成立的话，在亚洲各国的产业发展中后来居上的日本，可以说US模式是不应被拒之门外的政策，它被错误地贴上了"市场原理主义"的标签。为了验证US模式的历史脉络、形成过程、功能等，实现其根本目的而不得不设计、实施何种政策，正是日本现今应该研究的课题。

2   NTBFs 的抱团创业、成长、集聚和高新技术产业的形成

那么，为什么引进由高校科技成果转化风险企业形成高新技术产业的 US 模式是必要的呢？对于这个问题的回答是：为了真正地使日本经济得到恢复，只能依赖于新产业而且是高新技术产业[①]的形成。在发达国家，使经济增长超越边际收益递减规律所造成的增长限度的源泉是技术创新，具体的增长过程是，根据技术创新形成的新产业，通过一定的产业关联提高国民经济的生产性，最终使经济增长成为可能（Scherer，1999）。从个别产业来看，无论曾经多么繁荣的产业都会有衰退期，摆脱衰退、保持经济发展的必备条件便是以新的技术规范为基础的新产业的形成和转型。

形成高新技术产业的技术创新是以颠覆性创新（disruptive innovation）为基础寻求新市场型颠覆性技术创新[②]的首创。要使新创造出来的新市场在拥有"价值网络"[③]的产业逐步扩展，正如已经明确了产业形成的原动力的 Abernathy-Utterback 模型所显示的（Utterback，1998），面对导致破坏性技术创新的颠覆性技术的商业化，围绕生产技术创新的试错是

---

① 高新技术产业是自 20 世纪下半叶以来发展起来的新产业，根据 OECD 的规定，计算各个产业的研发经费强度（即研发经费占 GDP 的比重），强度大的有 5 个产业（航空航天、电脑等办公设备、通信设备等电子设备、医药品、医用精密机械）（文部省编《平成 20 年科学技术白皮书》）。虽然在 20 世纪之前技术进步对产业发展起到了很大作用，但自 20 世纪下半叶以来科学推动了技术创新，科学的作用越来越大，结果，科学的学术性和商业化之间产生了缺口（"死亡之谷"）（Tassey，1997；Weil，2010）。

② 关于新市场型颠覆性创新，请参见 Christensen 和 Raynor（2003）。在《创新者的窘境》（Innovator's Dilemma）中，C.Christensen 首次提出技术创新因持续性技术和颠覆性技术而异，颠覆性创新给传统企业带来了致命的效果。C.Christensen 的续作《创新者的解答》（The Innovator's Solution）中将颠覆性创新明确分为低端市场型颠覆性创新和新市场型颠覆性创新两种类型。本研究的问题指向是，如果创新分为这两个类型，那么，低端市场型颠覆性创新是适用于"赶超型工业化"的创新战略，而新市场型颠覆性创新则是面对"其他国家赶超"的发达国家的新产业形成战略。

③ 提出价值网络的 C.Christensen 指出，价值网络是这样一种结构："可以显示出产品系统的物理上套环构造，同时表明存在构成套环构造的生产者和市场网络。各层次的构成要素在这个网络中被生产出来，并被销售给位于最顶端统筹该系统运行的生产者"（Christensen（2000）第 60 页）。该描述虽然没有明确市场和网络的使用方法，但暗示着价值网络是提供一定产品群的产业。然而，经济学认为，"在主流的理论模型中，与'宏观'相对应的'微观'是企业，在这样的模型里既没有'产业'也没有'产业部门'"（吉川（2009）第 182 页），关于产业形成的一般模型是不存在的。

不可避免的。为了使这种试错成为可能，肩挑颠覆性技术商业化重担的高校科技成果转化风险企业的高新技术企业（new technology-based firms，NTBFs）①定然抱团创业。

从试错中确定了最优设计，高新技术产业的核心产品的供给取得成功，快速成长的 NTBFs 出现了。为了给根据这个核心产品创造的新市场带来作为超额利润的"熊彼特租金（Schumpeterian rent）"，促使现有企业和新创企业加入，承担价值网络的企业群集聚，形成了高新技术产业。由此形成的高新技术产业代替了现有企业带来了新的经济增长。从这个意义上来看，高校科技成果转化风险企业 NTBFs 的抱团创业、成长、集聚作为高新技术产业形成核心力量将在日本未来经济发展的过程中成为重要的政治课题。

实际上，高新技术产业的形成得到重视的背景是，现在日本所面对的由于全球化带来的萧条压力是"日本初次体验的'从其他国家蔓延而来的'"的萧条压力，而在20世纪70年代陷入同样危机的美国从80年代初开始支持"风险企业创业"，在 IT 和生命科学领域通过开发新市场型颠覆性技术创新形成高新技术产业，从而实现经济复苏（《通商白皮书2009》）。

3　US 模式导入过程中缺失的环节

从这个意义上来看，20世纪90年代末以来，日本所采用的以 US 模式的移植为目标的政策在方向性上是没有错误的。

---

①　NTBFs 以英国为中心的欧洲地区的称呼，类似于形成了波士顿126号线和硅谷的、被定义为"高新技术创业（highly innovative technological ventures）"（Roberts，1991）的新创企业。NTBFs 这一概念由 Oakey（1994）和 Pfirrmann、Wupperfeld、Lerner（1997）等欧洲学者提出。"NTBFs 通过颠覆性技术和创造就业，起到发展经济系统和强化竞争力的重要作用"，其实体是大学校办风险企业（Colombo 等，2010）。然而，由于 NTBFs 在20世纪90年代在美国有成功的先例，因此不仅其独立性和成长性得到强调，与"新自由主义"相吻合，而且被期待为能够代替衰退的旧产业、解决失业问题的"巫术（cargo cult）"，但是这不过是对 NTBFs 误解基础上的过度期待，在日本也同样以失败告终（Harrison 和 Leitch，2009）。

那么，为什么在方向性上没有错误的政策却没有实现预期目标，也没有达到所预想的效果，反而使事态突然恶化了呢？其最大的理由是，产学技术转移促进法、"高校科技成果转化风险企业1 000家计划"以及作为补充的"产业集群计划"和"智慧集群创业"等国家实施的宏观政策与NTBFs的抱团创业、成长、集聚等微观活动相背离，缺少将两者有机结合的纽带。

实际上，以"高校科技成果转化风险企业1 000家计划"等宏观政策为模型的US模式将宏观政策和微观活动相结合，实现NTBFs的抱团创业、成长、集聚的区域生态系统①被作为区域的中间组织构筑起来。对此，在日本高校科技成果转化风险企业扶持政策方面，宏观政策和微观活动在得到积极讨论的同时，中间组织却几乎没有被探讨过，本来应该实现中间组织机能的集群政策也未被纳入宏观政策，这是大学校办风险企业扶持政策中缺失的重要环节。②

那么，为什么在日本高校科技成果转化风险企业扶持政策方面欠缺这样的中间组织呢？其最大的理由是，没有彻底了解高校科技成果转化风险企业NTBFs应当承担的功能和特性，而仅仅关注成长性，可以说这是缘于日本有失偏颇的风险企业理论。但是，在关注高校科技成果转化风险企业出现的历史背景的同时，把宏观政策和微观活动联系起来，将能够实现

---

① 生态系统的定义是，在使风险企业抱团创业、成长、集聚，转移技术种子的大学、提供风险资金的特殊金融中介、律师、会计师、代理人、咨询顾问等提供"生产性服务"的专家集团及各类优秀人才齐聚于此，并通过网络被提供给风险企业方面发挥支持性作用，同时区域文化对于此类活动给予积极认可（Bahrami和Evans，2000）。集群是与生态系统类似的概念。不过，对于集群究竟以企业集聚作为前提还是作为结果这个问题没有明确的答案，而且针对其内部关系也有重视协调和注重竞争的观点之争等，由于概念模糊，本书不使用"集群"而使用"生态系统"一词。实际上，在美国，在支持高校科技成果转化风险企业方面，相对于"集群"而言，最近也更多地使用"生态系统"一词（University Startups Conference［2010］"University Startups：Paving the Road to Future Economic Strength"held in Washington on December 13,2010,by National Council of Entrepreneurial Tech Transfer）。

② 在英国的高校科技成果转化风险企业扶持政策也同样缺失了重要的环节。仅仅在表面上效仿US模式就能实现区域经济复兴是一种错误的认识，不探讨对于宏观政策、中间组织、微观活动等要素的实际情况及配合进行总体分析与引进所必要的方法，只是在形式上引进US模式，必定会失败（Harrison和Leitch，2009）。

高校科技成果转化风险企业 NTBFs 的抱团创业、成长、集聚的支持性组织纳入中间组织，不能无视构筑作为中间组织的区域生态系统的必要性并将其作为缺失的环节置之不顾。

4 区域生态系统构建理论的课题

那么，在聚焦于作为中间组织的区域生态系统构建的同时，通过根据高校科技成果转化风险企业 NTBFs 的抱团创业、成长、集聚而创造的新市场型颠覆性技术创新形成高新技术产业的策略是否可行？针对这一问题，"服务于 NTBFs 抱团创业、成长、集聚的生态系统的构建"这一研究主题，在验证先前研究的同时，依据有关欧美发达国家的成功案例和失败案例的现场调查，将探求 US 模式的本质作为研究目标。但是，在进行研究时，可以把"服务于 NTBFs 抱团创业、成长、集聚的生态系统的构建"这一主题细分为两个课题：（1）区域生态系统的机能与构建；（2）区域生态系统的构建基础。

就第一个课题而言，把高校科技成果转化风险企业 NTBFs 设定为对象，在弄清楚作用于其抱团创业、成长、集聚的因果关系和逻辑结构的同时，能否确定区域生态系统这一把宏观政策和微观活动联系起来的中间组织的功能及构建模式？

将高校科技成果转化风险企业 NTBFs 设定为对象的原因是，和日本一样由于"从其他国家蔓延而来的"萧条而陷入经济衰退的欧洲发达国家，为了恢复经济增长动力而引进 US 模式，作为 IT、生命科学、清洁技术等高新技术产业形成的核心力量快速发展（gazelles）的风险企业——NTBFs 的抱团创业、成长、集聚成为问题（Colombo 等，2010）。

并且，根据欧洲围绕 NTBFs 的先前研究，其核心载体是高校科技成果转化风险企业，服务于高校科技成果转化风险企业 NTBFs 的抱团创业和成长的支持性组织的扩充是不可欠缺的（Oakey，1994）。根据这一研究，在日本的"高校科技成果转化风险企业 1 000 家计划"中被作为支持对象的高校科技成果转化风险企业是 NTBFs，如果能够弄清楚其企业特征的话，扶持政策的必然性及内容是否也能随之浮出水面？

通过第一个课题的研究已明确了使NTBFs抱团创业、成长、集聚成为可能的区域生态系统的构建模式，要使其切实发挥作用，资金和人才是重要的条件，这是有待研究的第二个课题。避开资金不谈，可以说这一课题也并未在现有的风险企业理论中得到充分探讨。

但是，这个课题不仅有助于使身为NTBFs的高校科技成果转化风险企业抱团创业、成长、集聚成为可能的区域生态系统切实发挥作用，而且在将技术创新作为经济增长引擎的内生增长理论方面说明了发达国家和发展中国家的差异，即探寻到资金和人才的层面上（Scherer，1999）。

换句话说，"服务于NTBFs抱团创业、成长、集聚的生态系统的构建"这一研究主题提出了如下联系：在内生增长理论中技术创新作为增长引擎由身为NTBFs的高校科技成果转化风险企业所承担，为此，必须构建区域生态系统，将其作为联系宏观政策和微观活动的中间组织，而且，实现技术创新的要素即资金和人才逐渐成为构建区域生态系统并使其发挥作用的充分条件，开始发挥成效。这意味着本书的研究成果是分析内生增长理论的具体程序。

因此，本书的构成是，第Ⅰ篇中，提出了作为使高新技术产业形成的核心力量——NTBFs在区域内的抱团创业、成长、集聚成为可能的中间组织的区域生态系统构建理论。

第Ⅱ篇中，第4章紧紧围绕着风险融资即从创业到IPO一系列的资金供给系统进行阐述，并明确其实现条件，第5章从风险金融的核心——风险投资（venture capital，VC）创设成功的案例中揭示了具体条件。继资金问题之后便是人才的问题，第6章介绍了成为创业这一微观活动的核心的企业家活动，第7章明确了支持这个活动的专家集团区域集聚的必要性及其实现条件。而且，区域生态系统的构建即为网络组织的构建，指导其构建的人才的存在是不可缺少的。第8章将承担NTBFs创业重任的创业者作为其他类型的企业家活动予以阐述，探究其特点和产生条件。

第Ⅲ篇中，根据上述分析，提出了在日本以"高校科技成果转化风险企业 1 000 家计划"为代表的风险企业扶持政策遇到挫折的原因所在，根据很少的成功案例验证了克服挫折的可能性。

　　但是，由以上内容构成的本书所设定的对象及所采用的分析方法是否在任何地方都适用，并达成所期望的目的，需要由读者自己来判断。也就是说，本书将作为 NTBFs 的风险企业的抱团创业、成长、集聚这一微观活动和支持风险企业这一国家宏观政策相联系，成为中间组织的区域生态系统的构建过程和结构等逐渐明确，关于通过利用颠覆性技术创造的新市场型颠覆性创新而实现的高新技术产业形成产生了新的争论，甚至引发了一连串的研究，与此同时，在知识经济时代以日本经济新的发展为目标，通过构建已为缜密的理论及确凿的证据所证明的服务于 NTBFs 的抱团创业、成长、集聚的区域生态系统，为了大胆且新颖的高新技术产业形成政策的制定和实施尽一点绵薄之力。

I

区域生态系统的功能与构建

[第1章]

NTBFs 与风险企业

[西泽昭夫]

1.1 风险企业概念的变迁和扩散

1.1.1 风险企业概念不一

在日本，人们不断地探索风险企业概念的延伸方向，但遗憾的是至今还没有形成一个统一的概念。为了准确定义风险企业，已有研究人员围绕风险企业的概念各有侧重地进行了研究：（1）强调风险；（2）强调创新性；（3）强调成长性；（4）强调企业家活动（或创业者）等（金井、角田，2002）。因此，研究人员们根据作为分析对象的风险企业的功能沿用了上述差异，而且附加了与行业、市场、经营、组织等相结合的企业特性，比如针对高科技风险企业，研究人员提出了不同的风险企业理论（增田，2007）①。

在日本的风险企业理论存在概念不一的窘境下，风险企业不仅需要从美国输入概念，还不得不随着时代的发展而变迁。因而，要赋予风险企业统一的概念，在考证日本风险企业概念变迁的同时，有必要回到美国风险企业概念产生的原点进行研究。

首先，回顾日本风险企业概念的变迁过程。20世纪70年代初期，风

---

① 除此以外，对风险事业和风险企业、企业家和创业家等也存在分歧（小野濑，2007）。

险事业（venture business，VB）的概念被提出来，虽然产生了"第一次风险投资热潮"，但由于"石油危机"而最终退去。之后，经历了 20 世纪 80 年代前期的"第二次风险投资热潮"、20 世纪 90 年代初的"第三次风险热潮"，以及 2001 年"面向新市场、创造就业机会的重点计划"（平沼计划）中"高校科技成果转化风险企业 1 000 家计划"的发展过程。探索其中缘由，是因为作为研发型成长企业的 VB，经过 20 世纪 80 年代的新事业①、20 世纪 90 年代的新创企业②，朝着将大学尖端研究成果商业化的高校科技成果转化风险企业转变。

1.1.2 对风险企业理论的相关探讨

为什么 20 世纪 70 年代提出的 VB③，其概念会随着时代的变化而发生改变呢？最大的原因是，20 世纪 70 年代初提出的 VB 与美国备受瞩目的因创新而快速成长的新创企业及当时在日本开始引人注目的因创新而快速成长的中小企业之间存在一定的相似性。这种相似性被作为一般化的概念进行规定，没有充分根据美国 VB 企业所拥有的特性来进行定义。日本当时把普遍不幸的中小企业放在对立面，重视其成长性，并谋求突破大企业的极限，可以说过度强调了创新的优越性。

---

① 第二次石油危机袭来，在应限制能源大量消耗的认识下，20 世纪 80 年代以来，人们期待"重厚长大"产业向以微电子为代表的"轻薄短小"产业转型，相继设立了采用以纳斯达克（NASDAQ）为模板的股票柜台交易市场改革以及被称为"投资事业组合"的新的投资资金筹措制度的风险投资，VB 再次备受期待（复古书，1982；通产省中小企业厅，1984），产生了第二次"风险投资热潮"。但是，1985 年广场协议之后，日元升值，日本经济低迷，对 VB 的期待也成了泡影。在扩大内需促进经济增长政策的刺激下，零售业和服务业运用新的商业模式实现了快速增长，上市企业（新事业）增加，看重研究开发和制造业的 VB 被孤立，新事业越来越受到重视（通产省服务产业课和新事业协议会，1991）。

② 20 世纪 90 年代初，泡沫经济崩溃，加之银行处理不良资产等方面的影响，为了避免发生企业倒闭频现、开业与停业比例逆转、对就业产生不利影响，政府采取了创业扶持政策，风险企业扶持政策被并入创业扶持政策之中。结果是，以提升开业率为目标、间接导入 VC 制度、灵活运用创业扶持政策的许多 VC 得以创办，由此产生了"第三次风险投资热潮"（日本兴行银行调查部，1997）。

③ VB 是由参加 1950 年 5 月在波士顿召开的波士顿大学管理研讨会（Boston College Management Seminar）的通产省佃公雄提出的，是随着取得快速发展的 DEC 等研发型新创企业的经验得以推广而产生的。其在美国被称作新科技企业（new technology company）、新风险企业（new venture）等研发型新创企业，被赋予了知识时代的新型中小企业的含义（清成、中村、平尾，1971）。但是，在当时的日本，与快速发展的中小企业被同等看待，很可能导致无视日美经济发展阶段的差异，也无法明确作者所指出的美国 VB 的军事依赖性。

的确，20世纪70年代引进的VB作为"第三次风险投资热潮"的核心
力量，是一种通过将大学和研究机构的研究成果商业化从而进行创新的企
业，如果采用20世纪80年代初期在欧洲被普遍使用的概念，可以将其定
义为高新技术企业（new technology - based firms，NTBFs，Oakey，
1994）。并且，作为VB的NTBFs使城市中的研究所和大学集聚，并产生
了外部效应（externalities）①，显示出其能促进产业集聚与成长的特性。

尽管如此，在20世纪70年代提出的VB，对于日本不幸的传统中小企
业来说其针对性很强，即便是中小企业，也可以根据自身的技术开发能力
进行创新活动，具有不逊于大企业的增长潜力。VB理论与当时的中小企
业理论的潮流相比存在很大差异，并且因为VB是从美国引入的概念，很
多中小企业理论者批评其脱离现实。因此，争论的焦点是论证VB在当时
日本的企业社会中的存在性及其发展潜力，而有关VB应当承担的创新内
容和VB抱团创业、成长的条件等并没有得到深入的理论探讨②。

1.1.3　高校科技成果转化风险企业的复兴

但是，从日本现在所面临的经济状况来说，应该注意的是，当时没
有得到深入探讨的日美VB的差异性，特别是笔者所指出的美国VB依赖
于军事预算与日本VB依赖于民众需求之间存在着差异（清成、中村、
平尾，1971）。依赖于军事预算而抱团创业、成长的美国VB所应承担的
创新内容和在创新中的作用进行调查，弄清楚作为VB的NTBFs的企业
特点，对于通过将大学、研究机构的研发成果商业化的活动进行创新的
NTBFs，必须弄清楚依赖于军事预算能够发挥的作用。这是因为2001年
在日本出现的高校科技成果转化风险企业是担负着将大学的尖端研究成
果商业化重任的NTBFs，寄望其成为能够形成可以确保从"失去的10

---

① 外部效应是自马歇尔计划以来在区域经济理论中被较多使用的概念，但是一般不作为"抽象的概念（catch-all concept）"来使用（Borras和Tsagdis，2008）。

② 实际上，20世纪70年代的VB理论因存在"扩大解释部分事实"的缺点而受到批判。对于这个批判，VB论者主张作为"现实不存在"的"理想型"进行普及（中小企业事业团体、中小企业研究所，1985）。但是，如果站在现在的时点回顾这一争论，将会发现在20世纪70年代日本的VB并不拥有实体，仅仅处于一种不成熟的状态。

年"中摆脱出来的高新技术产业而抱团创业、成长的新创企业。在这个意义上，NTBFs 作为在 20 世纪 70 年代从美国引入日本的 VB，在世纪更迭之际以高校科技成果转化风险企业的形式得到了"复兴"①。

但是，作为 NTBFs "复兴"的高校科技成果转化风险企业，并不是只重视技术创新和快速成长。如果其抱团创业和成长不能避免依赖于军事预算，那么，在不能对依赖于军事预算抱有期望的日本，NTBFs 通过技术创新而形成高新技术产业，不得不说谋求从"失去的 10 年"中摆脱出来的政策本来就是缺乏可实现性的政策。20 世纪 70 年代的美国以依赖于军事预算为前提定义的 NTBFs 在任何地方都能普及吗？另外，它在日本能否通过技术创新成为高新技术产业形成的核心力量？进一步地，为了使其承担责任而需要具备的条件是什么？对上述问题的回答可以说是现代风险企业理论的本质课题。

1.2　作为产业结构转变核心力量的 NTBFs

1.2.1　产业结构转变与波士顿经济的萧条

日本的风险企业经过了由 VB 到新商业和新创企业的发展，被称作高校科技成果转化风险企业的 NTBFs "复兴"了。要考察这一发展脉络，必须明确波士顿的 NTBFs 扶持政策形成的背景及发展经过，即 20 世纪 70 年代初日本引入的 VB，在世界上首次抱团创业、成长、集聚，为此甚至设立了被称作 VC②的特殊金融中介机构。

众所周知，波士顿是美国产业革命的中心城市，纤维产业被作为基础

---

① 清成、中村、平尾[1971]引用了 E.Roberts 的观点，即 VB 的发展被认为是"第二次产业革命"期间企业蓬勃兴旺的复兴，但对于没有这样的产业结构转型经验的日本而言，VB 完全是个新概念，从日本经济发展来看，被看作"断绝"，要警惕错误的概念有可能被扩大化。不过，从日本当今的经济状况来看，并不是"断绝"，应该强烈要求自 20 世纪 60 年代在美国发展起来的 VB 作为身为 NTBFs 的高校科技成果转化风险企业"复兴"。

② VC 一词是 J.Whitney 在花费 1 000 万美元创建支持创业投资的惠特尼投资(J.H.Whitney & Co.)的时候用来表示新公司商业活动的新词语。但是，这个时候的 VC 带有强烈的成功富豪业余好的色彩。为此，在波士顿诞生的 ARD 采用了公司型投资信托形态，目标是将地区资金投向新创企业以形成高新技术产业的特殊金融中介机构。ARD 的目的是，在加利福尼亚采用有限合伙制，通过循环利用地区内成功企业家的财富这一互相扶助措施使其复兴，使作为硅谷发展基础的 NTBFs 抱团创业、成长、集聚在金融方面成为可能(Wilson,1985)。

工业，与其相关的以精密加工技术为基础的机械产业也得到了发展，讴歌了 19 世纪的繁荣。但是，进入 20 世纪以来，以量产为技术基础的汽车产业在中西部得到发展（如图 1-1 所示），美国的产业结构发生了很大的变化，波士顿因为未能顺应其变化而开始衰退。这是因为，美国国内实现产业结构转换的中西部赶超了作为经济发达地区的波士顿，为其带来了经济衰退的压力。

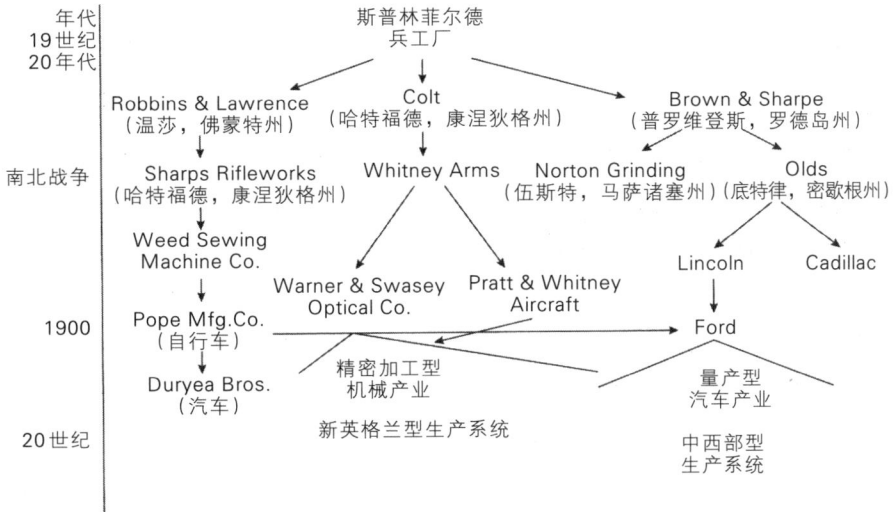

图 1-1　美国技术基础的变化和产业形成的空间变迁

为了遏制波士顿经济衰退的步伐，1925 年，旨在探讨区域经济复苏的官产学联合网络组织——新英格兰委员会（New England Council）得以设立，其主要任务就是研究和实施吸引工厂的措施和对本地企业的扶持政策。但是，无论哪种政策始终未能有效果，直到 1929 年遭遇大恐慌。为了应对因 1929 年大恐慌而急剧恶化的经济活动，在采取紧急对策的同时，也开始提出了新产业形成政策。特别是从 1930 年开始到 1948 年间麻省理工学院（MIT）校长 K. 康普顿提出了通过将 MIT 研究成果商业化形成高新技术产业的新经济复苏计划。

1.2.2 第二次大学革命向企业家大学的转变

MIT当时正在抗衡以研究为第一原则（academic exemplar）的哈佛大学，力争成为重视技术创新的"企业家大学（entrepreneurial university）①"，从20世纪初期开始，推进了诸如科技计划（technology plan）等产学联合型研究活动、教员指导、专利应用等。而且，作为实施包含必须履行保密义务的军事研究的产学联合型研究活动的场所，与旨在通过教育普及研究成果的主校区分离开来，被称作研究园区②，扩建了新的大学园区。美国圆山（Round Hill）作为开端，建立了以应用研究为对象的大学—工业合作研究中心（University-Industry Cooperative Research Center，UICRC）。此外，同意教员在一周五天工作日内有一天进行校外活动，建立与教员的发明专利化相关的专利政策，调整利益冲突的管理制度，完成"第二次大学革命（second academic revolution）"③，向"企业家大学"转变（如图1-2所示）。

---

① 关于"企业家大学"的概念，请参见Etzkowitz（2002）。

② 研究园区是根据大学研究园区协会（Association of University Research Parks，AURP），通过产学联合促进研究成果商业化，为了达到技术转移、促进NTBFs抱团创业、成长、集聚、区域经济振兴等目标而进行产学联合型研究，有效使用规划的土地和建筑物的事业（property-based venture）。而且，根据最新的AURP报告，虽然最初是独立设施但在20世纪90年代成为区域生态系统的核心设施，以商业孵化为中心包含NTBFs支持性机构的网络的形成受到重视，进入21世纪以来逐步承担起区域经济发展核心的作用（Battelle Memorial Institute & AURP，Characteristics and Trend in North American Research Parks：21st Century Directions，2007）。

③ 根据Etzkowitz（2003）所述，19世纪末发生了第一次大学革命，把研究导入教育中，经过一系列制度改革，决定创建研究型大学；通过第二次大学革命，导入了产学联合，大学转型为拥有研究园区、UICRC、TLO、商业孵化基地等的"企业家大学"。结果是，依赖外部资金的研究得到普及，研究室本身成为包含分工与协作的"模拟企业（quasi-firm）"，与寻找经营资源的竞争型企业相似。"企业家大学"给大学教育、研究带来很大的变化。随着向"企业家大学"的转型，大学不得不从一直以来遵从的公开性和中立性原则转变为遵从与之前截然不同的保密性和收益性原则。为了避免这种截然不同的原则的玷污（contamination），"企业家大学"进行分区管理，对在两个校区开展研究、教育的教员实行利益冲突管理。在日本，有关该原则的扩大未得到充分理解，因为诸如利益冲突管理会阻碍产学联合之类的错误观点普遍存在，因此时至今日仍未充分实行利益冲突管理。

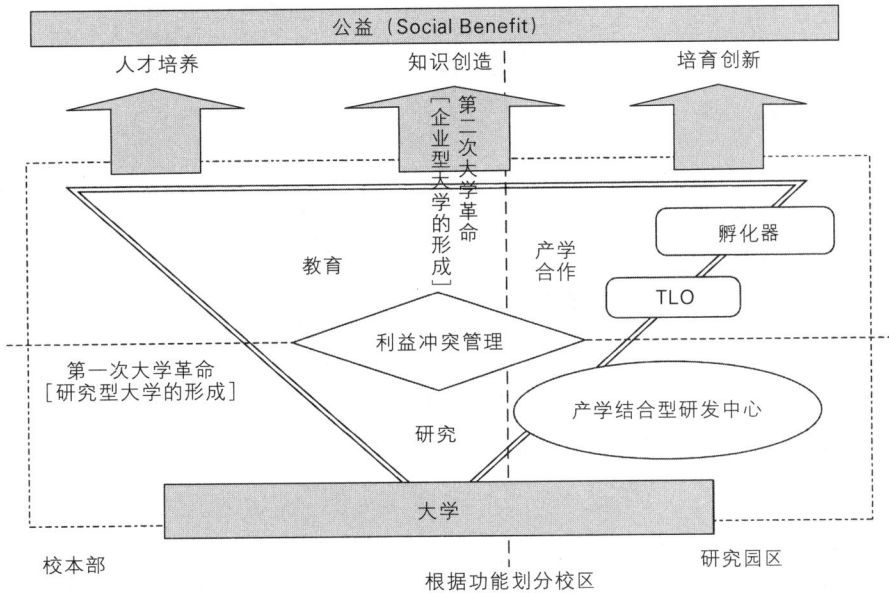

图1-2　企业家大学的构成

根据上述实际成果，1934年康普顿提出了"Put Science to Work"计划，呼吁公众支持MIT研究成果的商业化。但是，在当今的政策下，优先支持传统企业的复兴，通过产学技术转移进行创新的高新技术产业形成政策未能得到赞同。其结果是虽然实施了各种针对传统企业的支持政策，但是均以失败告终。通过对这一事实的反省，我们不得不承认，既然产业结构发生了变化并向其他区域转移，就无法通过支持传统企业来使区域经济复苏。

1.2.3　身为NTBFs的高校科技成果转化风险企业抱团创业

1939年，以康普顿为委员长的新产品委员会（New Product Committee）成立，最终确认了通过工厂吸引措施和支持传统企业的措施无法形成高新技术产业，也无法实现区域经济复苏。其结果是，对推进MIT研究成果商业化的NTBFs在创业与成长方面制定和实施扶持政策。但是，即使在此阶段，仍倡导对传统企业给予支持，对承担MIT研究成果商业化任务的NTBFs给予支持遭到了严苛的批判。康普顿采纳了R.佛兰德斯和G.多里奥两位委员的意见，不将重点放在MIT研究成果商业化上面，而是呼吁NTBFs成为基于MIT研究成果进行创新的中坚力量,因为高新技术产业作为区域经济复兴的手段必须构建起来。为了使这个政策得以实施,康普顿、佛兰德斯、多里奥努力建立旨在促进NTBFs创业的特别资金供给制度。

不言而喻,只要存在先进技术的雏形,就可以直接将其商业化,不会形成新的产业。首先,根据阐明了产业形成推动力的Abernathy-Utterback模型,在产业形成初期围绕产品技术创新进行试错,通过市场淘汰确定主流设计,创造新的市场。其次,以对生产主流产品而言不可缺少的价值网络的充裕为目标,从多方面承担技术创新的企业群抱团创业、成长、集聚,从而形成了新产业(Utterback,1998;Christensen,2000)。但是,在当时的波士顿,虽然存在许多精湛的技术雏形,它们作为MIT先进的研究成果具有创新的可能性,但是仅凭这些技术雏形,在新产业形成初期,承担应当围绕产品创新进行必要的试错这一任务的NTBFs无法抱团创业。

1.3 NTBFs的企业特性

1.3.1 科技孵化的中坚力量

MIT作为"企业家大学"建立了新制度,并把它作为武器在第二次世界大战中接受了联邦政府的军事技术研究支持。基于这样的军事技术研究支持,具有战略意义的微波技术、数字计算机、导弹引导装置、数据包通信等"新共性技术(new generic technologies)"得以应用,UICRC的辐射实验室(Radiation Lab)、林肯实验室(Lincoln Lab)、仪器实验室(Instrumentation Lab)等实验室得以深入研究,并最大限度地寻求将其商业化。康普顿针对这个研究成果的商业化,提出了根据NTBFs进行技术创新从而形成高新技术产业的建议。

毋庸置疑,在UICRC,即使能从计算研究到惊人发明、原理得以证明(proof of concept)、专利申请成功,也不能立即将其商业化。特别是"新共性技术"领域的发明,为了成为颠覆性技术,将发明应用于实践

(reduced to practice)、完成样品（prototype）试制、根据样品提出新的功能、尝试开拓新市场缺一不可。

其中，从证明原理到制作样品的过程叫做科技孵化，能否制作出具有预定功能的样品存在很大的不确定性。技术风险也很大，传统企业都敬而远之。因为这种新颖性和不确定性，传统企业不能成为技术创新的中坚力量，克里斯滕森（C.Christensen）提出了"创新困境"的概念。因此，就新技术领域中发明的商业化而言，通过 NTBFs 的创业，该技术的发明者不得不担负起科技孵化的责任（如图 1-3 所示）。[①]

1.3.2　"双重创业风险"的产生

在颠覆性技术商业化方面，诸如引导高新技术产业形成的创新，因为属于克里斯滕森提出的新市场型颠覆性创新，所以不得不面对"无消费"的困境（如图 1-4 所示）。换言之，NTBFs 即使完成了样品的试制，也不确定是否能获得新顾客，这就是其需要面对的企业风险。旨在促进此类颠覆性技术中的发明商业化的 NTBFs，既面临着科技孵化这一技术风险，也面临着新市场开拓这一企业风险，这两种风险构成了"双重创业风险"，而创业不得不经历"这两个不利的阶段"（Shane，2004）。并且，NTBFs 在科技孵化阶段具有不计销售收入、只累积损失的企业特性（如图 1-5 所示）。另外，为了获得进行科技孵化的经营资源而大量消耗资金的过程被称为烧钱（burn-rate）。无论科技孵化何其顺畅，只要没有资金，NTBFs 就不得不停止这一活动（Wolff，1999）。

---

① 就军事技术开发而言，军队提出研发课题，继而形成大学作为总承包商并将其转包给企业的产学联合组织，并进行投标。通过投标选定的大学与承包企业共同展开研究，承包企业可以应用该研发成果。林肯实验室将其与空军签订的合约转包给 IBM，进行计算机辅助的"半自动地面防空系统（semi-automatic ground environment，SAGE）"的开发。通过这项研发，IBM 获得了作为主机制造商在发展过程中不可欠缺的新技术。不过，在开发用于 SAGE 的主机时，为了进行磁芯内存的测试，需要能够简单更改软件的人机对话式计算机，但是 IBM 无法满足这一要求，在可能发生违约风险之际，在林肯实验室负责研究用于 SAGE 的主机的 K.Olsen，在很短的时间内完成了这一任务，使合约得以继续履行。人机对话式计算机不仅能用于测试，而且能用于大学和研究所的科学研究，所以销路越来越广。由于林肯实验室把该技术作为军需研究副产品的商业化权利转给了开发者 Olsen，因此，Olsen 创建了 DEC，把麻省理工学院（MIT）、贝尔实验室、加州理工学院（Cal Tech）等大学和研究所作为"最初的顾客"，逐渐开拓了人机对话式计算机的市场——微型计算机，实现了快速发展（Rifkin 和 Harrar，1988）。

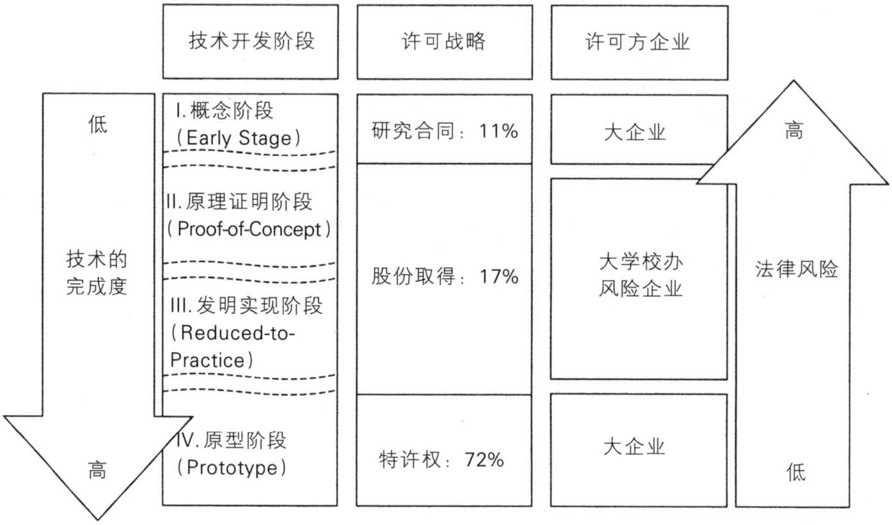
技术开发阶段
许可战略
许可方企业
低
技术的
完成度
高
I. 概念阶段
(Early Stage)
II. 原理证明阶段
(Proof-of-Concept)
III. 发明实现阶段
(Reduced-to-Practice)
IV. 原型阶段
(Prototype)
研究合同：11%
股份取得：17%
特许权：72%
大企业
大学校办
风险企业
大企业
高
法律风险
低

图 1-3　产学技术转移模型中的高校科技成果转化风险企业的功能

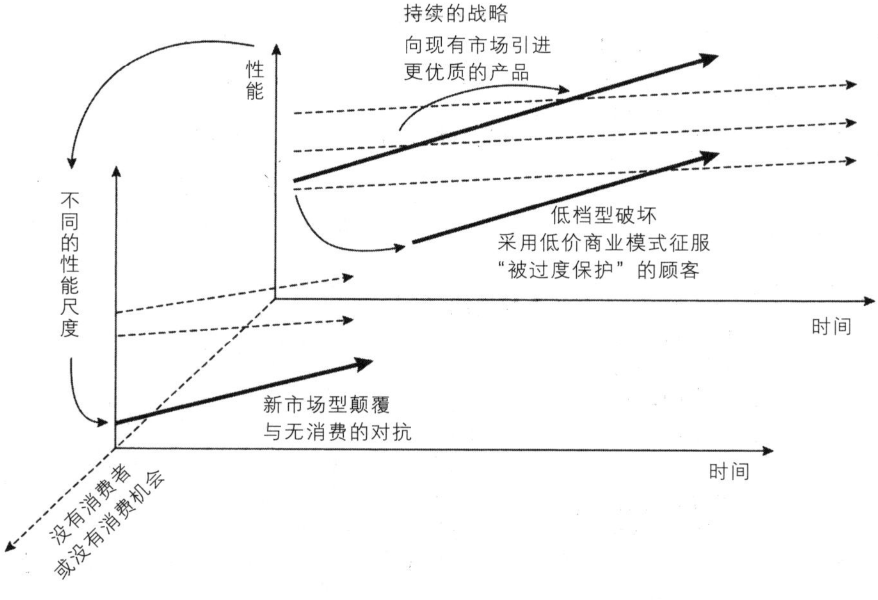
持续的战略
向现有市场引进
更优质的产品
性
能
低档型破坏
采用低价商业模式征服
“被过度保护”的顾客
时间
不
同
的
性
能
尺
度
新市场型颠覆
与无消费的对抗
时间
没有消费者
或没有消费机会

图 1-4　颠覆性创新的两种类型

成长阶段	R&D 期	市场进入期	成长初期	高速成长期	稳定成长期	股价上涨期

承担技术风险期　　承担事业风险期　盈亏平衡点　期间损益　累积损益

企业特性	1-5 只有企业家的组织	1-3 企业家与合作者松散结合的组织	2-3 企业家和管理层创建组织	3-4 企业家和管理层组织化程度提高	2-5 专门管理层按职能构建组织	权限转让组织经营系统的确立
期间（年）: 组织结构:						

资金提供者（风险资本构成）

SBIR型 R&D支持　　公共VC

靠自身努力确保资金

3F资金

依靠天使投资人的投资

依靠风险资本的投资

首次公开募股/股份转让/战略合作等

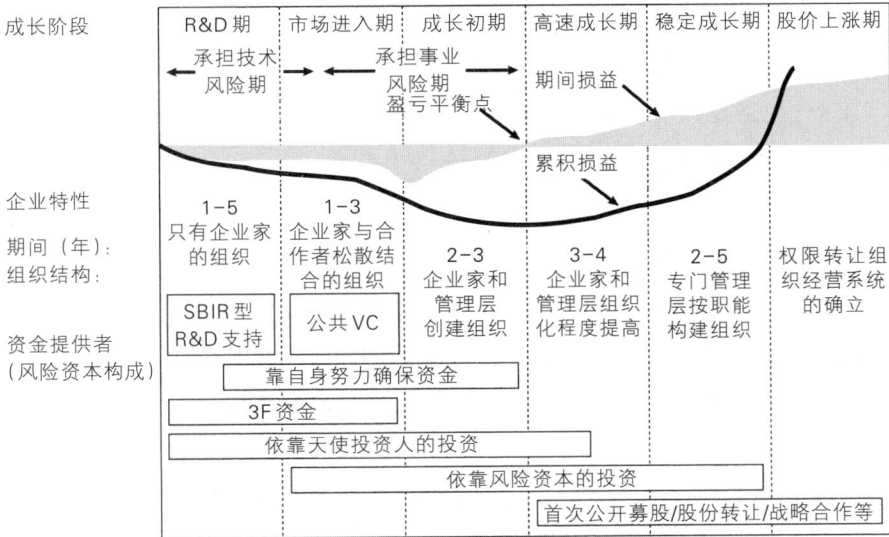

图1-5　作为风险企业的NTBFs抱团企业、成长模型

1.3.3　作为风险企业的NTBFs的概念界定

康普顿通过NTBFs寻求MIT的先进技术成果的商业化，将技术创新与高新技术产业的形成相联系，谋求区域经济复兴。他发现，除非减轻NTBFs的"双重创业风险"，否则，NTBFs无法创业，也没有成功的可能性。并且，在像波士顿那样经济发达的地区，经营资源的交易费用很高，进行产品创新，对于作为高新技术产业形成的中坚力量而备受期待的NTBFs来说，只要遵循市场机制，就无法获得经营资源，存在创业阻力。换言之，在经济发达地区，市场无法分配给NTBFs创业所需的资源[①]。尽管如此，为了实现区域经济的复兴，不得不强行创办无法遵循市

---

① P.Krugman将这一关系明确为城市生命周期模型。根据Krugman提出的生命周期模型，新技术的引进使生产率随着外部效应的积累而逐渐提高，技术溢出带来企业集聚，具有竞争优势的新产业形成，进而实现了城市发展。但是，这种竞争优势造成企业过度集聚，交易费用增加，反而阻碍了新技术的应用。其结果是，新技术的有效应用在交易费用低的新兴城市的创业活动中得以实现，新产业的形成促进了城市的发展；相反，引进成熟的传统技术的城市未采用新技术，最终只能走向衰退（Brezis和Krugman，1997）。

场机制进行创业的NTBFs。因此，如果把强行创办的承担"双重创业风险"、承受市场机制产生的创业阻力的NTBFs定义为风险企业，那么NTBFs就应当是风险企业。

并且，NTBFs承担着大学研究成果的商业化，通过创新促进高新技术产业形成，是拥有重要机能的新创企业。NTBFs的抱团创业，是谋求产业结构转换、从成熟经济的衰退压力中拯救区域经济的重要课题。所以，对于面对创业阻力的NTBFs，需要人为地提供创业扶持政策。从今天的视角来看，NTBFs是大学研究成果商业化的高校科技成果转化风险企业，制定并实施针对NTBFs的创业扶持政策迫在眉睫。

1.4 建立服务于NTBFs抱团创业、成长的支持性组织

1.4.1 对减轻"双重创业风险"策略的探索

要促使作为MIT研究成果商业化中坚力量的NTBFs抱团创业，减轻"双重创业风险"的政策是不可欠缺的。

当时MIT所进行的"新共性技术"开发以军需为主导，如果产生成果的话，作为订货方的军方就成了"最初的顾客（charter customers）"①。"最初的顾客"的存在，突破了新市场型颠覆性创新不可避免的"无消费"状况，通过市场推广，实现了将拥有新功能的样品制作完成告知市场的信号效应，带来了获得新顾客的效果，发挥了减轻NTBFs企业风险的作用。对于MIT而言，与之签订军需研发合同的军方，既是研究开发的订购方，也是研究成果的购买者，NTBFs固有的"双重创业风险"得以减轻。但是，MIT的问题是，即便以军需为前提"双重创业风险"得以减轻，但是使研发成果商业化的企业没有进行新的创业。

---

① 想要完成样品并拓展顾客群的NTBFs面对的"矛盾（Catch 22）"是，既要寻找新顾客，也要维护原有客户。军需这一"最初的顾客"，拥有保证NTBFs技术水准的信号效应，发挥了缓解这个"矛盾"的重要作用（Connell，2006）。关于风险企业的"最初的顾客"的重要性，请参见Lerner和Hardymon（2002）以及Blank（2009）。

其原因是缺乏创业资金。MIT 得到军需研究支持，研发资金充足，其自由度很大。但是，围绕个人利害关系的 NTBFs 的创业资金并不充足，研究者必须自己准备创业资金。这样的话，没有企业经营经验的研究者承担着科技孵化的重任，针对首先就要累积损失的 NTBFs 创业筹集一定数额的创业资金几乎是不可能的。对于拥有这一企业特性的 NTBFs 创业来说，资金提供者的投资一定同样具有"双重创业风险"。如果没有创业资金，无论提供多么精湛的技术雏形，即便存在"最初顾客"，承担科技孵化重任的 NTBFs 也不能进行新的创业。但只要有精湛的技术雏形，风险企业就可以避开经营资源交易费用高的经济发达地区，向交易费用低、容易得到创业资金的区域转移。

1.4.2 创立旨在提供创业资金的风险投资

实际上，尽管波士顿作为过去经济繁荣的果实，拥有丰富资金，但是缺乏对 NTBFs 创业的支持计划。其结果是，不仅 NTBFs 没能创业，而且依靠在波士顿形成的技术雏形在其他地区的创业也并没有停止[①]。向 NTBFs 提供创业资金的计划缺失，被看做是波士顿走向长期衰退的最大原因。克服这个弱点，就会推动从创业初期开始到完成样品期间呈现赤字状态的 NTBFs 进行创业，作为特殊金融机构的 VC 能够通过投资提供所需资金，同时给予经营支持使其摆脱早期赤字、促进成长，因此强烈要求成立 VC（Ante，2007）。

康普顿在弗兰德斯和多里奥等人的协助下，针对向 NTBFs 提供创业资金，1946 年成立了世界上最初的 VC——美国研发公司（American Research Development Corporation，ARD）。新成立的 ARD 对 MIT 的研究人员创建的 NTBFs 进行投资，提供创业资金，同时为了促进成长而积极参

---

① T. Edison 期待与 MIT 共同进行研究，计划在波士顿创业，但是没能筹集到创业资金，所以转移到纽约创建 GE（Etzkowitz，2002）。

与经营①。于是，在波士顿，身为NTBFs的高校科技成果转化风险企业成为MIT的UICRC开发的"新共性技术"商业化的中坚力量，在克服创业阻力的同时拥有快速成长的可能性，被称作"未长大的巨人（infant giants）"，VC这一特殊金融中介机构通过承担"双重创业风险"的股权投资向其提供创业资金，积极给予经营支持。

1.4.3　DEC的成功与高新技术产业的形成

ARD的成立促进了承担MIT"新共性技术"商业化重任的NTBFs的创业，仅林肯实验室就创建了超过50家的公司。其中，DEC利用SAGE研发的新技术，在大型机全盛时期，由于满足了人机对话式计算机的要求，确定了微型计算机的主流设计，从而快速成长起来②。DEC的快速成长不仅为ARD带来很大的投资收益，而且使VC的有效性在全美广为人知。

在波士顿，由于DEC的成功，微型计算机市场得以开拓，充实了微型计算机的"价值网络"的NTBFs抱团创业并成长起来，以林肯实验室为代表的UICRC，由于在拥有商业孵化功能的汉斯科姆空军基地附近的128号线集聚，128号线被称为美国科技高速公路（American Technology

---

①　以ARD最大的成功案例——DEC为例，在创建DEC的时候，创业者K. Olsen与H. Anderson向ARD申请10万美元作为创业资金。当时ARD总裁G. Doriot的方针是，投资额占所需资金总额的比例不超过2/3，与融资相结合，进行阶段性投资。根据这一战略方针，ARD投资了7万美元，一年后提出融资3万美元，持股70%。持股计划为Olsen持股12%，Anderson持股8%，剩下的10%分给新的经营团队。ARD为了给DEC提供经营支持，派D.Low担任财务总监。从今天来看，这个资本政策对VC一方非常有利，实际上也是这样的，但是，面对ARD以风险为前提、以取得2/3的股份为原则的投资条件，作为没有资金的创业者，除了接受这个条件以外别无选择。虽说如此，只要高风险的NTBFs由此创办，研究成果得以商业化，Olsen和Anderson作为研究人员就实现了最初的目的，于是接受了这个条件（Rifkin和Harrar，1988）。

②　奠定DEC快速发展基础的微型计算机是，用于进行MIT和IBM从空军获得的研发合约——SAGE的基础计算机磁芯内存运行试验的人机对话式简易计算机的开发结果。DEC的创始人K.Olsen从MIT毕业后，作为研究员参与SAGE计划，在不到一年的时间内完成了这个简易计算机的研发工作，一鸣惊人。并且，Olsen发现以林肯实验室为代表的大学研究所对人机互动式简易计算机的需求很大，建议使其商业化，可IBM并未进行人机互动式计算机的商业化活动，于是Olsen希望自己创业，实现其商业化。但是，Olsen没有启动资金，试图在波士顿和纽约募集资金却未能成功，与ARD偶遇，便接受其提供的7万美元投资作为创业资金，7万美元投资到1972年变成了3.5亿美元，这给ARD带来了巨大的成功（Rifkin和Harrar，1988）。

Highway)①，是高新技术产业发源地的代名词（Rosegrant 和 Lampe，1992）。实际上，在128号线沿线，精英计算机公司（Prime Computer）、科兹威尔计算机公司（Kurzweil Computer Products）、数据通用公司（Date General）、王安电脑公司（Wang）、莲花公司（Lotus）等是继 DEC 之后在微型计算机相关领域出现的成功的 NTBFs，同时以成功企业为榜样，集聚了3 000家以上的 NTBFs。结果，在全美由于滞涨（指经济停滞与通货膨胀交织并存）陷入严重的萧条期间，从1976年到1984年间实现了被称为"马萨诸塞奇迹"的经济增长。波士顿的128号线与硅谷一并作为新的经济发展模式备受瞩目②（Rosegrant、Lampe，1992；Best，2001；Chandler，2005）。

1.5 高新技术产业的形成与波士顿模式

波士顿的案例显示出新的区域经济发展的可能性，即在20世纪末经济全球化发展过程中，伴随着频繁发生的产业结构转换而出现的发达国家经济萎靡，通过官产学联合主导下的 NTBFs 抱团创业、成长、集聚进而形成高新技术产业。在波士顿的案例中，在成功转型为"企业家大学"的 MIT，军需支持研究提供了"新共性技术"，NTBFs 的抱团创业、成长、集聚，如果通过从"新共性技术"中产生新市场型颠覆性创新可以形成高

---

① 在字母表中，A(American)是第1个字母、T(Technology)是第20个字母、H(Highway)是第8个字母，故称128号线。

② 128号线，从1985年到1992年面临严峻的形势，制造业从业人员总数下降了1/3，"奇迹"成为一纸空谈。128号线初期根据里根政权依赖国内市场的发展政策，不能忍受"双赤字"，1984年以后，受美国经济走低的影响，设备投资大幅减少，对微型计算机的投资规模也被迫压缩。从那以后，人们普遍升级换代为性价比高、性能显著提升的 PC，因此对微型计算机的需求也就消失了。事实上，当时文字处理器方面的领军企业——王安电脑公司在洛厄尔地区斥资2 300万美元兴建的王安大厦，在1992年以50万美元拍卖，却依然没有买主。1992年以后，由于生物企业的抱团创业、成长、集聚，128号线复兴。1992年下降到50万美元的王安大厦在1998年由于生物风险企业的入驻，市价升到1.2亿美元(Best,2001)。在"马萨诸塞奇迹"中更应该给予关注的是，"奇迹"中拥有政治影响力的 NTBFs 成功者成立了"马萨诸塞尖端技术评议会"，并开始举行要求减轻州税的活动，强行使税款下调。其结果是，下调了最容易被削减的学校教育预算，因此人们对 NTBFs 成功者的批判很强烈，地区不同意给予扶持，反而滋生了敌对情绪(Rogers 和 Larsen,1984)。构建支持 NTBFs 的区域生态系统必须以地区的认可为前提。

新技术产业的话，随着产业结构的变化，经济将再度繁荣，可以说这是新的区域经济发展模式。

但是，在像波士顿这样经济发达的地区，对于承担这一重任的NTBFs来说，其作为承受"双重创业风险"的风险企业，为了克服创业阻力，必须在政策上对NTBFs的抱团创业、成长给予支持，从而使其集聚。在波士顿，把承担研究支持和成果采购任务的军需作为前提，成立能够给NTBFs提供创业资金的VC成为最重要的课题。康普顿倡导NTBFs有效利用MIT研究成果，以及通过NTBFs的抱团创业、成长、集聚形成高新技术产业，进而以这一区域特性为基础，创建了VC。VC的成立促进了NTBFs的抱团创业与成长，其中包括DEC这样的成功企业，对于成功企业的集聚以及VC的重要性在全美广为人知。

在康普顿的主导下，在波士顿建立"军需（减轻'双重创业风险'）—MIT（企业家大学）—汉斯科姆空军基地（商业孵化）、ARD（VC）"这样的区域生态系统，这种区域生态系统被确定为波士顿模式。这个模式由特曼（F.Terman）带入斯坦福大学，由此产生了硅谷。但是，应该注意的一点是，军需这一宏观政策作为"企业家大学"中的UICRC的研究开发活动被考虑进来，其成果的商业化实现了NTBFs的抱团创业、成长、集聚，必须构建符合各区域不同的经营资源禀赋状况的区域生态系统[①]。

下一章，在明确界定把宏观政策与微观活动联系起来的中间组织——区域生态系统的概念的同时，要推导出其构建模式。

---

① F. Terman 使斯坦福大学转型为"企业家大学"，由于成功构建了可以通过从其研究成果中产生创新来形成高新技术产业的区域生态系统——硅谷，因此被称为"硅谷之父"。不过，他没有认识到军需作为成功前提的重要性，从斯坦福退休之后，从事复制硅谷方面的咨询活动，但是在缺乏军需的地区复制硅谷终究还是失败了（Leslie, S.（2000）"The Biggest 'Angel' of Them All: The Military and the Making of Silicon Valley", Kenney, M.（ed.）Understanding Silicon Valley: the Anatomy of an Entrepreneurial Region, Stanford University Press）。

第2章

从产业集群政策到区域生态系统的构建策略

［西泽昭夫］

2.1 从产业集群政策到区域生态系统

2.1.1 作为风险企业支持策略的产业集群的争论焦点

在本书中，针对 NTBFs 的抱团创业、成长、集聚，可以把国家的宏观政策和企业家的微观活动联系起来的中间组织定义为区域生态系统。

作为"高校科技成果转化风险企业 1 000 家计划"的补充，又推出了"产业集群计划"和"智慧集群创业"等政策，由此可见，在日本风险企业支持方面，产业集群备受重视。尽管如此，一时兴起的产业集群同高校科技成果转化风险企业支持措施一样，因为没有达到期待的效果，所以开始走向终结，一部分因被归类为导致财政支出浪费的对象而惨遭排除（清成忠男，2010）。

本章在指出作为风险企业支持措施的产业集群的争论焦点时，引出了应当代替产业集群的中间组织即区域生态系统的概念，并引出其构建模式，为下一章列举的英美案例提供分析视角。

众所周知，产业集群理论是在 20 世纪 90 年代引入的，创新作为激发区域经济活性的措施备受关注（Karlsson，2008）。其背景是，克鲁格曼（P.Krugman）与波特（M.Porter）在特定区域把企业集聚（agglomeration of firms）定义为产业集群这一新概念，表明了创新的作用与效果。根据新提出的产业集群理论，产业集群带来了交易费用下调和知识溢出的"外部效应"，通过创新使企业及企业所属产业的竞争力得以强化，其结果是，为区域经济发展与国家竞争优势做出贡献。

在 20 世纪 90 年代，社会主义国家和发展中国家融入世界市场，在全球竞争日益激烈的过程中，发达国家面临着区域经济衰退和产业国际竞争力减弱的难题，因为探索通过创新促进经济发展的研究者和政策制定者的想法一致，所以产业集群理论迅速受到关注，开始被纳入政策。日本的"产业集群计划"和"智慧集群创业"等也是发达国家新政策潮流的产物。

但是，从通过身为 NTBFs 的高校科技成果转化风险企业的抱团创业、成长、集聚进而形成高新技术产业这一观点来看，产业集群理论存在如下致命的缺点：（1）作为前提的集聚；（2）集聚的内容；（3）集聚效应。就（1）而言，作为产业集群成功案例被提及的硅谷中的企业集聚不像 M.波特所说的那样"属于特定的领域，相互联系""大企业或类似企业集中的状况"。它们因为 NTBFs 的抱团创业、成长而集聚（Appold，1998）。为此，依据风险企业支持措施中的产业集群理论，为了解释作为结果的集聚而把集聚作为前提，就会造成同义反复。就（2）而言，需要指出，强调同类企业集聚效应的 Marshall-Arrow-Romer 模型与重视属于多种行业、性质不同的企业集聚的 Jacobs 模型之间是对立的。就（3）集聚效应而言，存在是通过合作互相支持还是导致竞争压力这样的争论。有关城市的企业集聚效应的调查研究显示，通过多样化集聚产生合作的溢出效应方面创新的可能性很高（Audretsch，1998）。

最终，由于产业集群理论指出了有关创新的区域内企业集聚效应，因此，即使通过提高传统企业的创新能力[①]实现区域经济复兴的理论值得探讨，通过 NTBFs 的抱团创业、成长、集聚形成高新技术产业的措施也无法发挥作用。如果以前一章定义的作为风险企业的 NTBFs 的特性为依据，在波士顿这样的经济发达地区，要使面对创业阻力的 NTBFs 抱团创业、成长、集聚，建立区域支持性组织就成为重要课题，并非以产业集群的企业集聚为前提，必须研究可以带来企业集聚的中间组织的构建问题。

2.1.2　NIA 和"第二经济"

有关中间组织的构建，不是基于产业集群理论，而是必须对尝试分析硅谷结构的模式进行研究。

作为尝试分析硅谷结构的权威模式，20 世纪 90 年代中期 A.萨克森宁提出的新产业区域（new industry areas，NIA）备受关注。NIA 是"以区域网络结构为基础的产业系统"，人才、物力、资金、信息等经营资源是开放流通的，促进以技术创新为目标的 NTBFs 抱团创业，NIA 的发展使得 NTBFs 集聚，高新技术产业随之形成，进而使区域经济得到发展，这便是硅谷发展结构。

一方面，萨克森宁在 NIA 上拒绝简单地使用"外部效应"的概念，"以区域网络为基础的产业系统"代行市场的部分机能，通过区域网络提供经营资源，从而使 NTBFs 抱团创业、成长、集聚成为可能。这点在进行硅谷结构分析时给予了极其重要的启示。另一方面，NIA 带来了重视人

---

①　通过地区内现有企业特别是中小企业的集聚与创新的产生进而形成新的区域经济发展模式，Milieu 就是这种模式的代表。Milieu 关注以中小企业的集聚为前提产生创新，M.Porter 的集群理论所提及的彼此相互关联的企业群在地方产业中也被称为中小企业集聚，通过研究开发、原材料市场、劳动力市场等商业基本要素相互联合，提高对中小企业变化的适应能力，以共享有关技术和顾客等方面的信息并产生创新为目标减少交易费用的网络结构备受重视。有人批判 Milieu 只能在区域内部网络产生创新。事实上，从瑞士石英钟表向电子钟表转换的事例就可以理解，新技术发展会造成当地产业的衰退，为了摆脱这种危机，新技术的引进变得极其重要，为此提出了构建向区域外开放的区域网络结构。基于这些先前研究，Milieu 是以欧洲传统产业地区内中小企业集聚及创新的产生为课题构建的模型，显然与 NTBFs 的集聚存在很大差异（Barhelt，2008）。

际关系的社会资本论①与 R.佛罗里达提出的创意阶层（creative class）论等经济学分析与社会学分析的换位，被批判为背离了经济学的研究（McCann，2008）。于是，根据这样的评判，在经济学层面上重新组建 NIA 的尝试，即为 M.肯尼的"第二经济（Economy Two）"（Kenney，2000）。

肯尼虽然给予 NIA 模式很高的评价，但也指出，仅通过区域网络，是不能说明在硅谷使 NTBFs 抱团创业、成长、集聚成为可能的经济机制是怎样运行的。以创新为核心的 NTBFs 开展一般企业活动的市场经济被称为"第一经济"，把 NTBFs 作为商品通过支持性机构开展的经济活动被称为"第二经济"。以该分类为前提，为了支持作为"商品"的 NTBFs，通过"第二经济"供给的人才、物力、资金、信息等经营资源，并不是通过"第一经济"的价格机制与统一交易提供的，而是成功的 NTBFs 带来的巨额回报，换言之，通过共享在"第一经济"中由熊彼特租产生的资本收益的网络（相对交易）来提供经营资源。这一点能够揭示出与 NIA 模式的类似性，"第二经济"被定义为，能够通过共享成功 NTBFs 带来的资本收益的奖励机制来实现提供经营资源这一经济功能的网络②。

2.1.3　从"第二经济"到区域生态系统

被定义为"第二经济"的网络的参加者，建立了孵化、天使投资人、

---

①　最近的发展趋势是资本概念迅速扩大。产业结构从劳动集约型经过资本集约型向知识集约型转变，关注点从人力资本、实物资本向知识资本转变，其结果是，寻求通过创新的产生向高新技术产业转型。NIA 主张产业结构的转变不是依靠市场而是通过网络实现的。理由是，对于创新而言，人的活动非常重要；而要支持人的活动，就需要通过网络开展的区域支持活动。在此，把被提供的新的支持效果定义为社会资本(social capital)。社会资本理论虽然是侧重于区域支持网络效果的概念，但是其本身是新概念，关于其内容和效果存在很大的争议，还不能进行统一的概念定义，因而引入这个概念时必须经过慎重的考虑(Esser，2008)。

②　可能是考虑到以资本收益为基础的"第二经济"被作为 IT 泡沫的象征，导致 IPO 过剩，所以在最近发表的论文中，改称"专门支持企业家活动的一连串的组织"。不过，对于通过怎样的激励能使这"一连串的组织"运行，还没有明确的答案(Kenney 和 Patton，2006)。

VC、精品投资银行，以及提供"生产性服务"[①]的律师事务所、会计师事务所、人才服务中心、咨询机构等，形成了"有助于创业的多种机构的集聚（cluster of institutions dedicated to creating firms）"，这种集聚[②]即为硅谷的本质（Kenney，2000）。

另外，被认为是硅谷本质的支持性机构集聚，组成了共享由成功NTBFs带来的资本收益这一特殊的网络（Kenney，2000）。组成"第二经济"中特殊网络的支持性机构在区域内集聚，因为拥有与生物界中互利共生的"生态系统（eco-system）"相似的紧密构造和机能，所以可以促进NTBFs抱团创业、成长、集聚的支持性组织在区域内得以建立，这种具有生态系统意义的概念，在本书中被定义为区域生态系统。

从以上的探讨来看，在20世纪90年代备受瞩目的产业集群理论不适用于通过身为NTBFs的高校科技成果转化风险企业的抱团创业、成长、集聚进而形成高新技术产业的策略，其内容具有多种意义，使用它只会产生混乱。要对以波士顿和硅谷为代表的通过NTBFs抱团创业、成长、集聚进而形成高新技术产业进行分析，不应采用产业集群理论，而应该使用如前所述的区域生态系统这一概念（Wolfe和Gertler，2006）。

但是，肯尼对与区域生态系统概念类似的"第二经济"提出了一点质疑，通过探索硅谷的区域生态系统的构建路径，得出了硅谷模式不可复制的结论。得出这个结论的人不只有肯尼一人。以硅谷为研究对象，其成果几乎没有再现的可能性。如果这个结论是正确的话，那么试图复制硅谷的政策就将全部是错误的政策。

---

①　"生产性服务"在知识经济时代是企业开展经营活动必不可少的因素。关于"生产性服务"的概念及其重要性，请参见Sassen（2001）。对于创新的产生来说，"生产性服务"也是不可欠缺的，Sassen分析了"生产性服务"聚集在一部分国际化都市并使其产生优越性进而导致国内出现差距的城市间结构。也有人指出，除了国际化都市以外，也存在同样聚集着"生产性服务"的特殊地区，比如硅谷和剑桥，但只是陈述事实，并未说明理由。

②　此处把NTBFs支持性机构的集聚称作集群，不出所料，果然有人提出用集群来支持风险企业。但是，从上一章探讨的波士顿案例可以明确，需要创办VC等支持性机构本身，而不能将支持性机构的集聚作为前提。基于这一事实，不应该简单地使用含有集聚意义的集群概念。

2.2　区域生态系统的分析方法

2.2.1　复制硅谷与比较分析论的登场

前一节的讨论所揭示的重点是，作为中间组织能够实现NTBFs抱团创业、成长、集聚的区域生态系统，被定义为通过支持性机构集聚和资本收益共享的区域生态系统的网络提供经营资源的组织，并得出了这一模式不可复制的结论。还指出，实际上，以硅谷为代表的区域生态系统的构建过程多种多样，构建失败的可能性也很大（Feldman和Braunerhjelm，2006）。但是，如前所述，可以说硅谷本身就是波士顿模式的再现。以肯尼为代表的硅谷研究者主张，不能过度强调硅谷的独立性和优越性，要有一定的限度。

实际上，以下案例否定了肯尼的主张，成功复制硅谷的地区有奥斯汀（得克萨斯）、硅巷（纽约）、剑桥（英国）、斯德哥尔摩（瑞典）、赫尔辛基（芬兰）、索菲亚安提波利斯（法国）、慕尼黑（德国）、特拉维夫（以色列）、班加罗尔（印度）、新加坡、新竹（中国台湾）等，为了探索这些地区的成功要素，研究人员开始对各地区进行比较分析（Rosenberg，2002）。

比较分析论中，通过对关注NIA和"第二经济"的区域生态系统的构造和机能进行分析，提取和比较各地区构筑区域生态系统的构成要素，将重点放在探究其相似性和差异性上。根据比较分析，在旨在构筑区域生态系统的后发地区，重视成功复制硅谷的各地区中区域生态系统的差异性，通过补充欠缺的条件，构筑新的区域生态系统。

2.2.2　比较分析论的相关问题

并不是通过部分的补充就可以构筑区域生态系统。部分的补充会与原有制度产生分歧与摩擦，受到反作用力，使得构建的区域生态系统不得不半途而废（Wolfe和Gertler，2006）。这是由于，要想促使NTBFs抱团创业、成长、集聚而构筑区域生态系统，就要让国家和地区参与进来，建设服务于NTBFs创业、成长的支持性组织，从而使成长起来的NTBFs构成与整合在"第一经济"中具有资本收益共享、互利共存、相互合作特点的区域生态系统的网络，并且，这一特殊网络的构成与整合随着时间的流逝，必须进行大幅度的制度改革。

要想分析促进 NTBFs 抱团创业、成长、集聚的区域生态系统的构筑方式，不应对 NIA 和"第二经济"进行案例分析，也不应采用静态的要素抽取型比较分析，而应通过探寻多种多样的过程得到一定的共性，对区域生态系统的构筑过程进行动态分析是不可或缺的。为此，根据现有的先行研究，能够演绎性地导出模拟区域生态系统构筑过程的模型，指出各种构建过程都拥有共性的原因何在，根据这个模型，可以说明在构筑过程上需要具备的必要条件，还可以系统地阐明包括为了获得这些共性所需要的对策在内的构筑过程中发挥作用的因果关系。

2.3　围绕区域生态系统构建模型的先行研究

为了把促进 NTBFs 抱团创业、成长、集聚的区域生态系统构建过程模型化，作为代表性的尝试，H. 埃兹科维茨（Etzkowitz）的三螺旋（triple helix）、J. 德陶莱克斯的知识集群（knowledge cluster）、M. 费尔德曼（Feldman）的生物资本集群（bio-capital cluster）备受关注。这些模型都以三个阶段的形成过程为基础，三螺旋十分重视通过现有制度的解体和重组实现官产学三位一体的创新战略，知识集群把"技术和人才在一定程度上的集聚"作为初期条件给予重视，而生物资本集群则指出了作为阶段发展动因的外界冲击与作为构建主体的区域的重要性。

2.3.1　三螺旋

埃兹科维茨利用三螺旋展示了通过官产学的联合构建使 NTBFs 抱团创业、成长、集聚的区域生态系统的过程，在区域生态系统构建起来以前，政府把企业和学校作为下属进行控制的中央集权（statist）模式是现有的制度。在冷战背景下形成的中央集权模式陷入停顿，其重组成为大问题，对于新模式的构筑来说中央集权模式的解体是必要的。中央集权模式依据市场机制解体的过渡期被定为无为（laissez-faire）模式。依据无为模

式，以现有制度的解体为前提，以区域内官产学为主体，构建服务于
NTBFs抱团创业、成长、集聚的支持性组织——"官产学三方网络和
混合型组织（Tri-lateral Networks and Hybrid Organizations）"，该组织被
定义为以NTBFs的抱团创业、成长、集聚为目的的互动（interactive）
模式[①]。

三螺旋明确了从20世纪80年代初开始的美国高新技术产业形成策
略，以随着冷战体制的解体而产生的联邦政府的制度变革作为前提，组建
和整合NTBFs的抱团创业、成长、集聚的区域官产学网络的重要性，并
指出，只要不迫使现有制度解体进而发生改变，就不能构建形成区域生态
系统的互动模式，使这一构建过程明晰化的模式受到关注[②]。根据这个模
式得到的启示是，区域生态系统的构建过程并非简单的路径依存，现有制
度的解体与重组是非常必要的。

但是，三螺旋没有明确区域内官产学网络的构成与整合的具体内容，
存在着致命的缺陷。埃兹科维茨在其最新的著作中阐述了很有趣的论点：
将"企业家大学"的"知识空间（knowledge space）"、承认地区支持
NTBFs的"共识空间（consensus space）"、支持性机构等集聚的"创新空
间（innovation space）"这三个空间统称为三螺旋空间（triple helix spac-
es）。而且，这个空间的具体事例是从世界范围内收集的，具有丰富的启
示。但是，这个模型的核心部分——"创新空间"与互动模型的具体联系
和结构尚不明确，这是难以克服的缺陷（Etzkowitz，2008、2011）。

---

①　Etzkowitz的三螺旋有两个问题：第一，三阶段过渡模型与表示第三阶段的三螺旋模型的区别不
明确；第二，第三阶段的三螺旋模型的具体内容不明确（Nishizawa，2011）。本书中，三螺旋是指三阶段过
渡模型，关于三螺旋模型，把Etzkowitz和Leydesdorff（2000）定义的"Tri-lateral Networks and Hybrid
Organizations"翻译为"官产学三方网络混合型组织"，尝试着明确其具体内容。但是，即便在这种情况
下，三螺旋模型同Statist模式与Laissez-faire模式相比，概念仍然模糊。Ranga和Etzkowitz（2011）中再
次将其定义为Interactive模式，三螺旋被作为展示三阶段过渡模型。

②　通过这个模型，里根政权实行的市场经济引进政策不是以引进市场经济为目的，而是为了构建
NTBFs抱团创业、成长、集聚的区域生态系统所必要的制度建设，是为了创造前提条件而采取的过渡政
策。另外，NTBFs抱团创业、成长、集聚的区域生态系统构建措施，因为伴随着现有制度的解体这一极大
的制度变革，所以其实现需要历经一定的时间，也就是要明确NTBFs抱团创业、成长、集聚的区域生态系
统形成的时间特性。

2.3.2　知识集群（Knowledge Cluster）

德陶莱克斯的知识集群将构建以 NTBFs 抱团创业、成长、集聚为目标的区域系统分为先决条件（pre-condition）、集群出现（cluster emergence）、集群发展（cluster growth）三个阶段，在先决条件阶段将"技术和人才在一定程度上的集聚（critical mass）"作为充分条件，将有效利用"技术和人才在一定程度上的集聚"作为必要条件的服务于 NTBFs 抱团创业、成长的支持性组织的已设立的阶段定义为集群出现阶段，通过充分条件和必要条件的结合实现 NTBFs 抱团创业、成长、集聚的阶段定义为集群发展阶段。

在这个模型中，虽然"技术和人才在一定程度上的集聚"是充分条件，但这个充分条件并没有直接使得 NTBFs 抱团创业、成长、集聚。这一点可以说明为什么把集群出现设置为过渡阶段。在集群出现阶段，作为必要条件的服务于 NTBFs 抱团创业、成长的支持性组织得以设立；在先决条件阶段，只要不能与充分条件结合起来，NTBFs 就不能抱团创业与成长，也不能集聚。可以说，这个模型明确了构筑能使 NTBFs 抱团创业、成长、集聚的区域生态系统的充分条件和必要条件，同时明确指出了通过两者的结合促使 NTBFs 从抱团创业和成长到集聚的三个阶段。

2.3.3　生物资本集群（Bio-capital Cluster）

在华盛顿周边，由于美国国立卫生研究院（NIH）、沃尔特·里德陆军研究所（WRAIR）、约翰斯·霍普金斯大学、马里兰大学等的生命科学研究机构受到政府财政紧缩的外部冲击，这些大学和研究机构中的研究人员维持并继续的研究活动在生物领域的 NTBFs 创业过程中不可避免地受到环境变化的影响，费尔德曼通过区域内官产学联合建立支持性组织，促进 NTBFs 抱团创业和成长，生命科学领域的 NTBFs 集聚，在以马里兰州为中心的华盛顿周边地区，追溯被称为生物资本（bio-capital）的生命科学产业形成过程，并将这个过程模型化。生物资本集群揭示出，政策转换、成功企业出现等外部冲击可作为阶段发展的动因。

根据费尔德曼的理论，在 NIH、WRAIR、约翰斯·霍普金斯大学、马里兰大学等地，与生命科学相关的"技术和人才在一定程度上的集聚"

并不是以NTBFs的抱团创业、成长为目的，而是通过削减预算这样的外部冲击，转化为促使NTBFs抱团创业、成长的充分条件，形成了为其抱团创业、成长提供支持的必要条件。而且，NTBFs抱团创业、成长向集聚阶段过渡，成功企业出现等外部冲击是其动因所在。成功企业的出现实现了资本收益，与作为必要条件的支持性机构共享收益，提高了其支持能力，吸引了相关技术和人才，促进了NTBFs抱团创业、成长和集聚，形成了生命科学产业。其结果是，在生命科学领域服务于NTBFs的抱团创业与成长的支持性组织在地区被认可，进入区域经济，形成区域生态系统。

另外，费尔德曼为了构筑以NTBFs抱团创业、成长和集聚为目的的区域生态系统，尽管受到外部冲击，但是依然强调以区域为主体以及作为必要条件的支持性组织设立的必要性。这是因为，充分条件在不同的地区是不同的，政策转换、成功企业出现等外部冲击对地区所造成的影响在不同的地区也是不同的。因此，受到外部冲击后，要确认地区内是否有充分条件，并且利用充分条件设立必要条件，各个地区不得不依靠其固有的对策。费尔德曼指出，主导的主体只能是地区。而且，其主体在区域生态系统的构建过程中，对产生的独特课题采用地区固有的对策，设立支持NTBFs抱团创业、成长的组织，进而产生成功企业，并扎根于地区经济，可以称之为由下而上的创造性的构筑过程，这一区域生态系统构筑过程应当得到关注。

2.4　推导NTBFs抱团创业、成长和集聚的区域生态系统构建模型

2.4.1　三阶段过渡模型

从围绕NTBFs抱团创业、成长和集聚的区域生态系统构建模型进行的先行研究来看，第一点，区域生态系统的构筑以现有制度的解体为重要前提，必须构成并整合具有特殊性的网络；第二点，揭示了以区域生态系统构筑的充分条件即"技术和人才在一定程度上的集聚"为起始点，经过NTBFs的抱团创业和成长，走向NTBFs的集聚三个阶段的构筑过程；第

三点，从区域生态系统的构筑来看，作为阶段发展的动因，经济危机的发生和成功案例的出现等外部冲击起到了一定的作用。

然而，只要不是各阶段的条件具备、保持联合并发挥一定的技能，即便受到外部的冲击，也无法进入下一阶段。特别是要具备必要条件、将必要条件与充分条件相结合，通过支持NTBFs抱团创业、成长，在不能保证出现成功企业的情况下，促使NTBFs向集聚阶段过渡的外部冲击就不会发生，也不会产生阶段性的过渡。

并且，服务于NTBFs抱团创业、成长的支持性组织作为区域生态系统的核心促使特殊网络构成并整合，与根据自身的组织化形成的市场不同，符合支持性机构集聚这一地区特性的独立网络的构成与整合非常必要，地区的主导性不可或缺。

于是，为了明确探寻这一特殊过程的区域生态系统构建过程，不仅要弄清楚从为了满足充分条件的准备阶段，到建立作为必要条件的服务于NTBFs抱团创业、成长的支持性组织，再到将充分条件与必要条件相结合，经过NTBFs抱团创业、成长阶段进而到达集聚阶段的因果关系与逻辑结构，而且推导出使其可视化的模型也是非常必要的。

换言之，NTBFs抱团创业、成长、集聚的区域生态系统构建模型通过明确为了满足"技术和人才在一定程度上的集聚"条件的准备期、将其转化为NTBFs抱团创业和成长的整备期、通过NTBFs集聚形成高新技术产业的确立期这三个阶段，使得将"技术和人才在一定程度上的集聚"转换为NTBFs集聚的区域生态系统形成过程可视化。

下面将根据前文提到的先行研究，以及探讨过的波士顿和硅谷的案例分析，推导出NTBFs抱团创业、成长和集聚的区域生态系统构建模型。从先行研究发现，可以将NTBFs抱团创业、成长、集聚的区域生态系统构建模型定义为三个阶段（如图2-1所示）。下文将针对这个模型各个阶段的条件、结构和过渡过程进行更加深入的研究。

2.4.2　区域生态系统准备期

在准备期，区域内"技术和人才在一定程度上的集聚"是不可欠缺的。大学和研究机构的存在是满足这个条件的前提，但是仅仅存在是不行

【准备期】
起始于技术和人的集聚
技术和人在企业家大学中一定程度的集聚

【整备期】
经过NTBFs的抱团创业和成长
通过必要条件（作为面向NTBFs的抱团创业和成长的区域生态系统的支持性组织的设立）和充分条件相结合，开展支持抱团创业和成长的活动

【直至NTBFs的集聚】
【确立期】
由于成功企业的出现，NTBFs抱团创业、成长、集聚的区域生态系统得到承认并嵌入区域，进而升华为抱团创业的区域文化，NTBFs进一步集聚，最终形成高新技术产业

转化为充分条件

外部影响：
成功企业的出现

促进抱团创业和成长

外部影响：
"创新者窘境"的发生

研发支持 + 成果调配

应对产业结构转换，形成高新技术产业的必要性

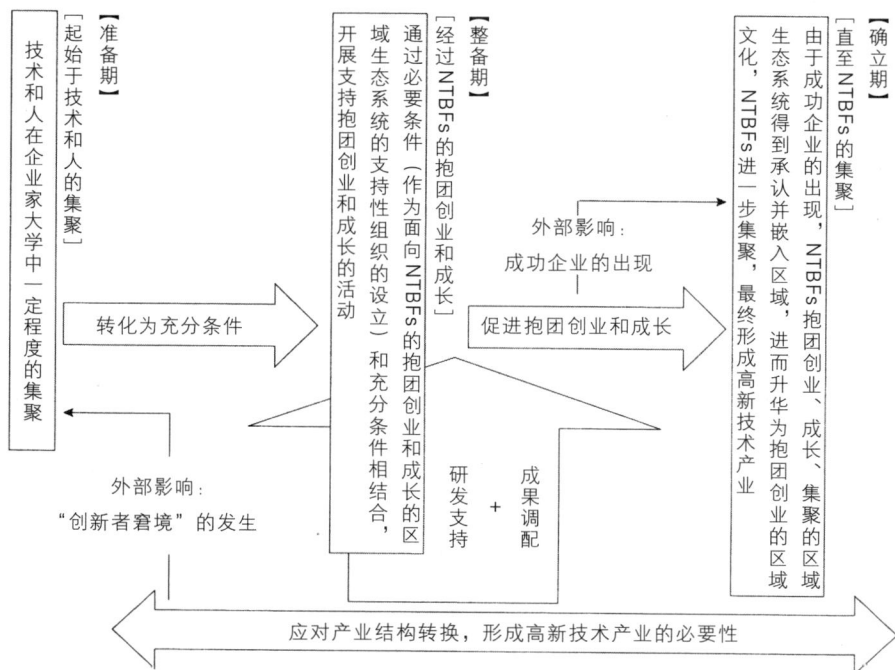

图2-1　NTBFs抱团创业、成长和集聚的区域生态系统构建模型

的，其研究内容非常重要。具体说，在前一章阐明的"企业家大学"是必不可少的。使用埃兹科维茨的话说，就是形成了"知识空间"。

另外，在"企业家大学"的UICRC的研发方面，要求有颠覆性技术的研发。在波士顿，MIT之所以能够建成身为NTBFs的高校科技成果转化风险企业，是因为引入了军事研究。斯坦福大学也按照MIT的模式引入军事研究使NTBFs的创建成为可能。但是，在没有引入军事研究的多数大学中没能创建NTBFs（Leslie，1993）。并且，颠覆性技术的研发，会促使包括供职于大学的研究人员在内的各行各业的研究者集聚[①]。

向整备期过渡的动因是发生了外部冲击，使得"技术和人才在一定程

---

① 在UICRC开展研发是以完成课题为目标的模式二（Mode 2），400~500名研究人员在类似于企业的组织架构（quasi-firm）中从事研究活动（Etzkowitz，2003）。

度上的集聚"只能导致 NTBFs 抱团创业。这种外部冲击就是将在 UICRC 中通过"技术和人才在一定程度上的集聚"而产生的颠覆性技术商业化遇到了阻碍。其原因一般来说是产生了"创新困境"。

"创新困境"的产生阻止了颠覆性技术的商业化，研发出颠覆性技术的研究人员寻求技术孵化，就产生了承担此任务的 NTBFs 的创业压力。因为这个过程需要试错，所以必须抱团创业。

2.4.3　区域生态系统整备期

2.4.3.1　通过地区批准建立支持性组织

这样一来，"技术和人才在一定程度上的集聚"而产生的颠覆性技术被转化为 NTBFs 抱团创业的充分条件。但是，如果不建立作为必要条件的服务于 NTBFs 抱团创业、成长的支持性组织，颠覆性技术就会流向其他地区，就不能成为充分条件。在准备期，为了使"技术和人才在一定程度度上的集聚"转换为充分条件，必须使区域内的官产学联合，建立作为必要条件的服务于 NTBFs 抱团创业和成长的支持性组织（如图 2-2 所示）。

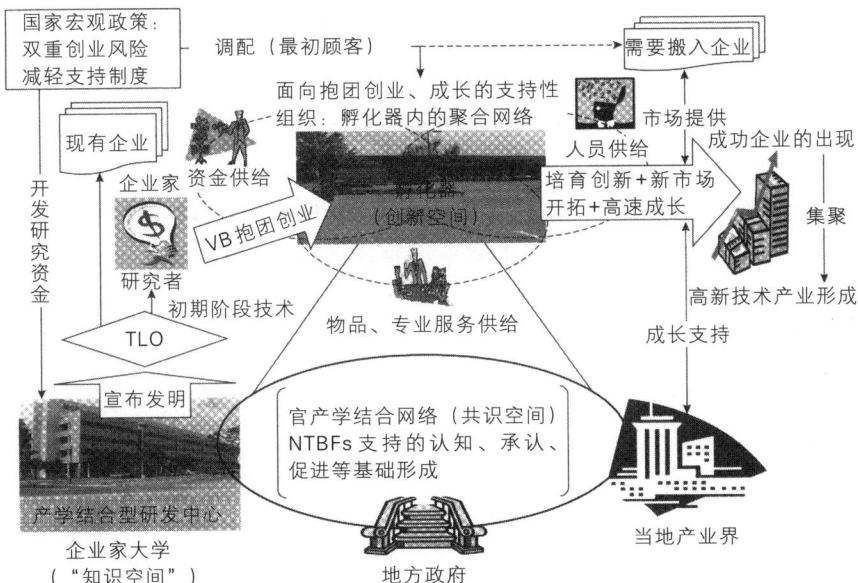

图 2-2　作为面向 NTBFs 抱团创业、成长的区域生态系统的支持性组织的架构

尽管如此，即使受到了外部冲击，依然缺乏地区内直接建立支持性组织的必然性。建立服务于NTBFs抱团创业和成长的支持性组织是为了在"技术和人才在一定程度上的集聚"的特定领域，支持承担颠覆性技术孵化重任的NTBFs抱团创业和成长，区域资源优先支持NTBFs。

对具有这一功能的NTBFs优先设立支持性组织，得不到地区的批准是不能实施的。这是因为，对于这样的NTBFs，优先设立支持性组织，意味着从区域传统企业的广泛支持转变为对特定领域的NTBFs进行支持的政策性转变，这不仅招致了其他地区与产业的抵制，而且因为像三螺旋揭示的那样，原有制度的解体和重组是必要的，所以要构建支持性组织必须获得地区的批准。

2.4.3.2　通过影响者建立支持性组织

受到外部冲击向整备期过渡的地区，建立面向特定领域的NTBFs抱团创业和成长的支持性组织，地区主体性是必不可少的。地区主体性被界定为影响者（influencer）、公民企业家（civic entrepreneur）、区域创新组织者（regional innovation organizer）等，通过地区个人①主体的配合来承担。在三螺旋中，影响者为了得到地区的批准，与地区内官产学达成共识，界定"共识空间（consensus space）"是为服务于NTBFs抱团创业和成长的支持性组织的建立和运行提供保证的基础。

但是，以三螺旋为代表的先行研究的缺点是，虽然研究清楚了影响者机能的必要性及其特性，但是还不能完全阐明影响者产生的规律。根据美国的先行研究，当受到外部冲击而发生经济危机时，可以说影响者是从地

---

① H.Etzkowitz 指出,发挥这一作用的不仅是个人,还有大学、企业、地方政府等(Etzkowitz, 2008),对于发挥影响者作用的主体应当进行更加深入的探讨。但是,组织因其高层的改变很可能失去持续性,特别是政府,政策的实施如果由于政权更迭而终止,那么政府就不会发挥影响者作用。

区产生的[①]（Gibson and Rogers, 1994; Henton, 1997; Etzkowitz, 2008）。但是，以经济危机为基础的影响者出现论是否可以推而广之，是需要探讨的重点。尽管如此，像前面探讨的波士顿的案例那样，只要通过以 K.康普顿为代表的影响者的领导力能得到地区的批准，服务于区域内 NTBFs 抱团创业和成长的支持性组织就没有必要建立。这也是无法否定的事实。

对于建立区域内 NTBFs 支持性组织，影响者不可欠缺的理由是，除了具有在地区内达成共识的领导力，还有像肯尼在"第二经济"中阐明的那样，其支持性组织还能行使区域生态系统的功能，即建立与统筹特别网络结构。

区域支持性组织的建设作为 NTBFs 进行商业活动的支持场所，必须创建商业孵化基地。并且，在以军需为代表的创业期，为了将减轻"双重创业风险"的宏观政策与从"不利的两个阶段"开始创业的 NTBFs 的微观活动相连接形成中间组织，与提供经营资源和生产性服务的支持性机构相联系，结合区域内网络结构的构成以及对处于网络结构创业期的 NTBFs 提供支持的商业孵化器，从而产生协同效应，必须建立拥有协同效应那样的网络结构（如图 2-2 所示）。商业孵化基地方面的网络结构构成正是三螺旋中"创新空间（innovation space）"的实体。这个综合的网络结构，作为"第二经济"机能补充的区域生态系统，NTBFs 与支持性

---

① 有人指出，这不是原本意义上的企业家活动。R.Burt 指出，entrepreneur(创业者)的词源——"entreprendre"包含"entre(中间)"和"prendre(获得)"的意思，是"为了民事、军事研究项目而将劳动力和物资组织起来的人"，法国政治经济学者(French political economists)给出了从 18 世纪中期开始从事利润随价格波动而变化的风险事业的个人这一"现在的模糊意思(today's ambiguous meaning)"(Burt,1992)。如果围绕创业者(entrepreneur)的词源解释正确的话，即在地区内人为构建集群区域系统的活动，或许可以说是回归了原本意义上的企业家活动。但是，像这样依靠个人的产业集群区域系统形成理论，与微观理论中的风险企业论相同，强调偶然性，不能推而广之。为了克服这个缺点，最近出现这样的情况，不只是个人,大学、企业、地方政府等官产学中的任何一方，只要符合区域设定的条件，就能成为区域创新组织者(regional innovation organizer)(Etzkowitz,2008)。不过，如果是组织的话，在如何提出愿景、取得认可和共识、在地区内构建 NTBFs 支持平台这方面真的能出现成功案例吗？Etzkowitz 认为，要完成"第 3 使命"，承担使大学研究成果商业化重任的 NTBFs 抱团创业、成长、集聚是必经之路，为实现这个目标，大学必须经由"第二次大学革命(second academic revolution)"转型为"企业家大学(entrepreneurial university)"，"企业家大学"为了完成第 3 使命，必然要得到区域的积极推动。这一点需要更深入地加以探讨。

机构之间一定具备互利共赢的关系。

这个特殊的网络结构构成与通过自身组织化形成的市场是不同的，是以地区条件为基础通过影响者建立的。

2.4.3.3　通过抱团创业和成长出现成功企业

作为必要条件建立起来的支持性组织与充分条件结合，根据 NTBFs 的抱团创业通过技术孵化的试错开发新市场型颠覆性创新技术，当给市场提供多种样品的时候，"第一经济"的市场评价才成为可能。

"最初的顾客"作为样品完成的支持者，购买竞争前阶段的样品，拥有新功能的样品发挥了向市场宣传的信号效果，样品的最终评价交由"第一经济"的市场。创新的最终评价只能由市场来完成。

根据"第一经济"的市场评价成功确认新市场型颠覆性创新的主导设计的 NTBFs，成功地开拓了新市场，使企业得到了快速成长，超越了盈亏平衡点，消除了累积损失，通过 IPO 和企业收购获得了新市场开拓带来的熊彼特租，从而实现了资本收益。

该资本收益不仅被分给 NTBFs，也被分给参加支持性组织的各个机构，同时带来了"第二经济"的发展。这就是从建设期到确立期逐步扩展的外部冲击即成功企业的出现给地区带来的现实效果。

2.4.4　区域生态系统确立期

由于服务于 NTBFs 的抱团创业和成长的支持性组织发挥了效能，累计培养出多个成功企业，通过资本收益的分享，提升了地区就业与收入。根据就业和收入的经济效果，支持性组织被纳入地区经济。其结果是，对新创企业的"心理抗拒"消失了，为 NTBFs 抱团创业、成长、集聚提供支持成为地区内的共识，新创企业升华了区域文化。

服务于 NTBFs 抱团创业和成长的支持性组织得以强化和扩充，并且是自动自觉地展开，更多的 NTBFs 抱团创业、成长得到了支持，同时支持的成功率得到了提升，成功企业接二连三地出现。其结果是，成功的

NTBFs 在区域内集聚，形成了具有"价值网络"的高新技术产业①。

　　一方面，通过 NTBFs 的集聚形成高新技术产业集聚区并发挥信号效应；另一方面，吸引其他地区的人员、物资、资金、提供"生产性服务"的支持性机构，扩大与促进 NTBFs 抱团创业、成长、集聚的区域生态系统由此确立。

2.5　区域生态系统构建模型的应用

　　如前所述，从先行研究推导出了 NTBFs 抱团创业、成长、集聚的区域生态系统构建模型，即通过 NTBFs 的集聚形成高新技术产业，在波士顿和硅谷业已成功，并且适用于其他地区，由此阐明了各个国家和地区的共通性与多样性、类似性与差异性，同时，能够动态地阐明抽离多样性与差异性、获得共通性与类似性的条件与应对措施。其结果是，通过构建 NTBFs 抱团创业、成长、集聚的区域生态系统，对于旨在形成高新技术产业的后发地区，在考虑存在成功可能性的同时，也要考虑其失败的可能性。

　　在下一章，将针对验证 NTBFs 抱团创业、成长、集聚的区域生态系统构建模型适用于以英美为代表的高新技术产业形成地区的妥当性，同时通过分析 NTBFs 抱团创业、成长、集聚的区域生态系统构筑过程，更加深入地探讨其条件、要素、构造、动因等因素。

-----

　　①　经济学分为以企业和家庭等经济主体的活动为对象的微观经济学，以及以其集合为对象的宏观经济学，但是，并不以中间产业为对象（吉川，2009）。对于在何种企业群集聚、如何进行经济联合的情况下产业能够形成，经济学的分析并不充分。在经营学领域，产业被作为"价值网络"或"价值星座"等来把握，其形成需要历经 5 ~ 10 年的时间（Chesbrough，2008）。但是，除了 M.Porter 的集群理论，再没有理论提出了区域集聚的规律。Porter 把地区企业集聚这一事实作为前提，并将其效果提升到理论层面，但是没能提出形成"价值网络"等产业的企业间关系的内在规律所构成的边界（boundary）。这是 Porter 的集群理论存在的问题之一。无论在哪个领域，针对产业形成理论都有进一步探讨的必要，就产业的形成来说，以颠覆性技术商业化为目标的"价值网络"充裕的企业群的集聚是不可缺少的，这一点毋庸置疑。顺便说一下，在 20 世纪 80 年代初的硅谷，以 61 家半导体制造企业为核心，拥有 207 家设备、材料领域的企业，以及约 850 家构成最终产品事业部的计算机软硬件、通信设备、医疗器械、工业机械设备、家用电子设备、生产性服务等领域的企业。能够确定从业人员数量的 463 家企业中，不足 300 人的中小企业占比 82%（西泽，1985）。

[第 3 章]

构建区域生态系统的现状及课题

[西泽昭夫]

3.1 美国模式同英国模式的比较

进入 20 世纪 90 年代，在欧洲，通过 NTBFs 抱团创业、成长、集聚形成高新技术产业的政策，作为名为"产业集群计划"的新兴产业政策，开始受到广泛关注。相对于 20 世纪 70~80 年代在欧洲实施的全国锦标赛（National Champion）扶植政策（即扶植传统产业中大型企业的计划）失败而言，在美国、英国，NTBFs 抱团创业、成长、集聚进而开始形成与半导体、电子计算机等相关的高新技术产业。①

在美国，进入 20 世纪 80 年代以后，除了波士顿和硅谷领先发展外，通过 NTBFs 抱团创业、成长、集聚的区域生态系统构建形成高新技术产业这一崭新的成功模式，在得克萨斯州首府奥斯汀也成功得以实现。在英国，20 世纪 80—90 年代，剑桥现象和以爱丁堡为中心的硅幽谷（Silicon Glen）等都是通过 NTBFs 抱团创业、成长、集聚形成高新技术

---

① 在这个时期之前，波士顿和硅谷的案例备受瞩目，根据政府主导的全国锦标赛扶植政策，以颠覆性创新的产生为目标的区域分散型柔性劳动力市场等，现有的产业政策发生了巨大的转变，制定并实施了促进 NTBFs 抱团创业、成长、集聚的政策。与此同时，引入"创新""集群"等新概念，不过由于针对具体内容的分析不详尽，因此该政策的实施可能会受限（Borras 和 Tsagdis，2008）。

产业。

　　即使是欧洲发达国家，也不得不承认英美模式的发展现状，无法忽视与全国锦标赛完全不同的 NTBFs，谋求通过 NTBFs 的集聚形成高新技术产业，开始导入"产业集群计划"。

　　但是，自从 2000 年 IT 泡沫破裂以后，通过 NTBFs 抱团创业、成长、集聚形成高新技术产业的模式，在美国和英国发生了巨大的变化。在美国模式下，已经从 IT 拓展到生命科学、清洁技术等新的领域；而在英国模式下，生命科学领域却没有实现 NTBFs 集聚这样的发展，从 IT 向生命科学领域的发展处在萌芽期，生命科学产业的形成仍停留在初期阶段。不仅如此，自从 2000 年的 IT 泡沫破裂以后，就通过采用英国模式形成生命科学产业的势头而言，连领先发展的剑桥和爱丁堡，也呈现较弱的趋势（Bains，2009）。

　　为了探究 2000 年以后产生的美国模式与英国模式为何在发展力方面存在差异，本章将把根据前一章推导出的 NTBFs 抱团创业、成长、集聚的区域生态系统构建模式运用于奥斯汀、剑桥、爱丁堡，研究在区域生态系统构建方面美国模式和英国模式的相似性与差异性。

　　通过动态分析，如果能够弄清造成相似性和差异性的原因，就能够探明作用于服务于 NTBFs 抱团创业、成长、集聚的区域生态系统构建的因果关系，同时提出打破英国模式的边界、推行美国模式所必要的补充条件和解决对策。更进一步地，要论证以该成果为基础在英国以外的国家推行美国模式的可能性。

3.2　美国模式的形成与发展：复制硅谷和奥斯汀模式

3.2.1　复制硅谷政策的实施

　　在美国，为了应对 20 世纪 70 年代的严重滞胀，联邦政府将即使在滞胀条件下仍然实现经济增长的波士顿和硅谷的经济发展模式推广到其他地区，实现美国经济的复兴。然后实施了由罗森伯格（D.Rosenberg）命名的"复制硅谷政策"，即"隐性产业政策"（如图 3-1 所示）。

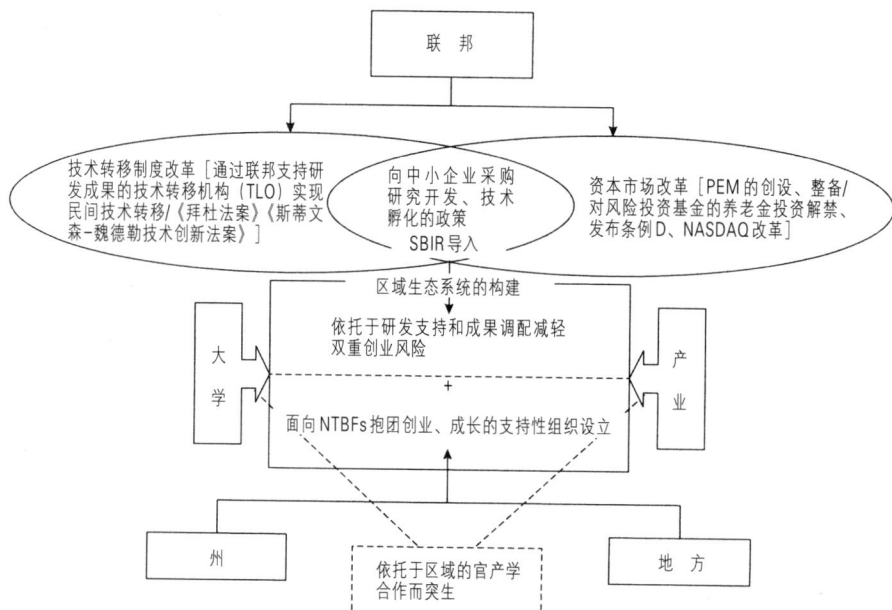

图3-1 复制硅谷政策的概要

　　该政策的目标是复制波士顿和硅谷，并将其扩展到全美，借鉴"AR-PA—研究型大学—SBIC"[①]的失败经验，扩大联邦政府的研究开发支持对象，同时将成果有效运用于企业和学校，以此支持构建区域生态系统。具体地说，复制硅谷政策是由"SBIR（代替军需的双重产业风险减轻政策）—产学技术转移制度改革（联邦政府支持研究开发成果的民间技术转移和TLO）—PEM（private equity market，私人资本市场，针对未上市企业的私募债券发行市场）"构成。

---

　　① 1957年人造卫星"伴侣号"升空，迫使美国大学的教育、研究发生了巨大的变化。根据《1958年国防教育法》（National Defence Education Act of 1958），以扩大理工科教育和提高大学升学率为目标（Urban，2010），在大学中以提升研究能力的名义增加研究资金供给，并将其结果用于军事领域，由此引入了一个在"军需—MIT—ARD"的波士顿模式基础上更加完善的"ARPA—研究型大学—SBIC"政策。在这个政策中，能够提供只限于军需领域的研究开发支持活动并促进研究型大学向"企业家大学"转型的UICRC在完善的情况下，创以扩大VC投资为目标的SBIC制度，以对口支持的方式提供联邦资金。可是，由于将重点放在联邦资金的有效运用与收益回收上，出现了SBIC泡沫。关于SBIC的详细内容请参见西泽（1998）。

可是，拥有这一目标的复制硅谷政策，仅仅是不断复制，促使各地区构建区域生态系统的宏观政策，实施这一政策，并不等于能够立即在全美构建起能实现 NTBFs 抱团创业、成长、集聚的区域生态系统。复制硅谷政策意味着，正如三螺旋所暗示的那样，从中央集权（statist）模式经过无为（laissez-faire）模式向交互（interactive）模式转变是不可欠缺的，要以从中央集权到地方分权的转变这一巨大的结构性改革为前提。

3.2.2　结构与功能

3.2.2.1　从军需到 SBIR

20 世纪 70 年代，美国经济陷入滞胀，与拥有强劲的产业竞争力的日本和德国相比，日用品的开发、制造、销售的综合能力薄弱，使得美国产业竞争力下降，即使采取刺激经济发展的政策，美国的产业也无法复兴，由于进口增加、美元贬值，产生了经济衰退与通货膨胀并存的状况。要想摆脱这种状态，必须在日用品相关领域进行具有竞争力的颠覆性技术的研究、开发、商业化，以实现新市场型颠覆性创新，从而形成高新技术产业[①]（Ruttan，2006）。

为了使之成为可能，取代在波士顿模式以及硅谷形成过程中发挥巨大作用的军需，产生替代效果，并在日用品领域通过颠覆性技术的商业化实现新市场型颠覆性创新而谋求新的扶持政策。因此，为了将从研究开发、技术孵化到成果应用提供一系列支持的军需向民需扩展，联邦各个省厅将必要的新技术研究开发及商业化交由中小企业（即被称作"未长大的巨人"的风险企业）来负担，导入了小型企业创新研究开发计划（Small Business Innovation Research，SBIR）。

SBIR 的本质是，联邦省厅基于多样化的需求，让创业型中小企业承担颠覆性技术的研究开发、商业化，公开征集研究开发和技术孵化的实施计划，并在全美范围内进行评价、挑选，设定明确的基准，以此进行业务

---

① 由于军民转换恢复了参与州政府科学技术政策的权力，因此州政府把重点放在强化官产学之间的合作，以及构建旨在实现州郡内尖端技术商业化的能力上。

的开展，采用新的支持方式①。由于 SBIR 要求风险企业承担研究开发和技术孵化工作，因而又被称作"世界最大的创业资本基金"（Connell，2006）。

SBIR 和中小企业优先采购制度相联动，在第三阶段发挥了联邦省厅的采购促进作用。中小企业优先采购制度也适用于联邦政府的总承包人②，因此，对于那些接受了 SBIR 的支持的中小企业，能对那些已经成为总承包人的大型企业发挥交易支持作用。

由此，SBIR 不仅成为能干预市场、发挥信号效应的联邦省厅的最初顾客，更成为对于通过 NTBFs 抱团创业、成长、集聚形成高新技术产业而言重要的交易伙伴，对于"需要搬入企业"有着吸引交易的作用。

3.2.2.2　TLO 的完善

在复制硅谷政策中，NTBFs 进行商业化的颠覆性技术是在企业家大学的 UICRC 中通过利用联邦政府资金实施的产学合作型研发成果的技术

---

① 由于当初强烈反对 SBIR，所以联邦政府机构的 SBIR 申请比率仅为外部研究开发委托经费的 0.2%，现在增加到 2.5%。另外，第一阶段以 15 万美元为上限、第二阶段以 100 万美元为上限提供资金支持，但也可以灵活处理，比如根据研究开发状况可以提供超过上限的资金支持。可是，在 SBIR，不仅需要提供资金支持，还需要提供生产性服务的支持。具体支持方法分为合约模式和资助模式。合约模式是指，要以业务的实施为前提，按 7%计算收益。DOD、NASA、DOT、EPA、DOH 等将重点放在商业化上的机构多采用合约模式，NSF 等重视基础研究的机构多采用资助模式，DOE、NIH 通常综合运用这两种模式（Connell，2006）。

② 在取得 SBIR 的最大支持成果的 DOD，据估计，在 2005 年，自己的优先采购比率为 23%，总承包商的优先采购比率为 43%，综合来看，DOD 整体的优先采购比率是 40%（Connell，2006）。DOD 负责人在采访中提到，在第一阶段进行公募，以寻找可以让总承包商采用的创新型技术开发的机会；在第二阶段不进行公募，专注于技术孵化；其成果在第三阶段让总承包商采用。提到未取得预期成果情况下的责任归属问题，因为在技术孵化过程中风险相伴而生，所以只要妥当地加以说明，失败本身就不是问题（2010 年 12 月 2 日在华盛顿的采访）。在第三阶段中采购被称作"前商业化采购（pre-commercial procurement）"，英国和欧盟为了引用这种方式，主张大胆改变政策（Ternouth，2007）。日本在关于 SBIR 的调查研究中，没有完全明确第三阶段的意义。SBIR 拥有如此复杂结构的理由是，如果实施企业扶持政策、产业扶持政策、区域扶持政策等，选拔成功企业（picking winner）或者地方建设经费（pork barrel）会遭到强烈反对，甚至有夭折的风险，并且特定的国内产业优势可能会与美国倡导的国际规则发生冲突，由于各联邦机构专注于所需要的技术研究开发及其商业化，因此，虽然选定的技术内容、领受配售、区域集中等可能会成为问题但却能得以持续这一政策特性也不明确（野村综合研究所社会、产业研究本部，1998）。

转移来提供的[①]。但是，联邦政府资金的研发成果是国有资产。在产学之间进行技术转移，是将国有资产转化为私有资产，被称作"虚拟的政府赠地（a 'virtual' equivalent of a land grant）"，是大胆的结构性改革。联邦政府承担了高风险的研发初期费用，其成果所产生的利益则在企业和大学之间分享，是包含巨大经济刺激的制度改革。

通过在各大学中设置的技术转移机构（technology licensing organization，TLO），将得到联邦政府资金支持的研发成果进行知识产权财产化，完善了向民营企业进行技术转移的产学技术转移制度，即《拜杜法案》，作为包含着这样的制度改革的复制硅谷政策的重要一环，必须接受各种评价。这是因为，《拜杜法案》为通过联邦政府支持的研发获得的作为大学尖端研究成果的颠覆性技术向 NTBFs 转移开辟了道路，其集聚十分令人期待。[②]

总的来说，为产学技术转移提供制度保障的专利制度、新设联邦巡回上诉法院（CAFC）[③]将美国专利商标局（USPTO）的体制强化和专利诉讼统一至联邦层面处理等重视专利的一系列改革也得以实施。与此同时，专利涉及的范围在不断扩大，如生命科学和商业模式等。

3.2.2.3　PEM 的创设

随着波士顿的案例逐渐明晰，仅凭 SBIR 和 TLO 还不能实现 NTBFs 抱团创业和成长。无论哪一个政策都伴随着风险和不确定性，NTBFs 从创业到 IPO，都不能获得风险融资。

---

①　研发支出额和专利取得的替代指标——创新产生的数量，在国家和产业层面上成正比，而在企业层面上，研发支出额少的小企业产生的创新数量反而较多，这是因为存在产学技术转移和 NTBFs（Audretsch，1998）。日本的情形有所不同，研发经费强度（研发经费占 GDP 的比重）位居世界前列，创新产生的数量作为研发成果却屈指可数，高新技术产业附加值收益低更成问题（文部科学省《平成 20 年度科学技术白皮书》）。其原因很可能在于，将大学等的研发成果商业化的 NTBFs 不活跃。

②　高校科技成果转化风险企业是 NTBFs 的原始状态，在美国，知识产权从大学转移到高校科技成果转化风险企业，改变了大学的价值取向，损害了研究的中立性和公开性，使利益冲突凸显（Washburn，2005）。不容忽视的是，滞涨导致当时的美国经济深陷危机之中，必须采取具有上述副作用的猛药，即产学技术转移政策。

③　关于 CAFC 的具体情况，请参见幸田亨利（1999）。

实际上，为了接受SBIR的支持，必须先创建NTBFs，创业资金的调配是不可欠缺的。虽说如此，研究者自己筹集一定的创业资金也是很难的。而且，即使申请SBIR，也要在全美范围内面对激烈的选拔竞争。这使得是否能够接受支持变得不确定。如果没有资助的话，创业者不得不承担所有的风险。即使接受了资助，资金支持也仅限于技术孵化，NTBFs在发展过程中所需的资金也必须自行筹措。

这样一来，NTBFs特有的风险和不确定性就被泛化，VC作为提供创业资金的特殊金融中介机构在波士顿和硅谷设立起来。为了将复制硅谷政策从原来仅限于波士顿和硅谷的VC扩展至全美，VC投资资金进而成为有限合伙人，这在法律上得到了承认。①具体来说，规范年金资金运作的《雇员退休收入保障法案》（Employee Retirement Income Security Act，ERISA）经修订，对于VC所构成的有限合伙人，解除了年金资金投资的禁令。

在复制硅谷政策中，令人关注的一点在于，为了促使富有的个人或机构投资者投资于未上市公司股票，发布了监管私募投资的条例D（Regulation D）。根据条例D，伴随着不存在VC的区域和有限合伙人规模扩大，由于VC性质的变化而产生了投资缺口，使得被誉为"天使投资人"的富有的个人投资者不断加入，被评价为20世纪80年代扩张最迅速的股票市场——PEM得以创设。

另外，为了谋求私募股票投资在VC和PEM的发展，以加速投资回收为目标，针对纳斯达克（NTSDAQ）这一NTBFs上市的资本平台，导入了让干事证券公司保证市场流动性的做市商（market maker），并启动了通过做市商来强化报价驱动（quote-driven）市场功能等一系列资本市场改革。

3.2.3 从联邦政策到区域政策

所谓复制硅谷政策，不是将波士顿和硅谷的模式简单地复制到各地并

---

① 但是，此项政策与技术转移政策相同，也是一剂猛药，具有使VC投资性质变化的副作用。虽然有限合伙制可以大幅增加融资力度，但是美国的VC对向处于创业期的NTBFs提供投资有所顾忌，直到最近，开始实施了一项被称为增长股票型基金（growth equity fund）、与日本大型VC非常相似的投资活动，VC投资的性质发生了改变（Bygrave和Timmons，1995；Nishizawa，2009）。

成功再现的即效性政策，而是为了将硅谷模式推行到全美而给予激励并使之拥有实效性的联邦制度改革政策。

如前所述，使 NTBFs 抱团创业、成长、集聚的区域生态系统的构建必须要以"技术和人才在一定程度上的集聚"为前提，所有的地区都要满足这一条件，否则政策无法顺利实施，而这正是复制硅谷政策具有上述特征的原因所在。对于那些条件不具备的区域强制推行该政策的话，会导致区域内传统企业走下坡路，而 NTBFs 的集聚尚未形成，这将陷入左右为难的政策困境。实际上，这样的困境在 1957 年"ARPA—研究型大学—SBIC"中就曾经出现过，即因为无视区域条件、强制推行政策而产生了 SBIC 泡沫。

要使复制硅谷政策发挥作用，就要有效运用联邦政府的激励政策，服务于 NTBFs 抱团创业、成长、集聚，在条件充分具备的特定区域内单独构建区域生态系统。而且，由于各个地区的经营资源禀赋各有差异，要构建区域生态系统，首先必须明确条件是否充分具备，然后立足于地区的经营资源禀赋，最后建立能够通过区域生态系统网络提供经营资源禀赋的支持性组织。为此，要在区域主导下构建起符合区位条件的区域生态系统。

虽说如此，在 20 世纪 80 年代初期美国的一些地区，关于如何选择条件具备的特定区域，区域生态系统由谁如何构建，并没有明确的方针，更谈不上能体现具体内容的模型和构建方法。①事实上，就州政府和地方的

---

① 这种情况到现在依然没有变化。这是因为，区域生态系统的构建是以区域创建为依据的，很难普及。实际上，在前面提到的"大学创业：为未来经济发展铺平道路（University Startups：Paving the Road to Future Economic Strength）"中，NSF 在其资料中所描绘的区域生态系统只是一个概念性图示，包含与大企业、传统中小企业、高校科技成果转化风险企业的产学联合，及针对高校科技成果转化风险企业和传统中小企业的天使投资、VC 等 PEM 的参与。该图示仅仅强调了在医疗器械领域内作为高校科技成果转化风险企业的 NTBFs 集聚方面成果卓著的明尼苏达大学的区域系统，以及将产生创新的明尼苏达大学、业绩突出的经营人才的聚集、利用种子资本的可能性、聚焦于 NTBFs 抱团创业和成长的扶持政策、进行基础设施建设的州政府全部通过网络结合起来并统筹运作的必要性（"Economic eco-system must all work in concert：University is one of several elements"），并没有展示其具体内容。于是，在全美国各地研究型大学所在区域推进区域系统的构建，以其成果公有为目标的 i6 Challenge Grant 政策由商务部自 2010 年 7 月起开始实施，选定了以下 6 个区域：Global Center for Medical Innovation（亚特兰大市）、New Mexico Technology Ventures Corporation（阿尔伯克市）、Innovation Solution for Invention Xceleration（阿克隆市）、Agile Innovation System（匹兹堡市）、Biogenerator（圣路易斯市）、Oregon Innovation Cluster（波特兰市）。

政策制定者来说，不进行招商，也没有传统企业援助，只是在特定区域构建服务于NTBFs抱团创业、成长、集聚的区域生态系统，从而形成高新技术产业，就能够真正使区域经济复苏，对此也是半信半疑。而且，这一新政策以区域均衡发展为目标，与原有区域政策的特征截然不同，因此，诸如"可能无法得到区域的承认"这样的政治性判断也会起作用，从而无法立即着手构建区域生态系统。

突破了这个边界，在20世纪80年代短时间内构建起区域生态系统，硅山（Silicon Hills）的出现使奥斯汀成为典范，在20世纪90年代，在拥有类似条件的美国各地，以奥斯汀为模板的区域生态系统构建政策开始推行。这意味着，复制硅谷也可以被称作克隆硅山。

3.2.4　在奥斯汀构建区域生态系统[①]

本节将应用前一章推导出的NTBFs抱团创业、成长、集聚的区域生态系统构建模式，分析硅山在奥斯汀的形成，随着形成进程的可视化而阐明其逻辑构造。

3.2.4.1　区域生态系统准备期：MCC招商引资

在20世纪70年代，奥斯汀为了通过廉价的土地和人工费吸引企业进驻以振兴经济，加强基础设施建设，实施税收优惠。可是，招商而来的企业，因为要承受集聚所产生的费用高涨的压力，所以转移到成本较低的墨西哥等地。招商费用和税收减少最终导致了公共服务水平下降。因此，采用新的经济振兴政策是非常必要的。要实现这一目标，只能建设研发基地而不是生产基地。

20世纪80年代初期，被设想为对日计算机战略基地的MCC招商引资颇引人瞩目，有着相同意向的各个地区的招商大战十分激烈。在这场招商大战中，由G.柯兹梅斯基（G. Kozmetsky）发起，奥斯汀通过调整州和市之间的利害关系，通过得克萨斯大学奥斯汀分校研究能力的提高、强化、扩充，以及工商联合会等产业界的支持活动等，搭建起官产学的合作体系

---

① 关于奥斯汀区域生态系统的形成，详见西泽、福岛（2005）。

（如图3-2所示），并以此获得了招商引资的成功。此时，得克萨斯大学奥斯汀分校为了提高计算机科学的研究能力，从全美物色优秀的教员和研究者，同时在Pickle研究中心建立MCC，建立并完善产学合作型共同研究体制（桑原，1994）。得克萨斯大学奥斯汀分校向企业家大学转型，创造了H.埃兹科维茨所提出的"知识空间"。

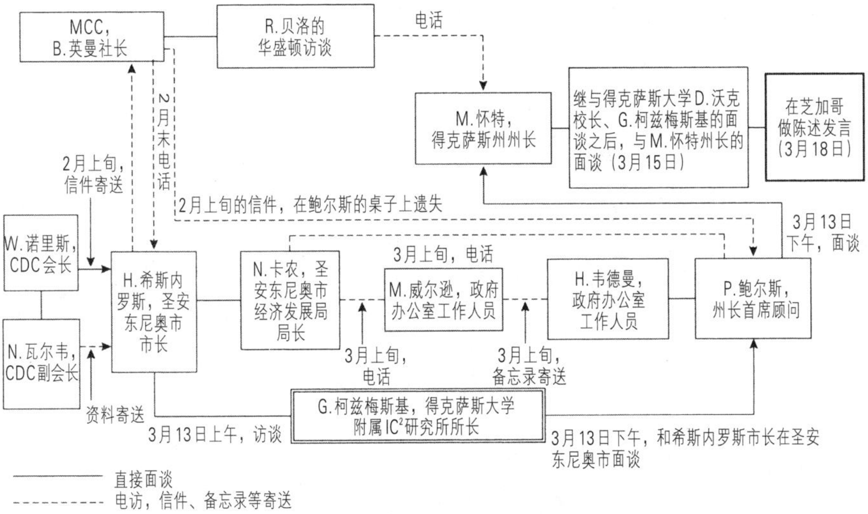

图3-2　柯兹梅斯基为MCC招商引资而作的努力

后来，UICRC成为由美国国家科学基金会（NFS）设立并提供支持的NSF中心的典型[①]，作为UICRC的MCC招商引资成功，因此，在最鼎盛时期，从事新型计算机硬件和软件研发工作的优秀研究人才约400名以及擅长经营管理的高级管理者40人齐聚奥斯汀。在MCC，凭借这些研究人才和经营管理者，使得对日计算机战略成为了可能，以硬件和软件商业化为目标的研究开发得以展开。

---

① 　仅在大学的研究中心无法实现创新，必须扩大大学的边界，同产业界一同进行研究，形成"研发场"。在美国，在MCC的成功基础上，通过1984年国家共同研究法，很多大学都设置了产学合作型研究中心（University-Industry Research Center）来开展竞争前期的研发工作（西泽，2005）。

3.2.4.2   外部冲击：MCC 的重组

可是，在 20 世纪 80 年代后半期，由于经济萧条，发挥基础作用的出资企业形势不佳，导致 MCC 被迫重组。在重组压力之下，为了将 MCC 的研究人员转化为充分条件，必须构建必要条件。以前，MCC 的研究人员的目的是研究开发新型计算机技术的硬件和软件，而在 MCC 重组以后，煞费苦心的研究成果却陷入无法商业化的现实。要想顶住重组压力，实现研究成果的商业化，研究者只能以研究成果商业化为目标创建 NTBFs。

他们决心进行 NTBFs 创业的动机是把自己的研究成果商业化的强烈使命感。[①]以 MCC 为中心继续进行的研究开发扩展了计算机的新功能，取得了硬件和软件方面的技术成果，同时，以商业化为目标开展研究的研究人员满怀着使命感。为了将上述"技术和人才在一定程度上的集聚"转化为实现 NTBFs 抱团创业、成长、集聚的区域生态系统构建的充分条件，理应成为其必要条件的服务于 NTBFs 抱团创业和成长的支持性组织必须设立。

3.2.4.3   区域生态系统整备期：支持性网络的组成和统一

在奥斯汀，NTBFs 抱团创业和成长的必要条件是为其提供服务的支持性组织，这些组织在 MCC 被迫重组的 20 世纪 80 年代末纷纷开始设立。

首先，通过重组，MCC 自己必须做出改变。最初 MCC 以面向发挥基础作用的出资企业的技术转移为目标进行研究开发。1988 年 4 月，转而同 DARPA[②]签订研究合约，通过 SBIR 政策开始寻求研究开发支持。1993 年，联邦资金所占的比例增加到 30%。MCC 灵活运用 SBIR 政策，将战略

---

①   关于大学或者研究所的研究人员向企业家转型的理由，访谈研究得到的结论是，很多研究者作为"未成熟技术的监护人（custodian）"，拥有将该技术进一步完善并投入应用的使命感，但当该技术具有颠覆性时，传统企业大多拒绝将其商业化。于是研究人员只能自己创业，谋求实现技术的商业化。可是，一般来说，没有考虑市场需求的情况居多，所以在开展企业活动时要考虑市场的接受程度，立足于市场开展经营支持活动是必不可少的（George、Jain and Maltarich，2005）。

②   ARPA 在 1972 年 3 月 23 日改称 DARPA，在 1993 年 2 月 22 日恢复 ARPA 的名称，在 1996 年再次改称 DARPA，直至今日（摘自 DARPA 的 HP）。

转换为以相关技术成果为基础，促使 NTBFs 集聚，维持与这些 NTBFs 的合作，谋求研究开发能力的维持和扩充。

其次，接受 MCC 自己的战略转换，作为向 NTBFs 抱团创业和成长提供支持的核心机构，奥斯汀技术孵化基地（Austin Technology Incubator，ATI）设立起来。提供创业资金的得克萨斯资金网络（Taxes Capital Network，TCN），提供人才和经营支持的奥斯汀软件委员会（Austin Software Council，ASC）等构成一个网络，而且统一于 ATI。在 ATI 的统筹之下，该网络发挥了远远超过单个网络的协同作用，入驻 ATI 并专注于完成样品试制的 NTBFs 构成并统一于通过当面交易提供经营资源和生产性服务的网络。这就创造出埃兹科维茨提出的 "创新空间"。

与此同时，为了使区域整体向 ATI 中的 NTBFs 提供支持，设立了官产学合作的 ATI 支持性组织运营委员会，积极向成功入驻 ATI 的 NTBFs 提供诸如 SBIR 政策申请等技术孵化和市场开拓支持。在奥斯汀，面向 NTBFs 抱团创业和成长的支持制度的形成得到广泛认可，这就创造了共识空间。

在奥斯汀，陆续建成的服务于 NTBFs 抱团创业和成长的支持性组织（如图 3-3 所示）与前一章所提到的区域生态系统模型的必要条件相比，就能看清它们的相似性和差异性。

相似性在于，以 SBIR 和 PEM 等宏观政策为前提，以被 UICRC 集聚的 NTBFs 技术孵化场所——ATI 为中心提供经营资源和生产性服务的网络构成并统一起来。而且，同时为了让以 ATI 为中心构成的网络活动得到地区的认可和支持，设立了由官产学代表构成的 ATI 支持性组织运营委员会。

差异性在于，在奥斯汀，称为 TCN 的天使投资人网络（business angel network）①负责提供风险资金。联邦政府在复制硅谷政策中谋求扩大 VC，其效果是在波士顿和硅谷等成功地区的 VC 实现了规模扩张，而在努

---

① 条例 D 是针对以新罕布什尔州大学为中心、接受 SBA 支持、不存在 VC 故而不能依赖 VC 的区域内的 NTBFs 的创业资金供给制度。天使投资人网络是指满足条例 D 规定的相关标准的合格投资者（富裕的个人投资者）和 NTBFs 为中介的计算机投资网络，被作为风险投资网络（venture capital network，VCN）创设。新罕布什尔州大学为了向各地大学开放其计算机软件，在全美著名研究型大学周边逐渐扩展类似的天使投资人投资网络（Harrison 和 Mason，1997）。

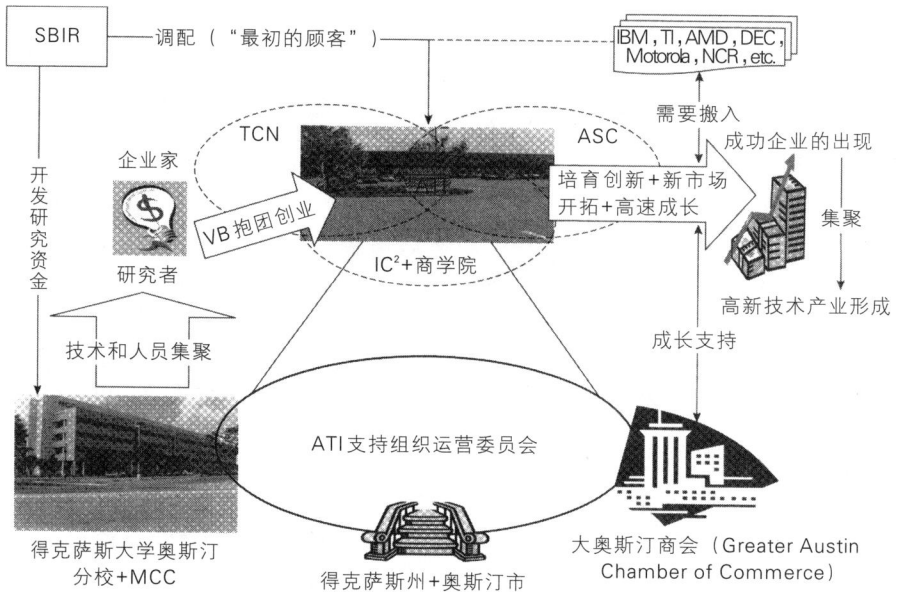

图3-3　在奥斯汀设立服务于NTBFs抱团创业和成长的支持性组织

力建立面向NTBFs抱团创业和成长的新的支持制度的奥斯汀，不能指望VC发挥积极的作用。像奥斯汀这样的VC后进区域，只能寄希望于根据条例D创设PEM的政策做出贡献。

在奥斯汀，通过作为该区域生态系统发挥功能的特殊网络构成和统一，支持性组织作为必要条件设立起来，因此，不仅是MCC，还有由于萧条同样承受重组压力的IBM、TI、AMD等原本出于与MCC合作的目的在奥斯汀设立的大企业研发（R&D）部门中，涌现出意图将各自的研究成果商业化的人员，NTBFs从此开始抱团创业。

3.2.4.4　外部冲击：成功企业的出现

从这些抱团创业的NTBFs中诞生出成长型企业，而且出现了ETI、蒂沃利系统（Tivoli Systems）、戴尔计算机等实现IPO的成功企业，因此，企业家和行使优先认股权的员工都能得到资本收益。由于一些NTBFs成为成功企业，资本收益得以实现，从而为奥斯汀带来了就业和收益。因此，对于为NTBFs抱团创业和成长提供支持，不仅获得了当地的认可，也受到了全美国的关注。这样一来，企业家后备人才以及 VC 和提供"生产性服务"的支持性机构也在奥斯汀寻找商机，从其他地区转移而来，又掀起了一波 NTBFs 抱团创业和成长的高潮。

3.2.4.5　区域生态系统确立期：硅山的形成

NTBFs 抱团创业和成长的新一波高潮提高了成功企业出现的概率，成功企业也开始一再分拆（如图 3-4 所示）。结果就是，在奥斯汀，由于半导体、计算机软硬件、通信等 NTBFs 集聚，IT 产业得以形成并迅速发展，模仿硅谷，结合地形得名硅山（Silicon Hills）。由于 NTBFs 集聚而发展成硅山，吸引了全美国的优秀研究者和专业人才，使得高科技人才的增长率超过了波士顿和硅谷（如图 3-5 所示）[1]。同时，VC、律师事务所、会计师事务所、管理咨询公司、猎头等 NTBFs 的支持性机构也随之而来，不断增加和集聚。佛罗里达（Florida）注意到奥斯汀区域生态系统的确立具有集聚优秀人才和支持性机构的效果，提出了"世界奥斯汀模式"，与强调大都市累积集聚效应的萨瑟恩（Saseen）的"世界城市论"相对应（Florida，2005）。

而且，成功的企业家们设立了各种慈善基金会，积极开展对奥斯汀报恩的慈善活动，形成为从创业到成长一心经营的企业家提供支持的区域文化，对于新型创业"去除心理阻力，形成无论谁都可以创业的氛围"。因此，NTBFs 抱团创业、成长、集聚的区域生态系统植入区域经济，区域生态系统得以成立。与波士顿和硅谷相同，即使在奥斯汀，新型创业也被升华为区域文化，NTBFs 的抱团创业和成长衍生出集聚，通过 IT 领域新市场型颠覆性创新的产生而形成了高新技术产业。[2]

---

[1]　R.Florida 提出，把通过区域系统吸引优秀人才而进行发展的城市模型定义为"世界奥斯汀"，把下文将提及的 S.Sassen 的世界城市发展模型定义为"世界才能的磁石"，21 世纪的区域发展模式终将归为其中某一个。虽然只是概念性的粗略判断，没有经过充分的论证，但在拥有国际都市东京的日本，即使在分析东京以外的其他城市发展的可能性时，也必须认真对待 Florida 提出的课题。

[2]　在硅谷分析的响箭——硅谷狂热：高科技文化的发展（Silicon Valley Fever：Growth of High-Technology Culture）中，奥斯汀虽然具有形成包括达拉斯在内的硅草原（Silicon Prairie）的可能性，但是欠缺企业家精神（Rogers 和 Larsen，1984）。对于能够在奥斯汀形成硅山，从美国的常识来看是很难想象的，所以有关奥斯汀的案例研究备受重视。E.Rogers 与得克萨斯大学 IC² 的 D.Gibson 合作出版了有关奥斯汀的详细案例研究（Gibson 和 Rogers，1994）。

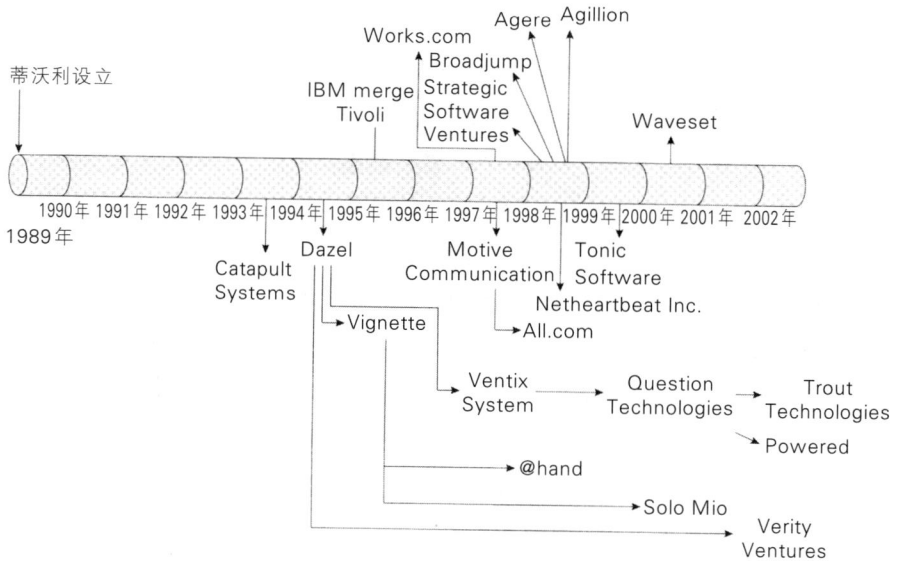

图3-4 蒂沃利系统（成功企业）的一连串分拆

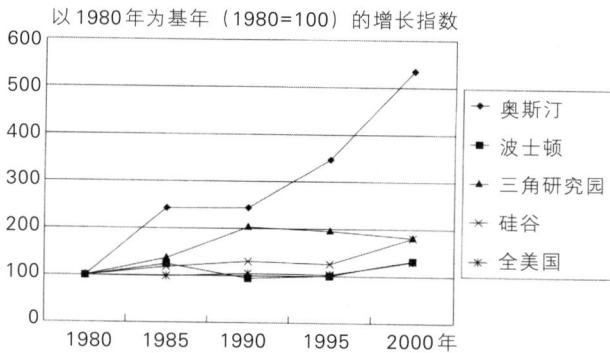

图3-5 美国主要高新技术产业形成区域的高科技人才就业动向

更重要的一点是，由于区域生态系统的确立，奥斯汀拥有了技术标准转换力（Etzkowitz，2008）。实际上，奥斯汀自IT泡沫破裂以来，虽然极其萧条，但是之后又成功复苏了。据从事奥斯汀研究的第一人——吉布森（D.Gibson）所述，半导体工厂由1974年的1家公司、员工数不超过2 000人增加到2000年的14家公司、员工数达到22 000人，但是IT泡沫破裂以后，骤减为 6 家公司，员工数降至 12 000 人。尽管如此，在奥斯汀，因为 NTBFs 抱团创业、成长、集聚的区域生态系统确立起来，使得在生命科学和环境领域 NTBFs 抱团创业、成长、集聚成为可能，因此，尽管雷曼事件体现出失业率增加的倾向，但奥斯汀的失业率依然维持在低于全美平均水平的低位上（对吉布森的访谈，2009 年 9 月）。最终，奥斯汀在 2009 年重返全美国经济表现最佳城市（best-performing city）的第一宝座（Devol 等，2009）。

3.2.4.6　区域生态系统构建方面的全面推动：作为影响者的柯兹梅斯基

奥斯汀区域生态系统的构建反映出，通过创造"技术和人才在一定程度上的集聚"这一充分条件，并灵活运用联邦政府复制硅谷的宏观政策，在区域官产学合作的基础上构建服务于 NTBFs 抱团创业、成长、集聚的区域生态系统，是可以形成高新技术产业的。而且，奥斯汀的案例和前一章推导出的 NTBFs 抱团创业、成长、集聚的区域生态系统构建模式的适应性很强，因此奥斯汀区域生态系统的构建在其过程可见的同时，通过显示其在各个阶段应该实施的相应政策的具体内容，证实了其再现的可能性。

但是，在奥斯汀，在 MCC 招商引资过程中发挥主导作用的柯兹梅斯基成为中心，服务于 NTBFs 抱团创业和成长的支持性组织的设立很重要。柯兹梅斯基不仅为 MCC 招商引资，而且看清其边界，为了使 TCN 的创办有目共睹，在奥斯汀区域特点的基础上，突然构建起与之相符的服务于 NTBFs 大量创业和成长的支持性组织。通过柯兹梅斯基的上述推动建立起来的支持性组织作为必要条件发挥作用，在奥斯汀由于 MCC 招商引资产生的"技术和人才在一定程度上的集聚"这一充分条件相结合而取得成功，因此在 IT 领域 NTBFs 抱团创业、成长、集聚使得高新技术产业形成，进而发展为硅山（Gibson 和 Rogers，1994）。

在区域生态系统构建方面，与波士顿的 K.康普顿、硅谷的 F.特曼、奥斯汀的柯兹梅斯基等典型影响者的全面推动存在必然联系。其理由是，构建区域生态系统与支持传统企业截然不同，不仅在区域内产生了利益对立，而且寻求制度改革（如将研究型大学转变为企业家大学）等符合区域经营资源禀赋的综合举措，因此，拥有梦想、全面推动改革的影响者的领导力是必不可少的。也可以说，要构建区域生态系统，能够发挥领导力的影响者的出现即区域的机缘巧合（serendipity）也是十分重要的。

3.2.5　奥斯汀模式的推广和美国经济的复苏

奥斯汀灵活运用联邦政府的复制硅谷政策，在短期内形成了硅山，其形成过程作为一种模式清晰可见，其重现性得以证实。因此，20世纪80年代后半期以后，美国各地开始积极推进旨在重现奥斯汀模式的措施。但是，并非所有尝试都取得成功。只有既实现了"技术和人才在一定程度上的集聚"这一充分条件，又因机缘巧合出现了影响者，影响者发挥了运筹力和领导力，作为必要条件的支持性组织也得以设立，这样的区域才最终取得成功（Gibson和Rogers，1994）。实际上，在MCC招商大战中惜败于奥斯汀的圣地亚哥要直面不利于区域生态系统建立的外部冲击，如军事预算的削减等严重萧条，因此以加州大学圣地亚哥分校为中心的区域的官产学设立了CONNECT，旨在服务于区域生态系统的构建。众所周知，当时，加州大学圣地亚哥分校校长阿特金森（R.Atkinson）作为影响者在全面运作（Walshok等，2002）。

但是，在美国，影响者的出现并不单单是机缘巧合。在20世纪80年代的美国，在带来复制硅谷政策机会的全球化、技术创新、人口构成、区域主权等领域，力量关系的"戏剧性转变"使成为影响者的"市民企业家"出现，推进"受巨型企业支配、大型政府检查的国民经济"改革。被定义为带来其改革的"经济共同体"的区域生态系统有效构建起来（Henton等，1997）。

其结果是，受到20世纪80年代末经济萧条的影响，在拥有高水平研究型大学的全美各地，旨在再现奥斯汀模式的区域生态系统开始构建。从各个区域聚集而来的NTBFs，通过SBIR在全美国范围内接受严格的评判筛选，与此同时，由于通过进行新市场型颠覆性创新将市场拓展到美国乃至全世界。由于这些成功企业不断出现并集聚，在需要研究型大学的区域，通过NTBFs抱团创业、成长、集聚的区域生态系统构建，形成能够实现"高薪资就业"的高新技术产业。在这样的美国各区域，通过NTBFs抱团创业、成长、集聚的区域生态系统构建形成高新技术产业的总和，在 20 世纪 90 年代，"美国独立战争的胜利"受到嘲讽，当然，高科技为美国带来了充满怨气的经济复苏（Audretsch，1998）。

这个趋势随着 IT 泡沫的破裂和"9·11 事件"而突然恶化，之后以华尔街为中心的金融·保险·不动产（finance·insurance·real estate，FIRE）经济牵引着美国经济的发展。但是，自从雷曼事件引发了对 FIRE 经济的批判以来，美国经济逐渐复苏，能实现就业并拥有国际竞争力的高新技术产业再度受到重视（Janszen，2010）。受到这一新潮流的影响，在日本对于日渐式微的身为高校科技成果转化风险企业的 NTBFs 的期望值提升，使 NTBFs 抱团创业、成长、集聚成为可能的区域生态系统的构建成为重大的政策课题。

3.3　UK 模式的形成和边界：剑桥现象和生命科学走廊（Bio-corridor）

3.3.1　先行于"产业集群政策"的高新技术产业形成

在英国，为了确定高新技术产业集聚区域，使用区位商系数（location quotient，LQ_{irR}）[①]，选定了剑桥和爱丁堡。在 20 世纪 80 年代，剑桥现象和硅幽谷等由于半导体和计算机相关企业的集聚而备受瞩目。但是，这两个区域都没有与英国政府的"产业集群政策"相联动。在英国，"产业集群政策"虽然在 1998 年发布的贸易工业部（Department of Trade and

---

①　区位商的计算公式为 $LQ_{irR}=(X_{ir}/X_{lr})/(X_{iR}/X_{lR})$。$X_{ir}$ 表示 r 区域内 i 产业的事业单位数量、企业数量、就业人数等；X_{lr} 表示 r 区域内制造业等包含 i 产业的所有产业的事业单位数量、企业数量、就业人数；X_{iR} 表示包含国家等 r 区域的背景区域内 i 产业的事业单位数量、企业数量、就业人数；X_{lR} 表示背景区域内所有产业的事业单位数量、企业数量、就业人数（Maggioni，2002）。但是，在计算指数的时候，数值的选择空间较大，对于能否得到需要的数值也尚存疑问。就高新技术产业的基础性要素——高新技术从业人员而言，由于其需要具备高新技术产业方面的特殊技能，因而高新技术从业人员分布不均，这一点是很重要的。但是，无论如何定义高新技术从业人员，基于何种区域划分能更准确地加以把握，都无法摆脱统计上的约束。而且，就产业分类 i 来说，虽然能够以各国的产业分类为前提，选择包含 OECD 等划分高新技术产业的指标——研发经费强度在 3% 以上的产业，即计算机、电子零件、制药、医疗器具、计量仪器、光学仪器、精密仪器、航空航天等高新技术产业在内的制造业 I 为总体参数，但对于 i 的区域分类数值却难以准确把握。由于集群不能明确地显示区域分类，作为首次尝试，将美国划分为 50 个州、将英国划分为 65 个郡等，区域总体参数 R 是国家。应该注意，这会使数据的稳妥性受到很大的限制。

Industry，DTI)《竞争力白皮书》(Competitiveness White Paper）上被提及，作为新的产业政策受到关注，但是真正开始施行是在 2004 年。

而且，英国政府的"产业集群政策"的目的并非是通过构建服务于 NTBFs 抱团创业、成长、集聚的区域生态系统而形成高新技术产业，而是将重点放在提高传统产业集群中企业的技术创新能力，进而将其转换为高新技术产业集群。生命科学另当别论，可以说并不是由于 NTBFs 抱团创业、成长、集聚来形成高新技术产业的策略。实际上，英国的"产业集群政策"以传统产业集聚转换为高新技术产业为目的，同时部分地包含了 NTBFs 的集聚促进策略等，由于一贯性的缺失，被批判为权宜之计（Borras 和 Tsagdis，2008）。与美国对比来看，英国政府并未采用像美国联邦政府复制硅谷政策那样聚焦于 NTBFs 抱团创业、成长的系统的宏观政策。

鉴于英国这一政策背景，剑桥现象和硅幽谷与在国家宏观政策引导下发展起来的以奥斯汀为代表的 US 模式相去甚远。因为在以剑桥现象为象征的 UK 模式中，几乎看不到宏观政策的影子。硅幽谷也同样是地方政府而非国家的干预较多。UK 模式的问题在于，不具有 US 模式中显而易见的扩展力，即通过构建服务于中间组织——NTBFs 抱团创业、成长、集聚的区域生态系统，使国家和地区携手合作的同时形成高新技术产业。

而且，就像之后将要详细看到的那样，剑桥现象和硅幽谷从英国政府开始实施产业集群政策的时候不再发展，US 模式未能得以再现[①]。因此，本节分析的重点是明确 US 模式和 UK 模式产生鲜明对比的缘由，以及基于此构建服务于 NTBFs 抱团创业、成长、集聚的区域生态系统的差异性。

3.3.2 剑桥现象及其界限

关于剑桥和硅幽谷，为了将其与奥斯汀进行比较分析，进而明确其类似性和差异性，应用前一章推导出的区域生态系统构建模型，使其过程可视化。

---

① 英国的区域生态系统形成政策以 M.Porter 的集群战略论为基础开始推行，从英美的亲密程度来看，即便可以判断该政策一定会有效发挥作用(Borras 和 Tsagdis,2008)，但不可否认，其与美国的复制硅谷政策仍存在很大差异。

3.3.2.1　区域生态系统准备期：向企业家大学的转型

剑桥大学作为以理、工、医为中心的研究型大学，积极推进从基础研究到应用研究的各类尖端研究[①]。

具体来说，1970 年，第二次世界大战期间开始进行计算机研究的"数理研究所（Mathematical Laboratory）"被改组为"计算机研究所（Computer Laboratory）"，从基础研究到应用研究的有关计算机的范围较广的研究开发得以推进。同时，计算机研究所建立起剑桥大学计算机软硬件开发、引进、维护、检修的体制。并且，受到威尔逊政权下的"科学革命"的影响，为了谋求机械工学和电子工学的融合，CAD 研究中心成立了。而且，在生物学领域，分子生物实验室（Laboratory of Molecular Biology）得以设立，在与卡文迪许实验室和工学部等联合开发新的分析机器的同时，为了弄清 DNA 的分子构造，开展了从基础研究到应用研究范围较广的尖端研究活动。这意味着，剑桥大学与奉行"研究第一主义"的牛津大学不同（Hague 和 Holmes，2006），而与有意区别于哈佛大学的麻省理工学院（MIT）相同，可以说是想要转型为以尖端研究成果商业化为目标的企业家大学。

而且，在这样的尖端领域，随着从基础研究到应用研究范围较广的研究活动的扩充和强化，不得不雇用以大学现有的人事制度无法安置的大量研究人员。但是，这些研究人员多数有任期，当任期届满，就必须解雇[②]。也就是说，要维持和扩充尖端领域的研究，这些研究人员是不可欠缺的，使他们居住在剑桥大学的周边并继续参与研究活动是必要的。因此，大学中必须有另雇用、安置他们的组织，作为接收这些研究人员的机构，NTBFs 的抱团创业是十分必要的。

不过，要完成这一任务，还有必要进行制度改革，以使与大学研究活

---

① 这一点与重视科学研究的牛津大学截然不同，也正是剑桥现象没有发生在牛津的原因所在（S. Q.W.，1985）。从模式论的角度来看，牛津大学重视模式一的研究，剑桥大学重视模式二的研究，这方面的差异也造成了研究机构和人才聚集方面的巨大差异（Gibbons，1997）。

② 1982 年 12 月，计算机研究所的研究人员有 1 734 人，其中 49% 有任期，不能奢望将来还有终身教授这一雇佣形态（S.Q.W.，1985）。

动密切相关的NTBFs的抱团创业得到剑桥市民的认可。最初居民们非常担心剑桥作为大学城的宁静感会消失，根据1950年发表的Holford报告，进出剑桥的企业受到限制，抑制产业发展被作为基本方针。要解除对NTBFs抱团创业的禁止，必须改变这个基本方针。

3.3.2.2 外部冲击：解除对NTBFs抱团创业的禁止

由此带来的制度改革的契机是1969年发表的Mott报告。Mott报告是当时的卡文迪许实验室所长莫特（N.Mott）担任委员长的检讨委员会的报告书。其内容旨在说明在大学的研究和教育同研究成果在产业界的商业化有着密切联系，揭示了在大学周边灵活运用研究成果发展产业的重要性，为此解除了设置作为其基础设施的科学园区和商业孵化基地的禁止。根据Mott报告，在剑桥，NTBFs的抱团创业为公众所认可。受到Mott报告的影响，剑桥大学三一学院开始了诸如设立科学园区等构建服务于NTBFs抱团创业、成长、集聚的区域生态系统的活动。

3.3.2.3 区域生态系统整备期：由大学减轻"双重创业风险"

在剑桥，关于NTBFs抱团创业、成长、集聚的区域生态系统的构建，并没有类似于美国复制硅谷政策这样的宏观政策①。剑桥大学在建立健全旨在继续进行计算机和生命科学等尖端领域的研究的体制的过程中，实现了作为充分条件的"技术和人才在一定程度上的集聚"。而且，由于在剑桥大学支持研究活动的NTBFs的抱团创业是必要的，因此必须建立作为必要条件的服务于NTBFs抱团创业和成长的支持性组织。

根据Mott报告，积极推动NTBFs抱团创业为地区所认可的大学，对于大学的教职员工，也仅要求其履行大学所赋予的职责，至于兼职进行产学联合等相关活动则采取放任态度。这意味着，在满足构建NTBFs抱团创业、成长、集聚的区域系统的前提，即形成作为企业家大学的"知识空

---

① 如果说与美国联邦政府的政策相比，英国政府的政策根本没有任何效果，可能有失公平。这是因为，从与剑桥现象的关系来看，通过为中小企业筹集成长资金开路的威尔逊报告，1980年创设的场外证券市场使艾康电脑的提前上市成为可能，不能否认剑桥的区域系统具有提前孕育出成功企业的作用。但是，场外证券市场的未来仍不明朗，即使在关于剑桥现象的首份综合性报告——S.Q.W.(1985)中，也被看做是对于剑桥现象而言的不稳定因素。

间"方面，不能否认剑桥大学的特征与战略具有积极效果。

与此同时，就减轻NTBFs的"双重创业风险"而言，剑桥大学自身的作用也是不容忽视的。事实上，剑桥大学发挥了与波士顿和硅谷地区的军需相同的作用。由于剑桥大学持续推进其尖端研究，通过让NTBFs在其周边抱团创业、分担研究活动，"技术和人才在一定程度上的集聚"得到了维持，剑桥大学的尖端研究成果所衍生出的已经商业化了的、经过新市场型颠覆性创新而生产出的新型计算机软硬件被大学采购，于是大学便成为"最初的顾客"。而且，由于大学也购买了其维护、检修的服务，因此，相关的NTBFs只要运用将研究成果成功商业化并将其销往大学这一商业模式，就有望在创业的同时取得进一步的发展。

然而，正如前一章所分析的那样，仅仅靠减轻双重创业风险，NTBFs还不能抱团创业。这是因为，创业资金的提供是不可或缺的，对于入驻技术孵化场所——商业孵化基地的NTBFs来说，经营资源以及"生产性服务"的支持也是必不可少的。如果为其提供人力、物力、财力、信息的网络未能以商业孵化基地为中心组建起来进而发挥协同效应，NTBFs就不能抱团创业、发展。

在剑桥，实现了这一功能的网络是创办于1979年的剑桥计算机集团（Cambridge Computer Group，后来发展为Cambridge Technology Association，即剑桥科技协会）。该网络由Topexpress公司的J.朗格和巴克莱银行（Barclays Bank）剑桥分行的M.巴洛克联合创办。朗格与巴洛克利用该网络召集致力于在计算机领域进行创业的研究人员和技术人员，助其入驻科学园区、研究商业计划、筹措资金、招募人才等。

此外，通过向巴克莱银行提供这些信息，不仅能够使其认识到剑桥地区计算机领域的新创企业作为融资对象是很有发展前途的，还打开了巴克莱银行向剑桥地区NTBFs融资的渠道。而且，巴克莱银行为融资对象提供经营支持，必要时从伦敦派遣专家。

由于代表英国商业银行的巴克莱银行的参与，呼吁伦敦服务基础设施的关注，提高了剑桥大学的声望以及对已充分利用其研究成果的计算机领域的NTBFs的关注，由此吸引了意大利打字机厂商Olivetti等大企业入驻。

　　这样一来，在剑桥，作为必要条件的服务于NTBFs的抱团创业和成长的支持性组织建立起来（如图3-6所示），在剑桥大学将尖端研究成果商业化的NTBFs也抱团创业。这些抱团创业的NTBFs不断推进与大学的商业合作，以其业绩为基础接受巴克莱银行的支持，同时开拓市场，成功地与大企业进行商贸往来，实现了成长。后来，在这些成长型企业中也出现了IPO企业。

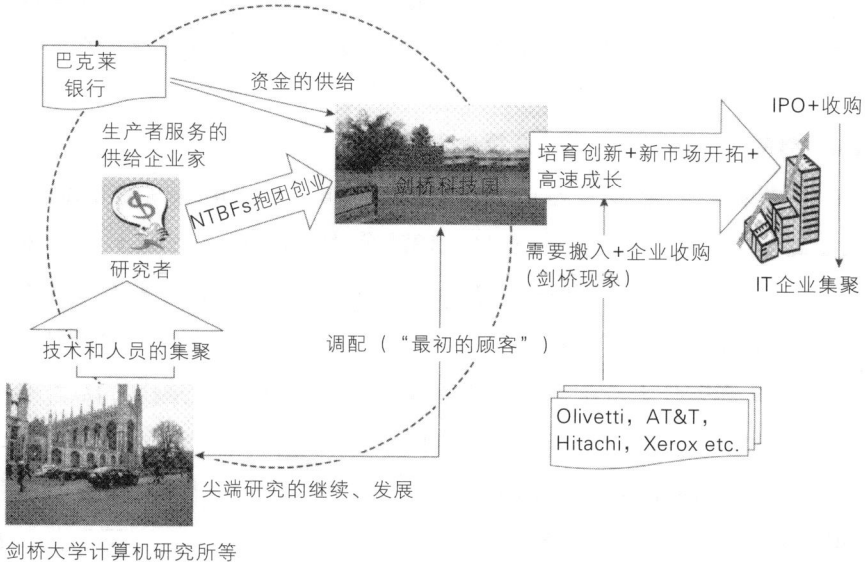

图3-6　在剑桥地区建立服务于NTBFs抱团创业及成长的支持性组织

3.3.2.4　外部冲击：成功企业的出现

　　艾康电脑（Acorn Computers Limited）即为象征剑桥的成功企业。艾康电脑是由卡文迪许实验室研究员赫尔曼·豪泽（H. Hauser）和工程师克里斯·柯里（Chris Curry）于1978年12月联合创办的微型计算机设计公司。该公司构建了专注于微型计算机的设计而将制造环节外包的商业模式，作为划时代的微型计算机设计公司，取得了快速发展。

　　1983年，艾康电脑在场外证券市场（unlisted securities market，USM）实

现了IPO。接着，为摆脱1984年出现的现金流问题，被Olivetti收购。然而，在此之后，依靠豪泽等创业者及其员工的努力，从艾康电脑分拆出一家商业性公司，与微型计算机相关联的企业在剑桥地区抱团创业、成长、集聚。

3.3.2.5 区域生态系统确立期：剑桥现象的出现

由于撒切尔政权采取的财政紧缩政策使得研究人员在大学继续开展研究举步维艰，因此，受到艾康电脑成功的激励而在剑桥大学以商业化为目标进行研究的研究人员，以各自的研究成果为基础，纷纷开始创建NTBFs。同时，从艾康电脑的成功中人们发现，依托于剑桥大学创建的NTBFs的集聚并没有破坏大学城的宁静，反而形成了IT产业，搞活了经济，使年轻人定居下来，NTBFs抱团创业、成长、集聚的区域生态系统终于为地区所认可。这样一来，不仅仅是巴克莱银行，一部分VC、剑桥咨询公司（Cambridge Consulting Limited）也加入了支持性网络，发挥与大学一样的"最初的顾客"功能，介绍更多的企业入驻。

得益于这些支持性组织的支持，与微型计算机相关联的NTBFs一旦到达成长阶段，正如Olivetti收购艾康电脑那样，区域外的大企业就开始纷纷瞄准NTBFs的技术与市场进行收购。但是，即使被收购了，被收购企业搬离剑桥的也很少，创业者得到资本收益，为搞活区域经济贡献力量。具体来说，被收购的NTBFs的企业家们，或者是把该企业委托给专门经营者经营，本人作为连续创业者（serial entrepreneur）再次创办NTBFs，或者是作为天使投资人支持NTBFs的创业和成长，为NTBFs的抱团创业和成长做出贡献。

最终，在剑桥地区，区域生态系统不仅得到了认可，而且创业被升华为区域文化，NTBFs抱团创业、成长并开始集聚，作为剑桥现象（Cambridge phenomenon）得到了世界的关注（S.Q.W.，1985）。

3.3.2.6 构建区域生态系统方面的开创：作为影响者的朗格、巴洛克和海利奥特

就剑桥现象的产生而言必不可少的是，主导NTBFs抱团创业、成长、集聚的区域生态系统构建的三位影响者，即J.朗格、M.巴洛克（与朗格联合创办剑桥计算机集团并成功促使巴克莱银行提供贷款和支持性活

动）及继任者 W.海利奥特。

朗格召集了在剑桥大学致力于使尖端的计算机技术商业化、考虑 NTBFs 创业的研究者和技术者，成功让剑桥地区知晓此类活动并同意对其给予支持（共识空间）。在巴洛克和海利奥特的帮助下，朗格告知巴克莱银行在剑桥地区与计算机相关联的 NTBFs 的商业模式以及现金流的特点，开创了灵活运用短期贷款制度为其提供成长所需资金的通道。巴洛克和海利奥特在无法得到 VC 投资的剑桥地区，结合该地区初期 NTBFs 企业特征，灵活运用作为 NTBFs 贷款机构本不会发挥作用的银行融资，进而建立了资金供给制度。

朗格、巴洛克和海利奥特在灵活运用巴克莱银行这样的权威金融机构、建立为融资方提供生产性服务的支持性组织、与剑桥地区以外需要入驻的企业交易并以实际成果为基础在新设的场外证券市场提前上市等方面也做出了贡献。他们致力于建立服务于符合剑桥初期条件的 NTBFs 抱团创业和成长的支持性组织，不愧是主导创新性的区域生态系统构建的影响者。

3.3.2.7　剑桥现象的边界

在剑桥，服务于 NTBFs 抱团创业、成长、集聚的区域生态系统的构建过程，与在前一章中推导出的区域生态系统构建模式的吻合度比较高，将剑桥现象——IT 领域 NTBFs 集聚的形成过程可视化，能够明确理解作用于此过程的因果关系。也就是说，在剑桥也同样构建起区域生态系统。实际上，人们把剑桥现象与美国的波士顿和硅谷相提并论，被看作英国的成功模式，即通过 NTBFs 的抱团创业、成长、集聚形成高新技术产业。

然而，另一方面，相较其历经的时间而言，NTBFs 的集聚规模却并不庞大（前述 Cambridge Techno Pole Report）。基于这一现实，对于剑桥现象，萨克森宁做出了这样的评价：实现技术创新并形成高新技术产业的区域条件并未具备（S.Q.W.，2000）。

的确，剑桥现象具有这样的特征："被底层的形成动力主导着（底层创新）"（St.John's Innovation Centre Ltd.，2008）、在影响者的推动下突然形成。但是，NTBFs 的集聚规模是受限的。与奥斯汀的案例相比较的话，其原因可以说是没有采取诸如 SBIR 之类的宏观政策，所以止步于由大学减轻双重创业风险。

　　要使得新市场型颠覆性创新的主力军——NTBFs 抱团创业、成长、集聚，技术风险和事业风险的双重创业风险的减轻是不可缺少的，但是英国没有采取像美国的军需和 SBIR 那样的宏观政策，由于仅由剑桥大学代为发挥这一功能，因此以此为基础抱团创业、成长的 NTBFs 的集聚规模受到限制，并不具有引领国民经济发展的能力。

　　此外，在成长资金筹措方面，如果想快速发展的话，必须从 VC 那里得到一定的投资与经营支持，而英国的 VC 则把重点放在 MBO/MBI 等方面，对于 NTBFs 的投资持消极态度。在剑桥，需要筹措资金的是较小的微型计算机领域的 NTBFs 的抱团创业和成长，巴克莱银行的贷款恰好可以实现资金供给①。这样一来，对于剑桥的大多数 NTBFs 来说，上市压力并不大。像艾康电脑一样，即使实现场外证券市场上市②后，被收购的案例也很多，在剑桥，比起通过快速发展实现成功上市而收获大量资本收益的商业模式，被大企业收购的商业模式才是更为普遍的（Garnsey 和 Heffernan，2005）。

　　在剑桥，IT 泡沫破裂之后，重点转移到生命科学产业的形成上，开始谋求超越剑桥现象的生命科学领域的 NTBFs 集聚。然而，如果不能在国家宏观政策的前提下构建起旨在推进 NTBFs 抱团创业、成长这一微观活动的官产学合作的中间组织——区域生态系统，那么要使 NTBFs 集聚至足以形成生命科学产业依旧是很困难的。之所以这么说，是因为要实现这一点，就剑桥现象的主体——与微型计算机相关的 NTBFs 而言，其支持内容和规模发生了很大的改变，技术风险与事业风险都很大，而大学所起的作用却很有限。

---

　　①　S.Sassen 也指出，通过参与 IT 产品生命周期的初期阶段，较低的参与成本就能发挥作用，项目创新的高收益性使风险企业的抱团创业和成长成为可能，成长型企业的集聚形成了硅谷和剑桥（Sassen，2008）。不过，该观点仅把 NTBFs 抱团创业、成长的可能性限定于特定的技术特性及其初期阶段，美国其他区域的生命科学产业集聚的结构尚不清晰。

　　②　要在场外证券市场上市，就要将发行股份的 10% 上市流通，知名度低的企业要上市，就要采取由证券公司买进并将其交付给与纳斯达克的做市商类似的证券经纪人的交易方式（复古书房[1982]）。结果，即便是收购在场外证券市场上市的上市公司也易如反掌，艾康电脑被 Olivetti 收购也是场外证券市场的特性发挥积极作用的体现。

实际上，在剑桥，IT 泡沫破裂以后，生命科学领域的 NTBFs 的抱团创业、成长得到重视。然而，在 2005 年发表了如下内容的报告：这些生命科学领域的 NTBFs 没有得到充分的发展，剑桥现象也开始停滞不前。听闻此报告，剑桥大学一改昔日的放任态度，在生命科学研究方面扩充 UICRC、创设产学合作组织、在管理学院增加企业家教育等，开始完善服务于生命科学领域的 NTBFs 抱团创业、成长的支持性组织。

具有标志性的是 2006 年剑桥大学全资控股的子公司——剑桥企业（Cambridge Enterprise Limited，CEL）的设立。CEL 作为位于剑桥大学、向 NTBFs 提供支持的基地，聘请在芝加哥大学取得优异成果的负责人，基于 US 模式的支持性组织开始设立。

虽说如此，在生命科学领域，减轻技术风险和事业风险的研究开发支持与"最初的顾客"仅仅在大学和 CEL 是远远不够的，推行类似于 SBIR 政策的支持性政策[①]，以及从天使投资人到 VC 乃至 IPO 一以贯之的风险融资机制是十分必要的。这些不是仅凭大学就能完成的课题。英国政府的参与也是不可缺少的。最近，通过剑桥新当选的议员等对政府展开游说以谋求新的扶持政策的制定和实施（Garnsey 和 Heffernan，2005）。

最终，英国政府接受了来自地区的上述请求，寻求完善在 US 模式中发挥了重要作用的结构性改革和宏观政策。在实施宏观政策的基础上，对于服务于生命科学领域的 NTBFs 的集聚并产生了剑桥现象的区域生态系统来说，应该附加怎样的条件、要素、功能、政策等问题，在揭示 US 模式推广的可能性和剑桥现象的未来方面是重要课题。

---

① 关于能够产生新市场型颠覆性创新的公共采购政策（role of public procurement in innovation policy）的重要性，不仅为英国所关注，而且在欧洲也开始得到关注（Aschhoff 和 Sofka，2008）。不过，应当注意的是，采购政策终究只是采购政策，如果将其作为创新政策、产业政策、区域政策或企业扶持政策，或许会演变为争夺政治权力的手段。美国的 SBIR 政策得以幸存的关键在于，坚决贯彻采购政策，而完全不考虑企业或区域的状况，因此，对于 SBIR 政策，来自负责扶持 NTBFs 的区域工作人员等的评价较低（2009 年 9 月在底特律召开的听证会），这也许正是成功的秘诀。事实上，因为在美国选拔成功企业（Picking Winner）政策未获采用，所以，NTBFs 的自我支持仅限于技术开发，也就是商业化之前的前瞻性研究，正是这项支持成就了公共 VC（Etzkowitz，2008）。

3.3.3 从硅幽谷转向生命科学走廊

3.3.3.1 区域生态系统准备期：从生产基地转型为研发基地

苏格兰也和波士顿一样，未能适应产业结构转换，陷入长期的经济萧条。从 1955 年到 1997 年，苏格兰 GDP 占英国 GDP 的比重从 9.2% 下降到 8.5%，就业比重也从 9.6% 下降到 8.7%。虽然 GDP 绝对值增加了，但其内情是：在英国国内，要利用廉价劳动力的工厂以产量为中心，生产率低，没有研发基地（Botham 和 Downes，1999）。

尽管在 20 世纪 70 年代末胜家（Singer）、塔尔伯特（Talbot）、英国钢铁（British Steel）等相继破产，失业率增加，可是于 1979 年上台的撒切尔政府寻求地方自治，区域支持被大幅削减。面对这种状况，履行开发苏格兰职责的苏格兰开发署（Scotland Development Agency）以高新技术产业的形成为目标，积极引进与半导体相关联的跨国企业的生产基地。

面对这样的招商引资政策，IBM、摩托罗拉、美国国家半导体公司、NEC、尼康精密仪器等与半导体相关联的跨国企业向爱丁堡郊外进军，由于与半导体及计算机相关联的跨国企业的生产基地纷纷在爱丁堡近郊开设，所以在 20 世纪 80 年代成为半导体生产基地的集聚地，得名"硅幽谷"。到了 1984 年，苏格兰的半导体产值升至英国半导体产值的 80%，占整个欧洲半导体产值的 20%。

但是，在 1989 年柏林墙倒塌之后，这些跨国企业寻求更为廉价的劳动力，开始将生产基地转移至东欧各国。于是，苏格兰以强化半导体产业基础为目标，为了从生产基地转型为研发基地，推行 NTBFs 培育扶持政策，而 NTBFs 即为设立与区域企业进行产学合作的半导体研发基地并将其成果商业化的主力军。1991 年由苏格兰开发署与苏格兰培训署（Scotland Training Agency）合并为苏格兰企业局（Scottish Enterprise，SE），为了实施此扶持政策，建设科学园区、培养人才、提供资金、支持经营等各类支持性活动纷纷开展。

1999 年苏格兰拥有高度自治权，在此前提下，以扩充、强化硅幽谷的研究开发能力为目标，制订了半导体及微电子集群行动计划（Semiconductor and Microelectronics Cluster Action Plan）。该计划中，为了推进新的产学合作，从而通过承担成果商业化重任的NTBFs抱团创业、成长、集聚形成MPU产业，设立作为中心机构的系统级集成设计研究所（Institute for System Level Integrator），在于1998年开设的系统芯片园区（Alba Campus）实施了MPU的研发计划。因此，以SE为中心的、综合性的NTBFs抱团创业、成长的支持性组织开始得以完善（如图3-7所示）。

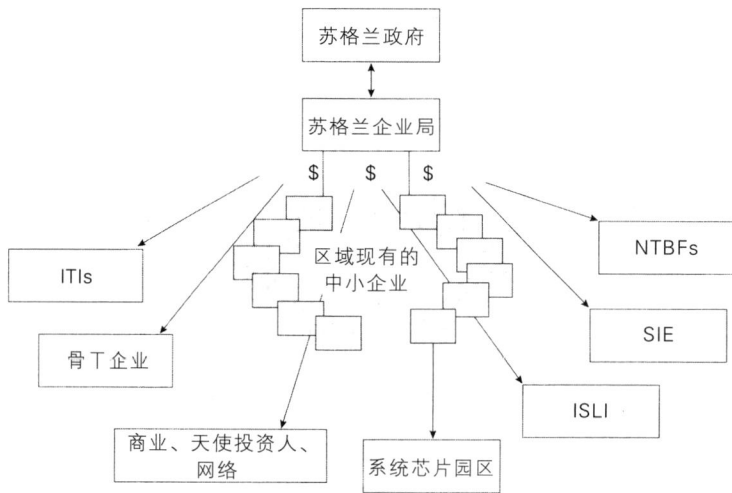

图3-7 SE主导的系统芯片园区计划的实施体制

然而，由于这个计划依赖于IBM、摩托罗拉、飞思卡尔、NEC等跨国企业，在2000年IT泡沫破裂以后，这些半导体跨国企业有的缩小了位于苏格兰的研发基地，有的甚至将其关闭，形成MPU产业的预期没有实现。结果，在硅幽谷，不仅MPU产业未能形成，已经形成的半导体与计算机相关产业也分崩离析。最大的原因就是过于依赖引进生产基地。SE将生产基地向研发基地转型，以提升硅幽谷高度的尝试以失败告终。

面对这一结局，苏格兰的高新技术产业政策将其对象从半导体转向生命科学领域。

3.3.3.2　外部冲击：IT 泡沫破裂造成的硅幽谷崩溃

在苏格兰，由于 IT 泡沫破裂的外部冲击，半导体和计算机相关产业急剧萎缩，硅幽谷崩溃。于是，作为取而代之的新的高新技术产业，生命科学备受瞩目。在这种背景下，进入 21 世纪，生命科学开始受到关注不仅仅是世界的潮流，也体现了硅幽谷对过于依赖跨国企业的反思，这是因为区域的尖端研究成果商业化得到了重视。实际上，苏格兰存在着与生命科学相关的"技术和人才在一定程度上的集聚"。

特别值得一提的是，从爱丁堡到格拉斯哥的走廊一带存在着世界上最先培育出克隆羊的罗斯林研究所，以及爱丁堡大学、格拉斯哥大学等在生命科学研究方面取得国际前沿成果、受到高度评价的研究所和大学。SE 完全转变了战略方向，以实现旨在有效运用这些研究成果进而形成生命科学产业的生命科学走廊构想。

虽说如此，在苏格兰也并没有制药企业等机构的集聚，要想把这种成果商业化进而形成生命科学产业，只能使得作为研究机构和大学尖端研究成果商业化主力军的 NTBFs 抱团创业、成长、集聚。为了实现生命科学走廊的构想，SE 将目标设定为构建服务于 NTBFs 抱团创业、成长、集聚的区域生态系统，以使罗斯林研究所、爱丁堡大学以及格拉斯哥大学等在生命科学领域的研究成果在形成生命科学产业方面发挥作用。

3.3.3.3　区域生态系统整备期：生命科学走廊的形成

为了形成 NTBFs 抱团创业、成长、集聚的区域生态系统，最终实现生命科学走廊的构想，SE 和罗斯林研究所、爱丁堡大学、格拉斯哥大学等通力合作，创建了与爱丁堡生命科学之地（Edingburgh BioQuarter）等园区相毗邻的 UICRC，设立了被称为爱丁堡科学三角（Edingburgh Science Triangle）的科学园区和商业孵化基地，积极推进培养企业家人才等各类支持性活动。受此影响，大学和研究所为了推行美国的产学技术转移政策，特别是通过 NTBFs 实现研究成果商业化的扶持政策，不仅着力于技术转移，而且，在爱丁堡大学的研究与创新中心（Edingburgh Research and Innovation）和格拉斯哥大学设立扶持 NTBFs 抱团创业、成长的机构——产研机构（Research and Enterprise），与此同时建设商业孵化基

地，建立健全包括企业家教育、撰写商业计划、筹措创业资金等在内的一系
列促进 NTBFs 抱团创业和成长的扶持制度。此即为向企业家大学的转型。

但是，当地缺乏能在生命科学领域联手展开研究的强有力的企业，因
此不得不把重点放在从外地引进①。另外，为了与在圣地亚哥的区域生态
系统构建方面有所贡献的 CONNECT 进行合作以借鉴其经验而创立了
CONNECT Scotland，开始对 NTBFs 的经营和人才培养方面提供支持。

就资金面来说，为了有效利用爱丁堡的投资信托运用基地这一区域特
性，以运用过投资信托的人员为中心，设立了天使非正式投资公司
（Archangel Informal Investment Ltd.，以下简称 Archangel）等推动天使投资
人投资的辛迪加组织，可见其为薄弱的 VC 投资作以补充的征兆。

但是，关于对 NTBFs 提供的金融支持，与其说是运用区域资金，不
如说是以 SE 为中心，从技术孵化到生产紧密结合，从而建立提供必要资
金的体制（如图 3-8 所示）。从公共 VC 的视角来看，SE 的融资支持计划
作为风险融资健全了自始至终提供资金、高度参与的资金供给制度。

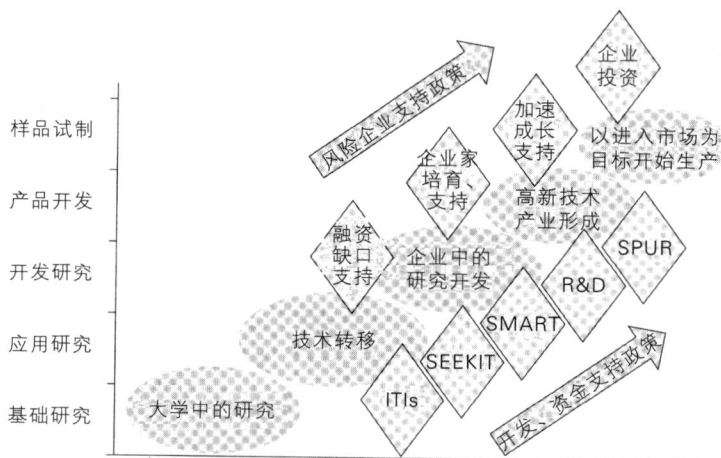

图 3-8　SE 针对 NTBFs 的资金供给制度

---

① 事实上，爱丁堡大学的研究与创新中心配备了能招揽美国企业的负责人，而格拉斯哥大学的产
研机构甚至配备了日本企业的负责人。

3.3.3.4　外部影响：成功企业的出现

在苏格兰，以研究机构和大学研究成果的商业化为目标抱团创业的NTBFs在 1967—2007 年共有 202 家企业，其中有 109 家企业是在 2000 年以后成立的。仅从数字来看，在 SE 主导下形成的 NTBFs 抱团创业、成长、集聚的区域生态系统，看起来好像发挥了一定的作用。

可是，在生命科学走廊，未能以军需和 SBIR 所代表的"双重创业风险的减轻"这一国家宏观政策为前提。为了把罗斯林研究所的成果商业化而创办的药用蛋白质有限公司（Pharmaceutical Proteins Ltd.，PPL），有效运用了因克隆羊多莉而广受关注的罗斯林研究所的品牌，同拜耳等跨国制药企业共同研究，从而实现了公司的成长。格拉斯哥大学创办的分子生物公司（Cruachem）定位于将大学的优秀研究成果——生物化学商业化，为了将美国企业发展为顾客，在弗吉尼亚州设立基地，通过在美国开展商业活动实现成长。

像这样，技术种子一边诞生于生命科学走廊，一边在区域内被商业化乃至最终实现成长是极为困难的。而且，以 SE 为中心形成的服务于NT-BFs 抱团创业、成长、集聚的区域生态系统，不仅没有促进生命科学领域的 NTBFs 的抱团创业、成长、集聚，即使在预防其破产方面也未充分发挥作用。其原因在于苏格兰的 NTBFs 缺乏成长的可能性，不能筹措到足够的资金，无法开展积极的研究开发，也无法获得优秀的人才（Targeting Innovation，2008）。

3.3.3.5　区域生态系统确立期：生命科学走廊的边界

SE 有意构建的 NTBFs 抱团创业、成长、集聚的区域生态系统，在解决苏格兰的 NTBFs 所面临的上述问题，以及促进其抱团创业、成长方面发挥的作用是有限的，无法得出能形成生命科学产业的结论（Leibovitz，2008）。不仅如此，从现状来看，由于未能推动承担将大学尖端的研究成果商业化重任的 NTBFs 抱团创业、成长，2002 年以后，爱丁堡大学和格拉斯哥大学开始大量减少生命科学领域的专利申请（Bains，2009）。

在生命科学走廊，SE 虽然开展了广泛的支持活动，但是在生命科学领域并未对 NTBFs 的抱团创业、成长给予有效的支持。SE 为什么未能为生命科学领域的NTBFs提供有效的支持呢？以图示化的形式表示生命科学走廊的NTBFs抱团创业、成长、集聚的区域生态系统（如图3-9所示），其原因就比较容易被理解了。

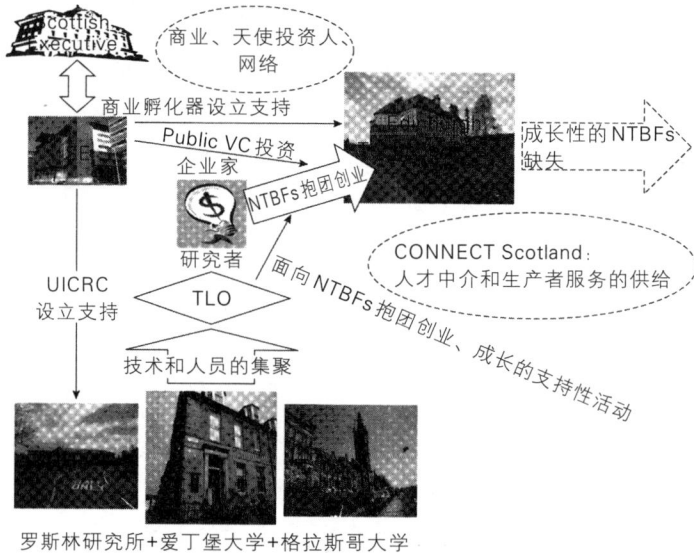

图3-9　服务于生命科学领域的NTBFs抱团创业、成长的支持性组织的完善

前已述及，在生命科学走廊，尽管将目标设定为通过以NTBFs为主体的新市场型颠覆性技术创新来形成生命科学产业，但是，并没有将减轻NTBFs的双重创业风险的政策完全落到实处。在生命科学走廊，不存在承担这项职能并在市场中发挥信号效应的筹备机构。结果就是，NTBFs的双重创业风险并没有被减轻，从PPL和分子生物公司的案例中可以看出，其抱团创业、成长不得不依托于与区域外企业的合作。单从这一点来说，风险和不确定性很大。

而且，就服务于区域的NTBFs抱团创业、成长的支持性组织的完善而言，在资金供给方面，SE作为公共VC，是综合性的风险资金供给机构，可以对Archangel等天使投资网络作以补充，风险融资体系得以完善。可是，SE作为公共机构，向初期投资规模较大的生命科学等领域的

NTBFs持续提供风险资金是有限度的。

虽然由作为公共VC补充的民营VC提供风险资金是必不可少的，但在苏格兰VC投资曾一度被限制。不过，这未能使可以减轻NTBFs的"双重创业风险"、提高成长可能性的支持性组织得到完善，主要原因是NTBFs缺乏成长可能性，对VC投资没有吸引力。与其说是VC投资不足，不如说由于对NTBFs的抱团创业、成长的支持有限而造成缺乏投资吸引力，这才是问题的真正所在。结果，在爱丁堡设有基地的机构投资者没有选择苏格兰，而是选择了对英国的MBO/MBI、美国的VC基金进行投资。

此外，虽然构建了地区的支持性网络，却没有统筹运作以使其作为区域生态系统发挥协同效应。事实上，为了实现提供经营资源和"生产性服务"的目标，虽然创办了Archangel和CONNECT Scotland，但其与大学、研究所和SE等机构之间缺乏合作（引自CONNECT Scotland总裁S. Morisu的征询意见会，2008年5月7日）。由于苏格兰的地理位置和产业特点，生命科学领域的NTBFs的经营人才相当匮乏，这是最大的限制。

从这一点来看，在生命科学走廊，可以说本应该成为充分条件的"技术和人才在一定程度上的集聚"也是不具备的。为了打破这个边界，各大学也着手开展企业家教育。然而，要在企业家教育上取得成果是需要花费相当长的时间的。因此，在生命科学走廊，要实现NTBFs的集聚必须历经较长时间。

所以，问题就在于得到地区的承认后，针对这些需要历经较长时间的特定领域的支持性组织究竟能否得到进一步的完善。不过，在生命科学走廊，虽然苏格兰政府认识到这样的状况，选择特定的地区和特定的技术，并优先分配地区资源，但是诸如突然构建起能够支持NTBFs抱团创业和成长的区域生态系统这样自下而上式的完善根本无法实现，这正是致命的缺陷。

3.3.3.6 构建区域生态系统方面的突生性：缺乏影响者的弱点

SE以从硅幽谷转型为生命科学走廊为目标，主导了为形成生命科学产业而构建NTBFs抱团创业、成长、集聚的区域生态系统。可以这样评价SE：其作为苏格兰政府的行政机构，制定、实施了振兴苏格兰地区经济的必要政策，并取得了一定的效果。

　　那时，SE作为苏格兰政府的行政机构，有效利用在地区迅速组成并统筹运作的特殊网络，发挥了协同效应，但在利用地区网络时并未动用地区资源，而是优先将自有资源和组织作为其政策实施的载体。而且，苏格兰在1999年获得了高度自治权（Scottish devolution），挑起了发挥国家功能的重担。这样一来，SE被要求大规模实施扶持苏格兰经济的政策，从扶持传统企业到支持生命科学走廊，因此不得不扩大规模，以实现经营资源和生产性服务的全面供给。

　　事实上，SE由企业部（enterprise）、创新部（innovation）、投资部（investment）三个部门组成。其中，企业部负责企业再造、企业成长、规模扩张、NTBFs创业、国际化等支持性事业；创新部负责企业的研发支持、产学合作型研发支持，以及作为其源头的大学研发支持；投资部承担前述公共VC的功能，还负责改善苏格兰商业环境的基础设施投资。此外，在高额预算下从事诸多事务的SE，从苏格兰乃至全英国召集优秀的专家，顺利地开展各项事务。

　　但是，建设生命科学走廊即便对于产生剑桥现象的剑桥来说也很难。虽说SE拥有巨额预算和优秀人才，但也无法单独完成，最终没有取得预期成果。于2007年成立的苏格兰民族党（Scottish National Party，SNP）政府重新审视前任政府的政策和制度，臃肿的SE解体并重组。企业部和创新部仅保留了经营支持和融资功能，投资部的精减和脱离也被纳入议程。

　　对于SE的解体和重组，社会舆论褒贬不一，对于政策持续性和优秀人才流失的担忧也体现了这一点[①]。NTBFs担负着使世界瞩目的大学、研究所的研究成果商业化的责任。而对于想通过NTBFs的抱团创业、成长、集聚来形成生命科学走廊这一目标而言，SE所实施的相应政策中无疑包含了众多有意义的部分。

---

　　① 根据SE 2008—2009年的年度报告（SE Annual Review 2008/2009），预算规模比上一年缩减了40%以上。其业务内容的重心转向以创新的产生为重点的研究开发支持和NTBFs投资等，UICRC和研究园区的建设仍在继续，基础设施投资被大幅削减。

今后，苏格兰的生命科学走廊能否克服 SE 的解体和重组，担负着国家功能的苏格兰政府和爱丁堡、格拉斯哥等地区各自发挥的作用是否会更为明确，英格兰政府能否推行旨在减轻 NTBFs 的"双重创业风险"的宏观政策，能否实现可以引导面向地区中间组织——区域生态系统构建的突生性活动的结构性改革，都将是疑问①。到那时，能否出现影响者，主导突生性的区域生态系统构建，也许将成为拷问苏格兰构建旨在形成生命科学走廊的区域生态系统的可能性的试金石吧。

3.4　英美模式的差异及其原因

3.4.1　区域生态系统构建模式的适应性

将以奥斯汀为代表的通过 NTBFs 集聚形成高新技术产业定义为美国模式（US 模式），将剑桥和硅幽谷地区通过 NTBFs 集聚形成高新技术产业看作英国模式（UK 模式），运用前一章推导出的区域生态系统构建模型，分析两种模式的相似性和差异性，就区域生态系统构建模式的适应性而言，得到奥斯汀和剑桥的适应性较强而硅幽谷的适应性较弱的结论。也就是说，不应该把剑桥和硅幽谷一概统称为 UK 模式。

无论对于硅幽谷还是其后续的生命科学走廊，苏格兰政府机构——SE 都推行了自上而下式的 NTBFs 扶持政策，而不是以地区的承认为前提的自下而上式的突生性的区域生态系统构建模式。由于国家宏观政策的缺失，结果不仅没有出现成功企业，还滋生了对起主导作用的 SE 的不满，连完善支持性组织也举步维艰。从硅幽谷的案例中得到的启示是，就构建服务于 NTBFs 抱团创业、成长、集聚的区域生态系统而言，以地区的承认为前提的自下而上式的突生性活动是不可或缺的，作为主导的影响者发挥着重要的作用。

---

①　苏格兰政府获得的自治权仅限于财政上的自治，由此形成的结构更易引发与格拉斯哥等地方自治区的摩擦（山崎，自治、分权记者会，2010）。由于分权变成了"万能药"，事态进一步恶化，这表明地方分权存在相当大的难度。

3.4.2 奥斯汀和剑桥的差异

下面是对奥斯汀和剑桥的比较，可以说两者最大的差异就是有无国家的宏观政策。

在以奥斯汀为代表的 US 模式中，对肩负将大学尖端的研究成果商业化重担的 NTBFs 抱团创业、成长、集聚给予的扶持体系是，在分摊并完善联邦政府宏观政策和中间组织——区域生态系统的基础上，将两者相结合。相反，在剑桥，没有采用在 US 模式中发挥了重要作用的减轻"双重创业风险"的国家宏观政策，服务于 NTBFs 抱团创业、成长、集聚的区域生态系统被迫构建起来。尽管如此，剑桥现象之所以能够形成，是因为剑桥大学起到了巨大的作用。

事实上，剑桥大学承担起了减轻 NTBFs 固有的"双重创业风险"的功能[①]。而且，与 VC 相对应的风险资金由巴克莱银行提供。这是因为，当时在剑桥抱团创业的 NTBFs 是与计算机软硬件相关的新创企业，其所需的初期投资额很少。如果就成功企业出现这一外部冲击来说，即便在剑桥，也出现了艾康电脑等成功企业。而且，艾康电脑被 Olivetti 等跨国企业收购，并产生了一系列分拆，由此出现了更多的成功企业，同时，通过与 IT 相关的 NTBFs 集聚，剑桥现象得以形成。

不过，在剑桥，虽然成功地产生了基于 IT 领域 NTBFs 集聚的剑桥现象，却没能构建起足以使生命科学等领域技术风险与事业风险都很大的 NTBFs 集聚的区域生态系统。为了使形成剑桥现象的区域生态系统与生命科学领域的 NTBFs 抱团创业、成长、集聚有对接的可能，必须推行与 SBIR 所发挥的作用类似的宏观政策，并通过包含 VC 的 PEM 来增加风险融资。

---

① D.Rosenberg 调查了在欧、美、亚成功复制硅谷的地区，他指出，与硅谷、奥斯汀等美国案例不同，承担高新技术产业形成重任的 NTBFs 由于本国市场狭窄，从创业之初便不得不发展为"跨国企业（global business）"，但详细原因不明（Rosenberg，2002）。之所以出现上述现象，是因为除美国以外，再没有国家推行针对以 SBIR 为代表的高新技术成果的国家采购政策。结果，在美国以外的其他国家，克隆集中在国内的一定区域，而没有得到推广。这意味着，剑桥现象是以大学为市场的特例。

3.4.3 需要探究的课题

基于以上分析，可以说前一章推导出的NTBFs抱团创业、成长、集聚的区域生态系统构建模式具有相当强的分析能力。而且，如果将奥斯汀的区域生态系统构建模式定义为US模式的话，可以将US模式的条件、政策措施、支持制度、开展动机等全部按时间序列进行排序以使其可视化。为了验证根据这一模式向美国以外地区推行US模式的可能性，基于当地充分条件的有无、必要条件的完善内容、成功企业的出现等，就可以提出构建区域生态系统的政策。

然而，在应用该模式构建区域生态系统这个问题上还有需要探究的课题。在接下来的章节中，将针对遗留的问题进行更为深入的探讨。

3.4.3.1 风险融资结构

第一个课题就是作为必要条件在地区内日趋完善的服务于NTBFs抱团创业、成长的风险融资结构。在美国，尽管有着天使投资人和VC哪个先行的分歧，但最终两者相结合，与NTBFs整个发展阶段——从创业期到IPO、售出（trade-sale）相对应的风险融资都得以完善①。此外，SBIR、Gap Fund等作为公共VC针对联邦和州的研究开发提供资金支持，作为补充技术孵化的资金供给制度正在发展壮大。

为此，在剑桥，巴克莱银行的资金支持和场外证券市场发挥了风险融资功能。在苏格兰，尽管SE完善了与NTBFs发展阶段相对应的一系列风险融资，但是却没有实现NTBFs的抱团创业、成长、集聚。换句话说，与服务于NTBFs抱团创业、成长的地区支持制度相联动，只要有可能做好投资准备的NTBFs未抱团创业，具有实效性的风险资金供给制度就无法得到完善。

也有人指出，在欧洲，由于生命科学领域的NTBFs的抱团创业、成长、集聚的宏观政策缺失，能够成为生命科学领域投资对象的NTBFs很

① 在现有的风险企业理论中，虽然从天使投资人和VC两个角度分析融资问题的研究很多，但这里所需要的分析视角是把创业期至上市后的成长阶段以及相应的风险作为分析因子、把向处于创业期至上市后这一期间的NTBFs提供抱团创业和成长资金的整体作为研究问题的风险投资（西泽，1994）。

少，VC 无法提供巨额初期投资的 VC 投资无法进行，生命科学领域的 NTBFs 的抱团创业和成长受到阻碍，因此，无法将大学中优秀的研究成果商业化（Bains，2009）。为了突破这样的边界，必须弄清区域生态系统中风险融资的结构。

3.4.3.2　承担抱团创业重任的企业家

为了在大学及科研机构继续开展研发工作并将研究成果商业化，NTBFs 抱团创业是非常重要的，即使一定会出现致力于 NTBFs 创业的众多企业家，但对于研发人才来说，进行 NTBFs 创业依旧是巨大的职业转换。而且，不必承担技术和事业的双重创业风险而创业的企业家们究竟如何会出现呢？现有的企业家理论尤为关注孕育环境和心理特性，并对其特性进行研究。可是，这里的问题并不是创业而是抱团创业，众多的研究开发人才的职业转换是不可或缺的。

可是，目前几乎没有研究关注上述在区域内完成大规模职业转换的众多企业家的出现。NTBFs 的抱团创业、成长、集聚的区域体制，到了使其在区域内定居、对创业的心理抵抗逐渐消失的阶段，这一课题也许就没有研究意义了。可是，作为区域体制确立的前提，只要 NTBFs 抱团创业是不可缺少的，就有必要弄清楚众多研发人才能够向企业家身份进行职业转换的条件，此为第二大课题。

3.4.3.3　作为区域生态系统构建基础的劳动力市场

第三个需要探究的课题是，区域生态系统构建的充分条件——达到"技术和人才在一定程度上的集聚"的劳动力市场的变化究竟是如何发生的。

在硅谷的形成期，与半导体技术开发相关的研究者或者技术人员齐聚于能够发挥自身能力的硅谷，从而实现了技术和人才的流动与集聚。这是因为，拥有特殊能力的研究者和技术人员，在当时的美国与普通的内部劳动力市场所规定的待遇制度是不相称的。最终，硅谷与内部劳动力市场完全不同，形成了待遇和职业转换具有流动性的劳动力市场（Appold，1998）。

可是，波士顿、奥斯汀、剑桥、生命科学走廊的人才集聚与硅谷自发性的人才集聚不同，在 UICRC 等处，以尖端研究开发为目标不断集聚，同时受到外部冲击，进而转换为服务于 NTBFs 创业的充分条件。因此，针对此类使研发人才的集聚成为可能的劳动力市场的流动化，以及作为必要条件得以完善的支持性组织的重要组成要素——职业转换网络的组成和结构等，有进一步研究的必要。

3.4.3.4　区域生态系统构建方面的影响者

第四个有待研究的课题是，即使服务于该区域的 NTBFs 的抱团创业、成长、集聚的区域生态系统一定会自上而下、突生性地构建起来，可究竟是由谁、以何种方式实现的呢？

区域生态系统的构建首先要选择具备"技术和人才在一定程度上的集聚"这一充分条件的特定区域，其次必须完善作为必要条件的服务于 NTBFs 抱团创业、成长的支持性组织。它不仅截然不同于以往对区域和产业不加区别、一视同仁地给予扶持的产业政策，而且迫使现存制度解体。

并且，作为区域生态系统的支持性组织，必须组建并统筹运作区域经营资源供给网络。可是，发挥这项功能的网络是由谁、以何种方式组建并统筹运作的呢？这是一个值得思考的问题。市场是自组织系统，而网络由于信息不对称产生了一定的空隙（Burt，1992）。拥有这一特性的网络要组建起来并统筹运作，需要以地区的承认为前提，为了给特定领域的 NTBFs 提供经营资源及生产性服务，需要有意识地在地区内组建能够集合各经营资源持有期的网络，从而在商业孵化基地中统筹运作，这些都是突生性的活动所不可或缺的因素。如此艰巨的职责谁能承担呢？

在前面讨论过的案例中，波士顿的 K.康普顿、硅谷的 F.特曼、奥斯汀的 G.柯兹梅斯基，以及剑桥的 J.朗格、M.巴洛克、W.海利奥特等人作为影响者，以未来蓝图的提出、说明、承认为前提，主导了突生性区域生态系统构建过程。相反，在不存在影响者、由 SE 试图以自上而下的方式构建区域生态系统的生命科学走廊，就连创造必要条件的过程也遇到了挫折。可以说，这些案例都凸显了影响者对于区域生态系统的构建发挥了多么重要的作用。如何将承担突生性地构建区域生态系统重任的影响者提升到理论层面是重要的课题。

接下来的各章将继续挖掘此类课题，尝试着通过理论层面的研究，将构建对于通过 NTBFs 抱团创业、成长、集聚形成高新技术产业而言不可或缺的区域生态系统所需的条件进一步深化及泛化。

II

区域生态系统的构建基础

第4章

英国NTBFs抱团创业产业集群和风投资本供给

[忽那宪治]

4.1 序言

为了搞活经济、推进技术创新，对NTBFs抱团创业的需求愈发强烈。尤其是推动学术创业备受期待，即把大学所积蓄的种子商业化，使之发展为高成长企业（在本章中与"高校科技成果转化风险企业"基本同义）。对于学术创业的学术性研究的关注也不断增多。举例来说，权威学术杂志之一——《经济行为与组织杂志》（Journal of Economic Behavior & Organizaton）于2007年（第63卷第4号）以"学术科学和创业：经济增长的双引擎（Academic Science and Entrepreneurship: Dual Engines of Growth）"为题策划了专题报道。

为了使NTBFs产生并进入成长轨道，稳定的风投资本供给系统的支持是必不可少的。但是，在风险投资和经济增长的关联性的问题上，以英国伦敦商学院和美国百森学院为中心实施的全球创业观察（Global Enterpreneurship Moniter，GEM）调查发现，日本的风险投资水平在世界范围内处于极低的水平。该调查把对于"近3年曾为其他人的创业提供过个人资金吗"这一问题做出肯定回答的比例定义为个人投资活动的水平，并进行国际比较。日本18~64岁人口中个人投资者的比重为0.58%，在参与调查的42个国家中是最低的。个人投资者的比重与代表企业家活动水平的

"综合企业家活动指数"的相关系数高达 0.661，在 1%的显著性水平下具有统计学意义（高桥，2007）。鉴于两者之间显著相关，在日本通过天使投资人（BA）提供风投资本处于低水平的现状，可以说是极其严峻的。

《经济财政白皮书（2008 年）》也指出了同样的问题。白皮书第 2 章分析了日本企业与家庭的风险应对能力，并指出与其他发达国家相比，风险承受能力处于低水平，这是日本经济低增长的重要原因。此外，白皮书还指出，作为投资回收渠道的 IPO 不活跃，是导致风险投资（VC）在世界范围内处于低水平的重要原因。如果出售给 M&A 及其他 VC 等途径多样化，投资就不会受新兴市场行情的影响而逐渐增加。

为了使风险投资能够被顺利地用于 NTBFs 抱团创业，必须探讨将种子商业化的可能性、BA 的投资、VC 的投资、作为投资回收渠道的 IPO 这四个方面的问题和今后改革的方向。本章将根据 2008 年两次实施的英国（剑桥和苏格兰）实际状况调查以及从中获取的调查资料等，针对为推动以苏格兰为中心的英国 NTBFs 抱团创业所需的风投资本供给的现状与问题进行分析。这是因为，在思考对于日本的 NTBFs 的风投资本供给以及应当如何推动地方城市的学术创业方面，苏格兰的经验给予了我们诸多启示。

在对苏格兰的现状进行分析之前，第 2 节对 NTBFs 筹措资金的特征进行概括，并且指出有必要分析在通过权益资本顺利实现风投资本供给的情况下从投资投入到投资收回的一系列过程。

第 3 节和第 4 节针对苏格兰的风投资本供给现状与问题，分为种子阶段、创建至初期阶段、扩张阶段、投资收回阶段这四个阶段进行了分析。其中，第 3 节介绍了苏格兰在种子阶段的投资方面发挥重要作用的公共机构——SE 的投资活动，即概念验证基金（proof-of-concept fund）。

第 4 节介绍了被寄望于从创建到初期阶段的投资活动中发挥重要作用的 BA 在英国和苏格兰的状况。本节指出，为了弥补个人单独进行投资的 BA（小额投资）和民营 VC（大额投资）之间的投资缺口，BA 的企业联合组织的作用将越来越重要；为促进 BA 投资，教育的重要性在不断提升。就前一个问题，以苏格兰的天使非正式投资公司的活动为例进行介绍。

第5节依据英国风险投资协会（British Venture Capital Association，BVCA）的统计资料，分析了在向处于成长阶段的企业提供资金方面被寄予厚望的VC投资活动的现状，明确了英国的VC投资在朝着以MBO/MBI为中心的企业发展阶段后期的大额投资倾斜、在地区分布上向伦敦周边集中等特点。

第6节考察了作为风投资本供给者重要的资金回收渠道的IPO市场的现状。指定顾问制度和指定经纪公司制度的推行是伦敦证券交易所二板市场（Alternative Investment Market，AIM）最大的制度特点。本节对2004—2008年5年间AIM新上市的1 295家企业的指定顾问和指定经纪公司的业绩进行了分析。该制度的推行不但大幅增加了上市企业数量，还推动了面向中小中坚企业提供特定服务的多种多样的中介机构的出现。只是和VC投资一样，新上市企业和中介机构集中在伦敦周边，对于地方企业来说还有许多问题亟待解决。

第7节将概述从爱丁堡大学衍生企业中实现了上市的Vision Group Plc（1995年上市）、Wolfson Microelectronics Plc（2003年上市）、MicroEmissive Displays Plc（2004年上市）三家企业的经营范围和业绩。

在上述分析的基础上，第8节在针对英国的NTBFs的风险融资（VF）进行评价的同时，总结其可资借鉴的经验。

4.2　NTBFs的资金筹集

学术创业研究专家沙恩（S.Shane）教授表示，作为典型的NTBFs，高校科技成果转化风险企业的事业不确定性和信息不对称性（企业家处于信息优势地位）都很大，因此资金筹集处于极其困难的状态。此外，由于高校科技成果转化风险企业的研究开发费用较高，创业成员以自有资金负担非常困难，来自外部的风险投资是不可或缺的（Shane，2004）。

根据企业金融的代表性理论之一的优序融资理论（啄食理论），在信息不对称的情况下，企业应按照内部融资、债务融资和股票融资的顺序加以利用。Brealey、Myers 和 Allen（2006）对该理论做出如下阐述："投资，应该首先调用以留存收益的再投资为主的内部资金，其次通过负债筹措资金，最后通过发行新股筹措资金。发行新股，乃是当外部资金需要量超出了企业偿债能力时，即伴随着财务困境而引发债权人和财务负责人对成本攀升产生担忧时的最后一根救命稻草。"但是，鉴于学术创业资金筹措的理想状态，产生了正如 Aernoudt（2005）所提出的"逆优序融资顺序"。首先，在学术创业启动方面，显然无法利用留存收益的再投资。就算是创业成员个人能够在一定程度上出资，但持续支付高额的研究开发费用也是不可能的。此外，就这样的高风险的创建阶段的资金筹措而言，因为现金流处于不稳定状态，所以很难从银行取得融资。换句话说，风投资本的筹集，首先必须以股份的形式进行，经过初期阶段后，就进入了能够顺利产生现金流的阶段，此后银行融资才第一次成为资金筹措的选项。由于经常性地需要大额投资，来自留存收益的资金筹措要到学术创业达到相当成功的阶段才能成为现实。

那么，实际上，高校科技成果转化风险企业的资金筹措是如何进行的呢？Wright 等（2007）第 7 章考察了英国的高校科技成果转化风险企业资金筹措状况。把外部资金的融资方按新设立的分拆企业和现有的分拆企业进行调查发现，新设立的分拆企业利用最多的是大学及大学风险基金[①]，其次是 VC、校企合作企业、BA；而现有的分拆企业利用最多的是 VC，其次是大学及大学风险基金、BA、校企合作企业。上述调查结果表明，高校科技成果转化风险企业的资金筹措方法与优序融资理论不一致。

在日本，常常有人提议，银行要在针对 NTBFs 的风投资本供给方面发挥重要作用。对于必须"以权益资本而非银行融资等债务的形式提供风

---

① 　大学风险基金是以推动大学积蓄的种子的商业化为目的，于 1998 年由科学技术局（Office of Science & Technology）创设的。关于英国的风险企业振兴发展政策，参见 JETRO（2001）。

投资本"这一命题，有必要再次确认。

"在针对NTBFs的风投资本供给中，以权益资本的形式提供资金是不可缺少的"，为了考察供给系统的现状与问题，有必要对投资的投入到收回一系列过程进行分析。从下一节开始，将把风投资本供给过程分为四个阶段来考察：（1）种子阶段；（2）创建至初期阶段；（3）扩张阶段；（4）投资收回阶段。具体来说，要对各阶段所对应的主要资金供给者进行考察：（1）概念验证基金；（2）天使投资人；（3）风险投资；（4）IPO市场。

4.3　概念验证基金

在新企业创业之前（种子阶段），要从银行或者民营VC筹集到大额资金是非常不容易的。因此，在从银行或者民营VC筹集到大额资金之前的阶段（特指种子阶段），更多利用的是公共资金。业界认为，典型的项目如美国的小企业创新研究（Small Business Innovation Research，SBIR）项目，在种子阶段的资金筹集上发挥了重要作用（Lerner，1999；Gompers和Lerner，2001，第8章；Toole和Czarnitzki，2007）。这种状况与英国的高校科技成果转化风险企业相同，概念验证基金发挥了很大的作用。

在苏格兰，SE这一公共机构发挥了重要作用。SE（2008）列举了各位投资者的风险投资金额明细。从2007年的数据来看，金额最大的是民营VC及其他机构的7 100万英镑，其次是BA的2 000万英镑和SE的1 300万英镑投资。SE的投资在苏格兰的风投资本供给总额中占比12%，可见其发挥了重要作用。

此外，该报告还分析了对大学衍生企业的投资状况，投资项目数分别为2005年36项、2006年41项、2007年32项，投资额度分别为3 400万英镑、3 400万英镑、3 000万英镑，变动幅度不大。投资集中于5所大学的衍生企业，分别是爱丁堡大学4 240万英镑、格拉斯哥大学2 150万英镑、斯特拉斯克莱德大学1 460万英镑、赫瑞瓦特大学930万英镑和丹迪大学

830万英镑。

该机构实施的概念验证项目，于1999年以1 100万英镑的基金创设。为了实现学术研究的商业化，该项目迄今为止已投资7 900万英镑。其中6 900万英镑由SE提供，剩余的1 000万英镑由欧洲地区发展基金（European Regional Development Fund）提供。该机构发布的年报（Anniual Review 2006/2007）显示，该项目于2006—2007年度对12个项目投资了214万英镑。该项目自1999年创设以来共支持了184个项目，创造了500个新的就业岗位，投资额约3 000万英镑。根据该机构的评估，其为苏格兰经济创造了1.25亿英镑的增加值。

该概念验证项目不单是提供资金的基金，更是综合了各种支持性项目，这是其一大特征。举例来说，包括在基金申请前该项目运营团队提供一对一指导、提供透彻的商业评估及其反馈、为加大媒体广告宣传力度而提供的支持、通过多家机构和项目帮助天使投资人寻找投资项目、提供长达10年的后续服务等。对迄今为止逾850个申请项目中的250个项目提供了3 500万英镑的资金。此外，40家NTBFs得以设立，创造了500人以上的"知识密集型岗位（knowledge-intensive jobs）"，足见该项目的意义。

SE为构建投资规模不同的项目之间的互补关系，在概念验证项目之外，还设立了三个基金，即苏格兰种子基金（Scottish Seed Fund，目的是填补2万～10万英镑的融资缺口）、苏格兰共同投资基金（Scottish Co-investment Fund，目的是填补10万～100万英镑的融资缺口，以200万英镑为上限）、苏格兰创业基金（Scottish Venture Fund，目的是填补200万～1 000万英镑的融资缺口）。

除此之外，在对种子阶段的投资方面值得关注的动向是，民营投资机构勇敢的心投资集团（Braveheart Investment Group Plc）与爱丁堡大学为了实现大学积蓄的技术种子而设立的2 500万英镑的基金于2007年6月推向市场①。诸如此类的民营机构的未来动向也将受到普遍重视。

4.4 天使投资人

BA对于风险企业来说具备以下优势：（1）能够筹集小额资金；（2）成本低；（3）作为投资者，不仅提供资金，也深度参与经营活动；（4）投资决策基准宽松；（5）从长远的眼光出发进行投资；（6）能够灵活地筹集资金；（7）不仅分布在金融中心地带，其他地区也有分布。BA俨然为一名天使。虽然BA补充了VC的投资行为，在为处于种子阶段及创建阶段的风险企业提供小额资金支持方面发挥了重要作用，但是BA的存在很难为风险企业所知，BA与企业家沟通的不充分性导致了其具有非效率市场的特征。

为了打破这一局面，英国在进入20世纪90年代以后迅速将BA与风险企业结合，形成天使投资人网络（Business Angel Network，BANs）并逐步加以推广。自1987年本地投资网络公司（Local Investment Networking Company，LINC）创办以来，进入20世纪90年代后很多民营机构陆续设立，网络也随之逐渐形成。

伴随着网络的建立，投资环境得到改善，因此BA的投资业绩也乘势而上。BVCA发布的《天使投资人网络投资活动报告》（Report on Business Angel Network Investment Activity）指出，从1993—1994年度到2000—2001年度，登记为BA的数量由247位增加到346位，BA的投资次数从99次增加到217次，投资金额从690万英镑大幅增加到3 000万英镑。从BA投资规模明细来看，BA在筹集小额资金方面发挥了重要作用，在2000—2001年度，低于5万英镑的投资在投资次数上占比59%。从企业各个发展阶段的投资明细来看，在2000—2001年度，对种子阶段的投资占比2%，对创建阶段的投资占比28%，对其他初期阶段的投资占比37%。

---

① 参见 http://www.braveheart-ventures.co.uk。

由此可见，虽然其对种子阶段的投资很有限，但是在对成长阶段及其他初期阶段的投资方面发挥了重要作用。

Shane（2004）第11章对高校科技成果转化风险企业的资金筹措进行了分析，他指出，BA比VC更为耐心地等待着风险企业将事业发展壮大，因此期盼得到BA融资的企业很多。他还指出，因为高校科技成果转化风险企业在信息不对称的情况下很难把握住不确定的商业机会，所以，为了筹措资金，创业者有必要努力向潜在的投资者证明风险企业的价值，并且建立企业家与投资者的社会网络。

Jose、Roure和Aernoudt（2005）使用了天使投资学院（business angel academy）一词，BANs主张更多地关注非正式风险投资市场的"教育"方面。很多投资者虽然满足BA的条件但却并未开展投资活动，这样的天使投资人（virgin business angels）在欧洲约有85万人，在美国约有175万人。此外，虽然BA的会员在数量上有所增加，但仍然有相当多的投资者并未积极地致力于投资。因此，该文指出，在将潜在的天使投资人（latent angels）转换为活跃的天使投资人（active angels）的教育方面，新兴天使投资学院（nascent business angel academies）将发挥重要作用。同时，该文还指出，仅仅构建BANs是远远不够的，还不能让更多的BA与企业家就彼此有可能接受的投资条件进行商议。

个人单独投资的BA投资与民营VC投资之间的投资缺口越来越大。Murray（1994）提出了"第二融资缺口（second equity gap）"，即个人单独进行投资的BA的小额投资与民营VC逐渐转向企业发展阶段后期的大额投资之间的资金供给缺口。因此，BA研究第一人——C.梅森教授指出，由20~70名BA组成投资小组进行投资，天使辛迪加（business angel syndication）如今越来越重要[①]，Jose、Roure和Aernoudt（2005）也指出了辛迪加对推动BA投资具有重要意义。

在苏格兰，虽然BA的投资比较活跃，但是积极投资于NTBFs的

---

① 摘自2008年进行的苏格兰调查的采访稿。

BANs却很少。在这种情况下，应该对Archangel加以关注[①]。Archangel于1992年成立于爱丁堡，目前投资会员数量扩大到100人左右，每年对苏格兰的风险企业投资约800万英镑。现在，该公司的投资组合中含有32家公司。Archangel也是前面提到的苏格兰共同投资基金的最大投资伙伴。

该公司的投资标准有以下七点：第一，在苏格兰设立总公司；第二，业务可以扩大到国际范围，必须拥有高成长性；第三，只能进行股票投资，但作为资金筹集的一部分，融资在适当时可以进行；第四，从属于其业务符合企业投资计划（enterprise investment scheme）的产业部门；第五，一般情况下，不对零售业、娱乐业、宾馆、餐饮业、不动产等进行投资；第六，从概念验证到事业扩张资金全面覆盖，不仅投资于创建阶段及初期阶段，也可用于MBO；第七，虽然预期的投资规模为25万～50万英镑，但必要时也可扩大为5万～200万英镑。

接下来，我们来看看该公司的投资决策流程。在明确了上述基本投资标准的前提下，通过以下流程进行投资决策。首先，John Waddell（Archangel的CEO）研究全部商业计划，决定是否进一步审查。如果认为其不符合Archangel的投资标准，则会向其推荐合适的资金提供者。如果认为有必要进一步审查，将与风险企业的管理团队开会讨论其商业计划与企业需求。审查通过之后，则会进行基本的尽职调查，根据情况也会有其他的辛迪加成员加入审查。在此之后，风险企业的经营者会对Archangel的董事会成员陈述商业计划。在对资金需要量以及其他必要的经营资源需求进行商讨之后，设计交易结构概要。同时，准备适当的尽职调查与投资协议书。

经过上述流程后，风险企业的经营者向对本公司有投资意向的潜在投资者陈述商业计划。Archangel将任命非专职会长，尽可能再任命非专职董事，必须与投资对象的管理团队达成共识。就这样最终做出投资决策。在对风险企业的审查过程中，风险企业无须支付手续费等，但是Archan-

---

① 参见 http://archangelsonline.com。

gel为了抵补监控投资对象的业绩所花费的成本，会收取少量年费。

最后，根据Archangel发布的年度报告（Annual Review 2007），我们来看看Archangel在2007年的投资成果。该公司的投资并没有受到世界次贷危机的影响，投资额从2006年的520万英镑大幅增加至2007年的840万英镑。这一投资额的增加在很大程度上得益于投资成员的增加，投资者增加至100人。投资对象达到35家企业，其中有3家企业实现上市，还有3家企业通过分红等给予投资者一定的回报。Archangel对于其余29家企业中的22家企业的发展前景持乐观态度，对其中的11家企业在2007年追加投资。2007年新增3家投资对象。不过，占该公司投资总额约3%的1家企业在2007年破产了。

4.5　风险投资

于1983年创办的BVCA向使用者发布了协会会员VC及私募股权的投资偏好（投资阶段、最低投资额、最高投资额）等相关信息明细，并发表了关于投资成果的统计数据。

Pricewaterhouse Coopers（2008）的数据显示，其214家正式会员的投资对象及投资额在2007年分别增加到1 680家企业、316亿英镑。面向英国国内的投资对象为1 330家企业，投资额为120亿英镑，虽然企业数占比79.2%，但投资额占比仅为37.8%。就投资额占比而言，2005年为58.4%，2006年为46.8%，2007年为37.8%，呈现迅速下滑趋势。面向欧洲大陆的投资对象虽仅有248家企业（占比14.8%），但投资额却高达140亿英镑，占比44.2%。由此可见，就英国的VC投资而言，虽然从投资企业数来看，英国国内占据中心地位，但其投资额占比却不到四成，可以说投资正向以欧洲大陆为中心的英国国外倾斜。

接下来，我们来看看对英国国内的投资在企业各发展阶段的实际情况。如表4-1所示，2007年针对初期阶段、扩张阶段以及MBO/MBI的投资企业数占比分别为37.7%、44.7%和26.2%。可以说，针对初期阶段的投资比率维持在一个相当高的水平。但是，就投资额占比而言，针对MBO/

MBI的投资额占比高达64.5%，而针对初期阶段的投资占比则仅有3.6%。如果用投资额简单除以企业数，以此计算平均投资额，那么，针对初期阶段的平均投资额为每家企业86万英镑，针对扩张阶段的平均投资额为每家企业642万英镑，针对MBO/MBI的平均投资额为每家企业2 212万英镑。与对英国国外投资的350家企业在各发展阶段的实际情况对比来看，就会发现上述倾向更为显著。就投资额占比而言，2007年针对初期阶段的投资额占比只有1.36%，针对MBO/MBI的投资额占比却高达75.3%。

表4-1　　　英国风投资本投资（按发展阶段列示：英国国内）

发展阶段	企业数			构成比（%）			投资额(百万英镑)			构成比（%）		
	2005年	2006年	2007年	2005年	2006年	2007年	2005年	2006年	2007年	2005年	2006年	2007年
创建阶段	208	245	207	15.9	18.6	15.6	160	531	190	2.3	5.2	1.6
其他初期阶段	285	255	295	21.8	19.3	22.2	222	415	244	3.3	4.1	2.0
初期阶段合计	491	500	502	37.6	37.9	37.7	382	946	434	5.6	9.3	3.6
扩张阶段	511	490	474	39.1	37.2	35.6	1 144	1 836	1 137	16.8	18.0	9.5
二次收购	58	33	77	4.4	2.5	5.8	787	1 019	2 449	11.6	10.0	21.3
再次取得银行贷款	11	50	44	0.8	3.8	3.3	20	139	131	0.3	1.4	1.1
扩张阶段合计	573	573	595	43.8	43.5	44.7	1 951	2 994	3 817	28.6	29.3	31.9
MBO	259	339	312	19.8	25.7	23.5	3 736	6 070	7 373	54.8	59.4	61.6
MBI	49	26	37	3.7	2.0	2.8	744	217	348	10.9	2.1	2.9
MBO/MBI	308	365	349	23.6	27.7	26.2	4 480	6 287	7 721	65.8	61.5	64.5
总计	1 307	1 318	1 330	100.0	100.0	100.0	6 813	10 227	11 972	100.0	100.0	100.0

注：由于调查方法不同，各发展阶段的会计数据不一致。

对面向英国国内的投资分行业来看，可以发现针对消费者服务业的投资额最大，为61亿英镑，占投资总额的51%。针对传统行业的投资也依然占据较大比例。就英国国内科技相关投资的状况而言，投资对象有527家企业，投资额为8.35亿英镑。表4-2为科技相关投资明细，以主要行业的投资额为比较基准的话，在2007年计算机软件行业的投资额为2.13亿英镑（25.5%）、通信行业为2.03亿英镑（24.3%），仅这两个行业就占据投资总额的将近一半。

表4-2　　　　　　　英国风投资本投资（科技相关：英国国内）

行业	企业数			构成比（%）			投资额（百万英镑）			构成比（%）		
	2005年	2006年	2007年	2005年	2006年	2007年	2005年	2006年	2007年	2005年	2006年	2007年
通信	58	36	34	9	7	6.5	197	243	203	28.9	26.5	24.3
计算机：硬件	11	15	17	1.7	2.9	3.2	5	41	40	0.7	4.5	4.8
计算机：网络	27	15	33	4.2	2.9	6.3	18	23	27	2.6	2.5	3.2
计算机：半导体	19	18	23	3	3.5	4.4	39	21	37	5.7	2.3	4.4
计算机：软件	180	196	180	28	37.9	34.2	150	231	213	22.0	25.2	25.5
其他电子相关	62	47	45	9.6	9.1	8.5	38	35	35	5.6	3.8	4.2
生物技术	67	43	49	10.4	8.3	9.3	58	122	76	8.5	13.3	9.1
医药相关：仪器	58	71	59	9	13.7	11.2	33	96	47	4.8	10.5	5.6
医药相关：制药	39	24	36	6.1	4.6	6.8	31	50	71	4.6	5.4	8.5
医药相关：医疗保健	26	14	21	4	2.7	4	78	29	51	11.5	3.2	6.1
其他医药相关	97	38	30	15.1	7.4	5.7	34	27	35	5.0	2.9	4.2
总计	644	517	527	100	100	100	681	918	835	100	100	100

表4-3列示了在企业各发展阶段的科技相关投资明细。观察投资额较大的计算机软件和通信行业会发现，针对计算机软件行业初期阶段、扩张阶段、MBO/MBI的投资分别为5 800万英镑（27.2%）、5 600万英镑（26.3%）、9 900万英镑（46.5%），MBO/MBI的投资占了将近一半，针对初期阶段的投资不到30%。针对通信行业初期阶段、扩张阶段、MBO/MBI的投资分别为1 400万英镑（6.9%）、18 800万英镑（92.6%）、100万英镑（0.5%），针对扩张阶段的投资占据着压倒性的比例，针对初期阶段

的投资很少。就科技相关投资整体而言，针对初期阶段、扩张阶段、MBO/MBI的投资分别为21 400万英镑（25.6%）、43 200万英镑（51.7%）、18 900万英镑（22.6%），针对扩张阶段的投资处于中心地位。

表4-3 英国风投资本投资（2007年各发展阶段的科技相关投资：英国国内）

行业	企业数				投资额(百万英镑)			
	初期阶段	扩张阶段	MBO/MBI	合计	初期阶段	扩张阶段	MBO/MBI	合计
通信	13	21	2	36	14	188	1	203
计算机：硬件	3	12	4	17	5	25	10	40
计算机：网络	17	17	0	33	9	18	0	27
计算机：半导体	14	11	0	23	16	21	0	37
计算机：软件	96	85	15	180	58	56	99	213
其他电子相关	21	16	10	45	13	13	9	35
生物技术	33	18	5	49	33	7	36	76
医药相关：仪器	40	21	3	59	20	26	1	47
医药相关：制药	22	13		36	31	34	6	71
医药相关：医疗保健	15	7	6	21	10	30	11	51
其他医药相关	14	13	5	30	5	14	16	35
总计	288	234	50	527	214	432	189	835

英国的VC投资集中在伦敦及英格兰东南部，这种地区不平衡作为区域性融资缺口（regional equity gap）的问题被提出来。表4-4分地区列示了对英国国内投资的投资状况。从2007年主要投资地区来看，面向伦敦及英格兰东南部的投资额为822 300万英镑（伦敦为573 000万英镑、英格兰东南部为249 300万英镑），占投资总额的68.7%。2007年，对苏格兰的投资企业数占比5.5%、投资额占比不超过3.3%，VC投资明显集中在伦敦

周边地区。

表4-4　　　　　　　　英国风投资本投资（分地区：英国国内）

地区	企业数			构成比（%）			投资额(百万英镑)			构成比（%）		
	2005年	2006年	2007年	2005年	2006年	2007年	2005年	2006年	2007年	2005年	2006年	2007年
东南部地区	237	224	220	18.1	17.0	16.5	578	1 835	2 493	8.5	17.9	20.8
伦敦	292	330	334	22.3	25.0	25.1	2 417	4 297	5 730	35.5	42.0	47.9
东南部地区和伦敦合计	529	554	554	40.5	42.0	41.7	2 995	6 132	8 223	44.0	60.0	68.7
西南部地区	88	98	82	6.7	7.4	6.2	448	532	198	6.6	5.2	1.7
英格兰东部	122	95	104	9.3	7.2	7.8	636	639	531	9.3	6.2	4.4
西米德兰	78	90	82	6.0	6.8	6.2	271	276	416	4.0	2.7	3.5
东米德兰	60	59	65	4.6	4.5	4.9	1 122	401	802	16.5	3.9	6.7
约克郡/汉堡	71	83	108	5.4	6.3	8.1	243	1 201	499	3.6	11.7	4.2
西北部地区	144	146	154	11.0	11.1	11.6	426	614	600	6.3	6.0	5.0
东北部地区	42	28	51	3.2	2.1	3.8	85	184	156	1.2	1.8	1.3
苏格兰	96	78	73	7.3	5.9	5.5	114	174	393	1.7	1.7	3.3
威尔士	51	59	36	3.9	4.5	2.7	461	61	128	6.8	0.6	1.1
北爱尔兰	26	28	21	2.0	2.1	1.6	12	13	16	0.2	0.1	0.1
总计	1 307	1 318	1 330	100.0	100.0	100.0	6 813	10 227	11 972	100.0	100.0	100.0

综上所述，英国的VC投资向着以MBO/MBI为中心的企业发展阶段后期的大额投资倾斜，区域分布上也集中在伦敦周边地区，这样的投资行为与VC的资金提供者有着密切的关系。从英国VC的资金来源来看，2007年资金来源最多的为年金基金22.9%，其次是基金中的基金（fund of funds，FOF，也称母基金或组合基金）21.0%和银行贷款19.0%，这三者合计占比62.9%。以外国机构投资者为中心的大额资金作为替代投资（alternative investment）的一环流入VC，对VC的投资行为产生了巨大影响。

最后，就企业资本基金（enterprise capital fund，ECF）的作用有必要作以说明。根据BVCA的统计数据来观察英国VC投资的现状，可以推想出NTBFs在初期阶段的成长资金筹措上有许多困难。为了应对这种情况，决定自2005年起从EU处取得支持，为了促进对NTBFs的投资，

2006年创立了最初的ECF。现在已创立了智力资本基金（IQ Capital Fund）、21世纪可持续技术发展基金（21st Century Sustainable Technology Growth Fund）、六翼天使资本基金（Seraphim Capital Fund）、艾玛迪斯企业资本基金（Amadeus Enterprise Capital Fund）、黎明资本基金（Dawn Capital Fund）、米德兰企业资本基金（Midlands Enterprise Capital Fund）共6个ECF（Gill等，2007， 第33页）。

4.6　IPO市场

作为1980年撒切尔政府时代创立的场外证券市场（USM）的代替市场，1995年6月新市场AIM被设立并开始了交易。AIM的企业对象范围很广，从刚创业的NTBFs到处于成熟期的家族企业，对于企业上市也没有设立年份、总市值、利润总额、净资产、总资产、流通股比率等数值标准。这种宽松的上市标准，使得英国企业的上市企业数从市场开设时的10家迅速增加至2008年12月末的1 233家（见表4-5）。对于外国企业的上市也积极运作，到2008年12月末达到317家。

表4-5　　　　　　　　　在AIM上市企业数的变动

时间	批准上市企业数			上市企业数(截至12月末)		
	英国企业	其他国家企业	合计	英国企业	其他国家企业	合计
1995年6月19日				10	0	10
1995	120	3	123	118	3	121
1996	131	14	145	235	17	252
1997	100	7	107	286	22	308
1998	68	7	75	291	21	312
1999	96	6	102	325	22	347
2000	265	12	277	493	31	524
2001	162	15	177	587	42	629
2002	147	13	160	654	50	704
2003	146	16	162	694	60	754
2004	296	61	355	905	116	1 021
2005	399	120	519	1 179	220	1 399
2006	338	124	462	1 330	304	1 634
2007	197	87	284	1 347	347	1 694
2008	87	27	114	1 233	317	1 550
合计	2 550	512	3 062			

由于英国存在上市企业集中在伦敦周边的倾向，因此在伯明翰、曼彻斯特、利兹、格拉斯哥、贝尔法斯特等地设置地方事务所，以便对地方企业在信息提供和上市建议等方面的要求做出快速响应，力图进行诸如此类的改善也是 AIM 的特征之一。推行指定顾问制度及指定经纪公司制度是 AIM 最大的特征，这一制度也促使为中小中坚企业提供专业化服务的各类中介机构纷纷出现。下面让我们来看看 2004—2008 年 5 年间在 AIM 新上市的 1 295 家公司的指定顾问制度和指定经纪公司的业绩。

首先，如表4-6所示，排名前10位的指定顾问是 Seymour Pierce Ltd（75家，5.8%）、Collins Stewart Europe Ltd（69家，5.3%）、Grant Thornton UK LLP（60家，4.6%）、Arbuthnot Securities Ltd（48家，3.7%）、W. H.Ireland Ltd（45家，3.5%）、Canaccord Adams Ltd（44家，3.4%）、KBC Peel Hunt Ltd（43家，3.3%）、BlueOar Securities Plc（39家，3.0%）、Evolution Securities Ltd（38家，2.9%）、Panmure Gordon（UK）Ltd（38家，2.9%）。无论哪一家机构，都不是大型证券公司或商业银行，而是中小中坚证券公司。Evolution Securities Ltd 的前身 Evolution Beeson Gregory、KBC Peel Hunt Ltd 的前身 Peel Hunt Ltd，都明确提出本公司是专注于中小中坚企业的投资银行业务、立足于调查研究的证券公司[①]。Evolution Group Plc 加入了 Evolution Securities Ltd，并于 2006 年收购了作为指定顾问业绩突出的 Williams de Broe，强化了自身的业务。

表4-6 业绩排名前20位的AIM新上市企业的指定顾问（2004—2008）

序号	指定顾问名称	企业数	构成比（%）
1	Seymour Pierce Ltd	75	5.8
2	Collins Stewart Europe Ltd	69	5.3
3	Grant Thornton UK LLP	60	4.6
4	Arbuthnot Securities Ltd	48	3.7
5	W.H.Ireland Ltd	45	3.5

---

① 关于英国的中小中坚证券公司,参见忽那(1997)。

续表

序号	指定顾问名称	企业数	构成比(%)
6	Canaccord Adams Ltd	44	3.4
7	KBC Peel Hunt Ltd	43	3.3
8	BlueOar Securities Plc	39	3.0
9	Evoution Securities Ltd	38	2.9
9	Panmure Gordon(UK)Ltd	38	2.9
11	Cenkos Securities Ltd	34	2.6
12	Numis Securities Ltd	32	2.5
13	Brewin Dolphin Ltd	31	2.4
13	Strand Partners Ltd	31	2.4
15	Dowgate Capital Advisers Ltd	29	2.2
16	Daniel Stewart & Company Plc	28	2.2
17	Teathers	26	2.0
18	Beaumont Cornish Ltd	25	1.9
18	Charles Stanley Securities	25	1.9
18	Smith & Williamson Corporate Finance Ltd	25	1.9
	指定顾问名称不详	57	4.4
合计(67家指定顾问的业绩合计)		1 295	100.0

资料来源：根据伦敦证券交易所数据整理而成。

即使是业绩排名第一的指定顾问，其所指导的企业数也只占企业总数的 5.8%，排名前 10 位（排名前 20 位）的公司所占比例约为 38.5%（60.6%）。2004—2008 年 5 年间作为指定顾问取得业绩的公司达到 67 家，能够开展指定顾问业务的证券公司的范围很广。虽然件数较少，但可以看到 Deloitte & Touche LLP（5 家，0.4%）、Pricewaterhouse Coopers LLP（4 家，0.3%）、KPMG LLP（3 家，0.2%）、Deloitte LLP（1 家，0.1%）等会计师事务所也有所斩获。

其次，关于指定经纪公司，如表 4-7 所示，排名前 10 位的分别为 Collins Stewart Europe Ltd（69 家，5.3%）、Arbuthnot Securities Ltd（53 家，4.1%）、Seymour Pierce Ltd（47 家，3.6%）、W.H.Ireland Ltd（46 家，3.6%）、Canaccord Adams Ltd（44 家，3.4%）、KBC Peel Hunt Ltd（44 家，

3.4%）、Panmure Gordon（UK）Ltd（42家，3.2%）、Evolution Securities
Ltd（41家，3.2%）、Numis Securities Ltd（39家，3.0%）、BlueOar Securi-
ties Plc（36家，2.8%）。可以确认，作为指定顾问登场的中小中坚证券公
司也作为指定经纪公司出现在排名靠前的位置。此外，业绩第一的指定经
纪公司，其所代理的企业数也只占企业总数的5.3%，排名前10位（排名前
20位）的公司所占比例约为35.6%（57.8%）。5年间作为指定经纪公司取得
业绩的公司达到106家，可见有大量中小中坚证券公司在从事该业务，支
持着这一市场。

表4-7　业绩排名前20位AIM新上市企业的指定经纪公司（2004—2008）

序号	指定经纪公司名称	企业数	构成比（%）
1	Collins Stewart Europe Ltd	69	5.3
2	Arbuthnot Securities Ltd	53	4.1
3	Seymour Pierce Ltd	47	3.6
4	W.H.Ireland Ltd	46	3.6
5	Canaccord Adams Ltd	44	3.4
5	KBC Peel Hunt Ltd	44	3.4
7	Panmure Gordon(UK)Ltd	42	3.2
8	Evolution Securities Ltd	41	3.2
9	Numis Securities Ltd	39	3.0
10	BlueOar Securities Plc	36	2.8
11	Teathers	34	2.6
12	Cenkos Securities Plc	32	2.5
12	Fairfax I.S.Plc	32	2.5
14	Hanson Westhouse Ltd	31	2.4
15	Dowgate Capital Stockbrokers Ltd	30	2.3
16	Brewin Dophin Ltd	28	2.2
17	Charles Stanley Securities	26	2.0
17	JMFinn Capital Markets Ltd	26	2.0
19	Daniel Stewart & Co.Plc	25	1.9
20	Hichens Harrison & Co.Plc	23	1.8
	指定经纪公司名称不详	60	4.6
合计（106家指定经纪公司的业绩合计）		1 295	100.0

资料来源：根据伦敦证券交易所数据整理而成。

由于大型证券公司和商业银行主要向大型企业提供服务，因此随着指定顾问和指定经纪公司制度在AIM的推行，专注于中小中坚企业相关业务的公司的登场备受期待。业绩排名靠前的KBC Peel Hunt和Evolution Beeson Gregory，都是于1989年设立的向中小中坚企业提供专业化服务的新兴证券公司。此外，Teather & Greenwood是专注于中小中坚成长型企业的独立股票经纪公司，该公司的调查部门还获得了最佳AIM研究奖（Best AIM Research Award）等很高的评价。此外，在伯明翰的Smith Keen Cutler、布里斯托尔的Stock Beech和Rowan Dartington（Charles Stanley于2005年收购）等地方上有实力的证券公司逐渐消失的同时，可以看到W.H.Ireland和Brewin Dolphin等在地方城市活动的证券公司兴起的征兆。

由于以地方为活动据点的中小中坚企业的上市总体来看发行规模较小，不能指望获得大笔的手续费，再加上伯明翰、布里斯托尔距离伦敦较近，与伦敦同业的竞争十分激烈。实际上，在地方城市活动的传统证券零售经纪公司所处的环境相当严峻，很多从业机构以被并购的形式消失了。但是，如果大型证券公司和商业银行能解决小规模发行的难题，小规模从业机构的活动场所也会逐渐产生。我们可以看到以英国北部地区为据点的Brewin Dolphin和商业银行W.H.Ireland等地方机构的身影，它们在为AIM新上市企业提供顾问业务上起到了重要作用。

近年来，伦敦证券交易所提供的AIM新上市企业的相关数据中，指定顾问和指定经纪公司的所在地没有被公开。以公开所在地信息的2003年数据为基础，我们来大致把握上市企业与指定顾问以及指定经纪公司的所在地之间的相关性。一方面，根据2003年AIM新上市的162家企业所在地明细可以看到，位于伦敦的企业有60家，占比37%，位于英国第二大都市曼彻斯特的企业有7家，位于爱丁堡的企业仅有2家（忽那，2005）。另一方面，在指定顾问和指定经纪公司的所在地中，虽然以伦敦为据点开展活动的公司占据了压倒性的比例，在地方城市活动的公司也为数不少。2003年作为指定顾问取得业绩的公司中，Brewin Dolphin在格拉斯哥、曼彻斯特、爱丁堡、利兹，W.H.Ireland在曼彻斯特，Williams de

Broe 在伦敦、伯明翰、利兹，Teather & Greenwood 在伦敦、利物浦，Rowan Dartington 在布里斯托尔，Brown Shipley 在伦敦、曼彻斯特，Noble 在伦敦、爱丁堡都有活动据点。

  对新上市企业的所在地与指定顾问和指定经纪公司的所在地的相关性进行观察后发现，指定顾问的所在地的中心是伦敦，位于伦敦以外地区的指定顾问对位于伦敦以外地区的企业的上市起到了重要的作用。如表4-8所示，以英国北部地区为据点的 Brewin Dolphin 所服务的13家企业中位于伦敦的只有2家。而位于曼彻斯特的 W.H.Ireland 所服务的9家企业中位于曼彻斯特的有4家，位于伦敦的只有2家。而以伦敦为活动据点的 Collins Stewart、Canaccord Capital、Seymour Pierce 所服务的企业中位于伦敦的分别为7家、5家、6家，明显占据了很高的比例。可见，对于地方企业的上市，以地方城市为据点开展活动的顾问和经纪公司发挥了重要的作用。

表4-8　AIM新上市企业的所在地（与指定经纪公司所在地的关联）

Brewin Dolphin 有地方据点	W.H.Ireland 有地方据点	Collins Stewart 以伦敦为据点	Canaccord Capital 以伦敦为据点	Seymour Pierce 以伦敦为据点
13家公司所在地	9家公司所在地	16家公司所在地	11家公司所在地	9家公司所在地
伦敦	伦敦	伦敦	伦敦	伦敦
伦敦	伦敦	伦敦	伦敦	伦敦
伯克郡	哈德斯菲尔德	伦敦	伦敦	伦敦
白金汉郡	兰卡斯特	伦敦	伦敦	伦敦
柴郡	曼彻斯特	伦敦	伦敦	伦敦
达勒姆郡	曼彻斯特	伦敦	加拿大	伦敦
达勒姆郡	曼彻斯特	伦敦	加拿大	曼彻斯特
爱丁堡	曼彻斯特	伯克郡	加拿大	伯克郡
兰开夏	默西塞德	白金汉郡	加拿大	赫特福德郡
默西塞德		剑桥	赫特福德郡	
诺丁汉		剑桥	萨里	
西约克郡		达勒姆		
西萨塞克斯		曼岛		
		南安普敦		
		萨里		
		西米德兰		

4.7　爱丁堡大学衍生企业上市

苏格兰的人口仅占英国总人口的 8.5%，而苏格兰的大学所拥有的专利却占在英国登记的专利数的 16%。根据爱丁堡大学的研究与创新中心发行的 Infinite 杂志（第 6 期），在过去的 5 年间从爱丁堡大学独立出来的新创企业达到了 62 家，其中有 65.1% 的企业还在持续经营。投资于这些企业的资金总额达到 1 930 万英镑。2007 年 6 月挪威地球物理勘探公司（Petro-leum Geo-Services ASA）以 2.75 亿英镑收购了 MTEM 公司，成为大学衍生企业最大规模的一笔收购。

而且，在爱丁堡大学衍生企业中，Vision Group Plc（1995 年上市）、Wolfson Microelectronics Plc（2003 年上市）、Micro Emissive Displays Plc（2004 年上市）三家公司实现了 IPO。下面将概述这三家公司的经营范围及业绩。

4.7.1　Vision Group Plc

Vision Group 是互补金属氧化物半导体（Complementary Metal Oxide Semiconductor，CMOS）图像传感器技术领域的代表性企业。以爱丁堡大学集成电子工学部 Peter Denyer 教授为中心，以及 David Renshaw、Wang Guoyu、Lu Mingying 组成的团队从 20 世纪 80 年代初开始研发用于黑白相机的装置。1989 年，CMOS 图像传感器技术的领军人物——Denyer 教授创办了 VLSI Vision。20 世纪 90 年代，具备相机功能的商品被大量开发并普及到世界各地。因为 CMOS 技术比之前的技术（如 CCD 等）功耗低并实现了周边驱动电路集成一体化，所以使传感器电路的缩短成为可能。VLSI Vision 运用该技术制造产品，成本更低，产品质量更高，从而迈入了世界先进企业的行列。VLSI Vision 的产品在手机、桌面视频会议、数码相机、安全保障、生物识别、自行车系统、玩具等各个领域有着广泛应用。

该公司于 1995 年 4 月在伦敦证券交易所上市，成为从苏格兰的大学中独立出来并实现 IPO 的首家高校科技成果转化风险企业。而且，上市时的总市值达到 2 500 万英镑。①但是，受全球性金融危机等影响，公司资金周转困难，VLSI Vision 于 1999 年被出售给 STMicroelectronics②。

出售 VLSI Vision 后，Denyer 教授成为 BA，又创办了 5 家新公司，其中 2 家实现了 IPO。他还获得了皇家工程院银质奖章（Royal Academy of Engineering Silver Medal）、IEEE 千禧奖（IEEE Millennium Award）、英国女王技术奖（Queen's Award for Technology）。Denyer 教授对技术发展的贡献获得了很高的评价。③

4.7.2　Wolfson Microelectronics Plc

欧胜微电子有限公司（Wolfson Microelectronics）是生产用于音频游戏或便携机器的模数转换器（Analog Digital Converters，ADCs）、数模转换器（Digital Analogue Converters，DACs）、编译码器（CODECs）的专业制造商。④由在爱丁堡大学从事研发工作的 David Milne 和 Jim Reid 于 1984 年创办。欧胜微电子因高性能的音频和超低功耗技术开发而闻名于世，提供用于知名度高的数码消费类产品的核心技术之一——音频技术。可应用的产品范围很广，包括家用、商用、外出使用的手机、便携式媒体播放器、便携式导航设备、数码相机、超薄液晶电视、游戏控制台、音响系统、复合式打印机及扫描仪、汽车信息娱乐系统、蓝牙耳机等。此外，也可用于 X-box、iPod、PSP 等设备。

欧胜微电子于 2003 年在伦敦证券交易所主板市场首次公开募股（IPO），赢得 techMARK 科技创新大奖⑤。如图 4-1 所示，该公司发展迅速，业绩步步攀升。2007 年销售额达到 23 160 万美元，当期税前净利润高达 4 080 万美元。而且，其分支机构遍布美国、日本、中国大陆和台湾

---

① 参见 http://www.research-innovation.ed.ac.uk/success/VLSIVision.asp。

② 关于出售前的历程，参见 http://www.st.com/stonline/press/news/year1998/c090co.htm 及 http://www.journess-entrepreneur.com/2008/01/24/sciencebusiness-peter-denyer-innovation-junkie-who-tackled-image-problems。

③ 参见 http://www.erafoundation.org/board/peterdenyer.htm。

④ 参见 http://www.wolfsonmicro.com。

⑤ 参见http://www.londonstockexchange.com/en-gb/about/Newsroom/Media+Resources/Welcome+Stories/2003/21-10-2003.htm。

地区、韩国、新加坡、印度等12个国家和地区，员工逾350人。假设2007年员工为355人，那么研发和生产人员有175人，销售人员有137人，管理人员有43人。

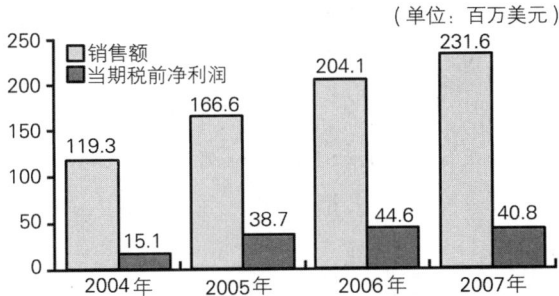

图4-1 Wolfson Microelectronics Plc的业绩（销售额和当期税前净利润总额）

但是，之后因为中止了iPod合同，欧胜微电子出现信用危机，陷入财务困境。根据可利用的该公司最近的年度报告，销售额在2007年急转直下，在2009年萎缩了近一半，仅为12 133万美元（税前净利润总额为亏损1 481万美元）。该公司的股价变动如图4-2所示，2007年后半期以来，FTSE指数和FTSE techMARK指数均大幅下跌（以2003年10月20日的股价为100）。

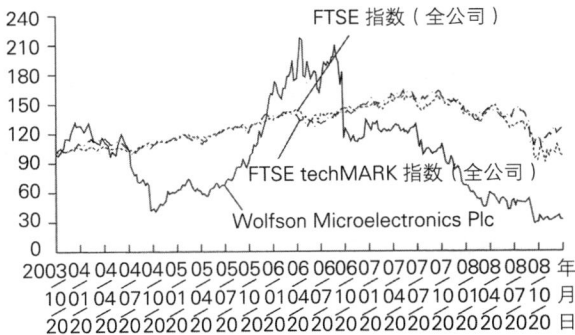

图4-2 Wolfson Microelectronics Plc的股价变化

4.7.3　MicroEmissive Displays Plc

MED 公司（MicroEmissive Displays Plc）是超小型显示装置领域中的领导者，也是生产有机聚合物 EL（P-OLED）超小型显示装置的唯一企业。该公司的 Eyescreen® 商品是规格为 6 毫米的以低功耗呈现高质量画面的超小型显示装置。该公司于 1999 年由爱丁堡大学的 Ian Underwood 教授和纳皮尔大学的 Jeff Wright 教授联合创办。

从该公司的主页上可以了解公司成立以来的融资状况。[1]2000 年 1 月获得了 LIFE（Lothian Investment Fund for Enterprise）投资的 20 万美元的种子资金。同年 9 月，获得了大型 VC——3i 投资的金额为 200 万美元的第一轮融资。2002 年 6 月，剑桥显示技术公司（Cambridge Display Technology，CDT）出资。CDT 是对 MED 公司的商品核心技术——聚合物 LE 技术拥有知识产权的非上市企业。

2002 年 4 月，成功完成第二轮融资，包括 VC、企业投资（corporate investment）、长期租赁、贷款在内的融资额合计 900 万美元。加上第一轮提供资金的 3i，苏格兰股权合伙公司（Scottish Equity Partners）和欧洲创业合伙公司（European Venture Partners）都提供了资金。

2003 年 7 月，实施了融资额为 750 万美元的第三轮融资。不仅现有投资者提供了资金，巴斯夫投资公司（BASF Venture Capital）也提供了资金。筹集来的资金被用于研究开发和制造样品，于是，2005 年 eyescreen® 商品问世。

2004 年 11 月，MED 公司在伦敦证券交易所的 AIM 首次公开募股，更是成功完成 1 570 万英镑的融资。在 AIM 上市后，2006 年 9 月获得了来自 VC 的第四轮融资，融资额为 500 万英镑，用于建设面向德国德累斯顿量产的加工厂。

但是，因为头戴式显示器的销售额远低于预期，该公司陷入融资困难的局面[2]。由于 2007 年前几个月的营业额为零，赤字高达 220 万英镑，因

---

① 参见 http://www.microemissive.com。不过,现在已作废。
② 参见欧洲《EE 时报》有关该公司的相关报道。

此向苏格兰股权合伙公司申请了750万英镑的追加融资。从该公司2007年
年度报告中股东构成来看，继IPO之后，苏格兰股权合伙公司成为持股近
25%的最大股东，除此之外，嘉诚资本（Cazenove Capital）和巴斯夫投资
公司等VC依然保持较高的持股比例。

　　从2004年到2007年的业绩发展状况如图4-3所示，可以看出企业的
经营状况曾极为严峻。而员工人数的变化也反映出销售额增长困难。该公
司的员工人数停留在60人左右的小规模水平。

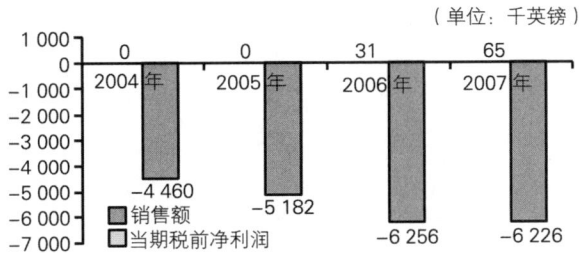

图4-3　MED公司的业绩（销售额和当期税前净利润总额）

　　该公司的股价如图4-4所示，2005年下半年以来持续下跌（以2004
年11月30日的股价为100）。在如此严峻的经营状况下，不再有投资者继
续追加投资，2008年11月20日股票停牌，MED公司业务被出售。

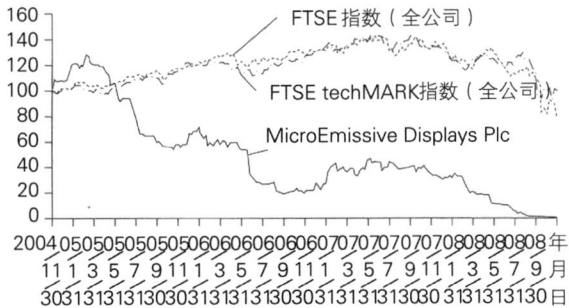

图4-4　MED公司的股价变化

4.8　英国VF的评价和对日本的启示

图4-5总结了英国企业各个发展阶段的VF现状。下文将分析针对四个发展阶段的英国风投资本供给系统的现状和问题，以及对日本VF的启示。

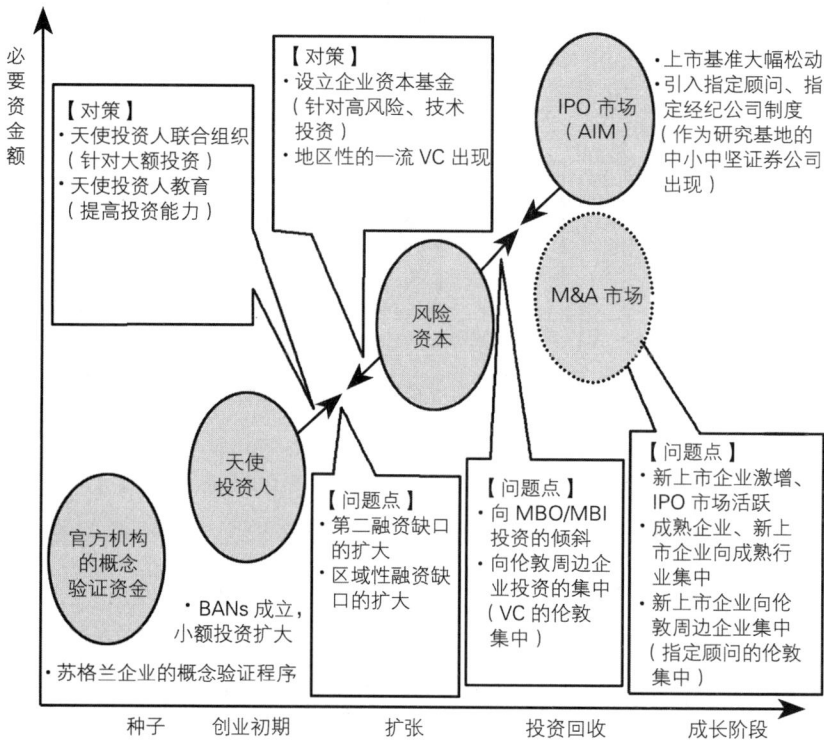

图4-5　针对各个发展阶段的英国风险资本供给系统

4.8.1　种子阶段

种子阶段是BA和民营VC难以应对的领域，期待公共机构发挥重要的作用。以苏格兰为例，SE实施的概念验证计划自1999年设立基金以来，支持了184项计划，创造出了500个新的就业岗位。从该项目的上述成果来看，其作为向处于种子阶段的NTBFs提供风投资本的资金供给者发挥了一定的作用。

对日本的启示是，考虑到针对处于种子阶段的NTBFs的投资是BA和民营VC难以应对的领域，作为公共机构，为了实现种子的商业化而进行的概念验证要取得成果，必须要明确具体存在哪些问题。

4.8.2　创建至初期阶段

针对创建至初期阶段的风投资本供给，可以说BA能发挥一定的作用。前已述及，出售VLSI Vision后，Peter Denyer教授成为BA，这表明，事业上取得成功的企业家将作为BA发挥重要的作用。特别是对于在事业上一次又一次取得成功、业绩颇丰的"连续企业家"，在2008年英国听证会调查中很多人指出了他的作用及其重要性，比如在剑桥大学和爱丁堡大学的企业家教育项目中积极有效地加以应用。

但是，还有几个问题值得探讨：第一，BA对NTBFs的投资依然有所限制；第二，个人单独进行投资的BA和民营VC投资之间的资金供给缺口依然存在。正如梅森教授所指出的以及Archangel实践着的那样，组织BA辛迪加以填补投资缺口；第三，为了使BA真正将活跃的投资活动付诸实际行动，仅构建BA网络是远远不够的，以活跃的BA为培养目标的"教育"是很有必要的。

谈及对日本的启示，不必罗列GEM的调查结果，在日本，BA投资所起到的作用极为有限，仅存在一种情况，即成功实现上市的企业家从自己一手建立的公司隐退从而转为BA。在这种情况下，谁作为BA发挥着向处于创建到初期阶段的NTBFs提供风投资本的资金供给者的作用？很遗憾无法给定一个明确的结论。在海外，关于针对创建到初期阶段的投资，BA明确定位于重要的风投资本供给者，为了促进投资而自发形成BANs等。基于日本BA投资的现状，作为对这一阶段投资的资金供给者，有必要首先明确到底谁该发挥作用（比如公共机构、VC等）。如果不能对这一点进行深入商讨从而提出明确的对策，这个阶段的资金供给与需求之间的差距就无法缩小。

4.8.3　成长阶段

英国的VC投资面向英国国外（如欧洲大陆）比面向英国国内要多很

多倍。说到英国国内投资，针对MBO/MBI的投资很多，而针对初期阶段和扩张阶段的投资，风投资本供给者所发挥的作用却很有限。从投资对象的业务种类来看，面向消费者服务的投资占比近半，面向高科技的投资很少。而且，投资集中在伦敦周边的企业，在苏格兰等地NTBFs向民营VC筹措资金实属不易。但是，Rosiello和Parris（2009）分析了VC针对英国生物医疗保健行业的风险企业的投资状况，指出VC的所在地和被投资企业的所在地是同一地区的情况在交易整体中占比50%，由此可以看出在地方城市开展投资活动、专业性强的VC的重要性。

向VC提供资金的是以伦敦市区为据点的大型机构投资者，这种状况促使VC选择大额投资对象，即针对MBO/MBI进行投资。鉴于上述情况，可以断言企业资本基金（ECF）今后将发挥非常重要的作用。

日本的VC投资虽然并非像英国那样向针对MBO/MBI的投资倾斜，但是也没有积极投资于NTBFs。NTBFs很难顺利筹集到扩张阶段所需要的庞大资金量。技术性评价由潜在的、专业能力强的风险资本家完成。加强独立VC的作用是必不可少的（参见忽那、长谷川、山本，2006）。

另一方面，要使NTBFs构建起能够实现高成长的商业模式，分析事业拓展过程中隐藏的风险，预测资金需要量，与VC就风投资本融资进行交涉，就必须拥有掌握这些知识的CEO及CFO。从这个角度来审视日本NTBFs的现状，其一大问题便是在实施风投融资时能够与VC充分商讨的人才少之又少。以提高企业家和风险投资家两者的金融专业能力为培养目标的教育也是很有必要的[①]。

4.8.4　投资收回阶段

在宽松政策的背景下，AIM吸引了很多新上市企业，迅速成长为世界规模最大的IPO市场。支撑其成长的是指定顾问制度和指定经纪公司制度。第一，仅有不足70家公司作为指定顾问为新上市企业提供服务，可以看出证券公司的触角很长。第二，这些证券公司不是大型证券公司，而

---

①　将这种教育付诸实践的尝试，参见创业金融实践培训班（http://www.b.kobe-u.ac.jp/~kutsuna/entre/vf.html）。

是中小中坚证券公司，新上市企业的规模和作为指定顾问的证券公司的规模相吻合。规模较大的新上市企业由大型证券公司提供支持，而规模较小的新上市企业如果同样依靠大型证券公司，从系统的持续性观点来看将出现问题。第三，这些中小中坚证券公司是立足于研究调查的证券公司，在以专业性强的研究调查及独立于机构投资者等的网络下，成功实现了与大型证券公司的差异化。可以说，随着指定顾问这一基础制度的日臻完善，AIM整体成功地发展为有吸引力的市场。

但是，从地方城市的NTBFs新上市的角度来看，依然存在很多问题。由于在地方城市开展投资活动的VC和指定顾问不足，因此地方企业中新上市的很少，伦敦周边企业中新上市的占压倒性比例。除了个别例外，大多只限于在地方城市开展投资活动的有实力的指定顾问，所以对于地方企业而言要找到提供上市支持的本地指定顾问并非易事。

此外，本章介绍了苏格兰的爱丁堡大学科技成果转化风险企业中实现上市的3家企业的现状。只有3家新上市企业，不仅从上市企业数来看很少，而且在上市后所取得的业绩也不很成功。对于止步于此的原因，有必要研究清楚。

与IPO市场同样具有代表性的投资回收渠道之一就是M&A市场。这两个市场就好比车的两个轮子，IPO市场停滞不前的时候，通过M&A市场收回投资对于风投资本供给者来说起到重要作用（忽那，1997）。但是，为了使得像针对未上市企业的M&A市场这样的中型规模交易顺利进行，专注于中型市场——M&A市场的中小中坚层面的中介机构必须存在，其专注于为中小中坚企业上市提供服务，与作为证券承销人的中小中坚证券公司的登场同样重要。本章第7节介绍了被挪威地球物理勘探公司收购的MTEM公司，对于在英国M&A市场作为投资回收渠道的有效性和该市场现状及问题有必要研究清楚。这个题目可以作为今后的研究课题。

日本IPO市场每年的上市企业数远低于英国的AIM。更进一步，就支持企业上市的证券公司而言，日本的现状明显逊色。正因为有中小中坚证券公司作为指定顾问以及指定中介者存在，才支撑起AIM的发展，但是在日本，主要职能依然由少数大规模证券公司行使。如果规模小但专业性强的中小中坚证券公司不出现，IPO市场的结构就很难发生较大的变化。而且，就专注于中型市场——M&A市场的中小中坚层面的中介机构来说，除了Riverside Partners公司和日本M&A中心等几家从业机构外，在日本以该市场为业务对象的专业中介机构还远远不够①。

4.8.5　总结

NTBFs的抱团创业、成长、集聚在人、财、物三个要素上全部经受质的考验。人的要素即经营队伍的质量，财的要素即风投资本供给的质量，物的要素即种子（技术或商业模式）的质量，缺少以上任何一种要素，NTBFs的抱团创业、成长、集聚都是无法实现的。例如，Zhang（2009）运用VentureOne的数据库分析了为什么在美国从斯坦福大学和MIT等少数研究型大学衍生出成为VC投资对象的高校科技成果转化风险企业。实证分析结果是，在大学所在地的VF的充沛度并非重要的决定性因素，对高校科技成果转化风险企业的涌现存在重要影响的是研究成果卓著的科学家数量。而且，该论文的结论是只靠完善VF的政策不能有效实现大学校办风险企业抱团创业的目的。

高校科技成果转化风险企业比较典型，经营团队中技术人才较多，而懂管理、市场、金融等方面的人才不足。为了使企业不会在不利的条件下进行风投资本融资，必须拥有能够与投资方平等商讨交易结构的CFO。考虑到日本高校科技成果转化风险企业的现状，以提高经营团队的管理能力为培养目标的企业家教育是必要的。

而且，对NTBFs的成功起到决定性作用的是种子本身的质量。如果不能检验种子有无商业化的可能，那么只能留存于大学校园，而无法完成抱团创业、成长以及通过IPO和M&A收回投资的流程。选择IPO还是M&A作为投资收回途径，要根据种子的商业性评估、商业规划、经营队伍的构成而定。这一点也必须要考虑到。

最后，在资金供给方面，怎样整顿VF以便顺畅地提供权益资本——

①　解决这一问题的对策，请参见成长型中小中坚企业培育论坛（http://www.b.kobe-u.ac.jp/~kutsuna/entre/forum.html）的活动。

风险资本是很重要的。把种子评估交给公共机构的概念验证资金，把创建至初期阶段交给BA，把扩张阶段交给民营VC，把投资收回阶段交给IPO和M&A这两个市场，这样，它们分别在各自的舞台上发挥作用，随着NTBFs的成长而不断地顺利提供资金是很有必要的。本章所探讨的苏格兰的情况中，在种子评估阶段和创建阶段，概念验证资金和BA分别发挥了举足轻重的作用。但是，在持续扩张阶段很难从民营VC那里获得风投资本，早期阶段和扩张阶段之间的融资缺口很大。而且，在投资收回阶段，因为没有在地方城市开展投资活动的中小中坚证券公司，所以，对于NTBFs来说，IPO还很遥远。

第 5 章

区域生态系统中 VC 行业的形成及其功能

5.1　序言

　　本章将探讨对于构建实现 NTBFs 抱团创业、成长和集聚的区域生态系统①必不可少的资金供给系统，特别是风投资本领域（VC 行业）。慕尼黑、剑桥、苏格兰等进入 21 世纪以来，在区域生态系统的构建方面进入横向波动的状态。其理由之一是结构性的因素，即欧洲民营 VC 的资金供给没有达到像美国那样的规模②。不过，上述地区所构建的区域生态系统处于初期阶段，已经远远超过了日本等国家，这是毋庸置疑的。本章将区域生态系统的构建过程分成横向波动前的快速发展阶段（Stage1）和摆脱横向波动的阶段（Stage2）这两个阶段③，在以慕尼黑为例概览各个阶段的风险资金供给系统即前一章定义的 VF 以及 NTBFs 的资金运用情况的基础上，论述在 Stage1 和 Stage2 分别采用什么样的应对措施是可行的。

---

　　①　本书不使用"产业集群"这一术语，而是统一使用"区域生态系统"。"产业集群"是以内生性的或政策性的企业聚集为前提的术语，特别是在分析某些特定区域内 VC 行业的形成（或产生）及其功能方面，VC 行业有可能发挥推动企业集聚的作用，所以统一使用包含这一因果关系的"区域生态系统"一词。关于产业集群和区域生态系统二者之间的详细区别，请参见序章。

　　②　比如剑桥，参见 Stam 和 Garnsey（2008）。

　　③　Stage1 和 Stage2 的各个阶段详见图 5-3b。

在慕尼黑以及剑桥发生的情况可以总结为以下两点：（1）因为区域生态系统的中心大学等拥有的技术种子富有吸引力而成功获得了很多研究资金，对于横向波动状态前的发展阶段资金面比较宽松；（2）可以满足商业化（commercialization）阶段更大规模的资金需要量的资金供给系统（以VC行业为主）很难内生性地形成，在剑桥以及慕尼黑都失败了。在这样的状况下，为了VC行业的外生性创造而采取的政策性措施得到合法化的可能性较高。事实上，以色列的Yozma项目取得了成功，以色列的区域生态系统顺利摆脱了横向波动。

在得到本章的结论前，先提出如下假设，即下面两个具体应对措施是很有必要的：

假设1：在Stage1，来自规模巨大的政府科学研究预算的资金供给，对于NTBFs的抱团创业和区域系统的构建是不可或缺的。另外，预算的分配方法不是政府依据事先审查只给最好的和最有前途的（best & brightest）企业提供资金，而是向存在竞争关系的多个NTBFs广泛提供资金，采用在开放的竞争环境中（以开放的淘汰赛方式）决出最好的和最有前途的企业这一选拔方式是必不可少的。另外，就优胜者的产品（或者服务）而言，在很难从民间产生买主的情况下，由政府实施公共采购制度也是很有必要的。

假设2：在Stage2，不仅提供远低于政府科学预算资金额度的资金是必要的，而且为了自主参与扶持NTBFs，由民营VC提供资金也是不可缺少的。民营VC基金（或者PE基金）从当前的商业模式转向为努力摆脱横向波动的NTBFs提供资金是相当难的。采用"基金中的基金"形式的混合基金来填补资金缺口是很有效的。

接下来，第2节将概述剑桥和慕尼黑的区域生态系统的规模以及VC行业的情况，探寻所有区域生态系统都处于现在的停滞状态的原因。第3节将概述以慕尼黑的生物学领域为中心的区域生态系统从20世纪80年代中期开始至今向NTBFs提供资金的大致情况，探寻在慕尼黑VC行业的内生性形成以失败告终的原因。第4节将概述在以色列如何外生性地形成VC行业，并深度解剖采用"基金中的基金"形式的混合基金——Yozma

的制度设计。第5节将确定通过以上分析得出的政策性意义，并具体考虑
其对日本的启示，以此代替结语。

5.2　欧洲区域生态系统的规模以及VC行业的对比

本节将聚焦于在欧洲构建区域生态系统的典型区域——慕尼黑和剑
桥，并把以色列和硅谷作为标杆来把握其规模和VC投资的水平等。

如表5-1所示，欧洲的区域生态系统的规模比预想的小。即使是剑
桥，与以色列相比，就业人数仅为其1/5左右，VC投资仅为其1/6左右；
而与硅谷相比，就业人数仅为其1/8左右，VC投资仅为其1/13左右。与
以色列和硅谷相比，在VC投资方面有很大的差距。这表明，在剑桥，
VC投资的存在没有达到应有的水平。可以说，剑桥区域生态系统内的资
金循环对研究资金的依赖程度比对VC投资的依赖程度更高。

表5-1　　　　　　　　　　产业集群的规模对比（2006）

慕尼黑的产业集群和其他典型产业集群的对比

	高科技领域的就业人数	VC投资额（百万美元）
慕尼黑	2 420	67
剑桥	43 000	260
以色列	238 000	1 622
硅谷	336 300	3 600

另一方面，慕尼黑是专注于生物学的区域生态系统，其规模比剑桥更
小。与剑桥相比，就业人数约为其1/18，VC投资约为其1/4。

综上所述，总体来说欧洲的区域生态系统的规模较小。表5-2根据
VC的投资水平，列举了欧洲排名前十位的区域生态系统，但剑桥和慕尼
黑以其不大的规模都成功进入了前十大区域生态系统之列。欧盟委员会
（European Commission，EC）最新的报告中指出，EC范围内的区域生态

系统的构建策略在多个地方只形成了规模极小的区域，无论哪个区域在规模和内容上都无法与硅谷相匹敌，因此有必要重新审视复制硅谷政策并锁定地点。

表5-2   根据VC投资水平排名的欧洲前十大区域生态系统

	VC投资的企业数量	VC投资额
1	伦敦	伦敦
2	巴黎	巴黎
3	斯德哥尔摩	特拉维夫
4	特拉维夫	斯德哥尔摩
5	赫尔辛基	哥本哈根
6	哥本哈根	剑桥
7	慕尼黑	都柏林
8	柏林	柏林
9	剑桥	赫尔辛基
10	都柏林	慕尼黑

资料来源：摘自 Cambridge Cluster Report 2007.

各个区域生态系统的就业人数和VC投资额受宏观经济环境和金融市场动向的左右。由于比较的仅是各个区域生态系统在某一时点的规模，其特征可能会看错，所以有必要选择多年的数据进行对比。2000—2001年发生的IT泡沫破裂，对各个地区的区域生态系统都产生了极大的影响，其影响至今依然存在，特别是各个区域生态系统的VC投资额都由于IT泡沫破裂后宏观环境的变化而一落千丈。

图5-1显示出剑桥、慕尼黑以及以色列（为了限定于以色列国内的VC投资额，未包含海外VC对以色列国内企业的投资）在1999年以后的VC投资额的变化。2000年以色列的VC投资额超过12亿美元，表明以色列VC投资的重心是IT相关领域。无论在哪一个区域生态系统中，VC投资额都在2000年到达顶峰，然后开始减少，下降的趋势一直持续到2003

年。这一趋势在这三个区域都能看到。2004年以后，以色列的VC投资情况有所好转，而剑桥和慕尼黑的VC投资依然没有止住下降的趋势。

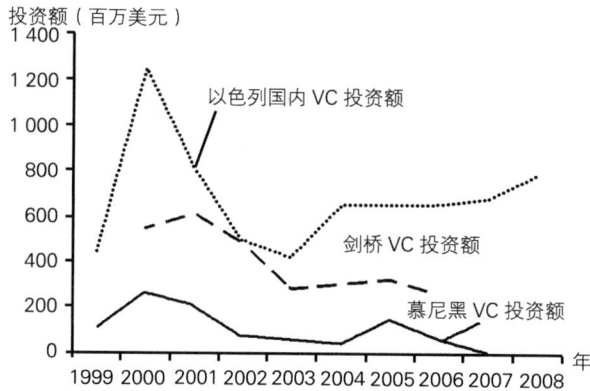

投资额（百万美元）

图 5-1　VC投资额的时间序列变化

在剑桥和慕尼黑，VC投资额减少也给NTBFs抱团创业造成不利影响。如图5-2所示，剑桥的高新技术产业中抱团创业的企业停留在每年不到20家的水平。并且，在慕尼黑抱团创业的企业减少到10家以下。考虑到破产企业的数量，据BioM的数据显示，如今慕尼黑生物学领域的风险企业数量已经下降到不足100家的水平。

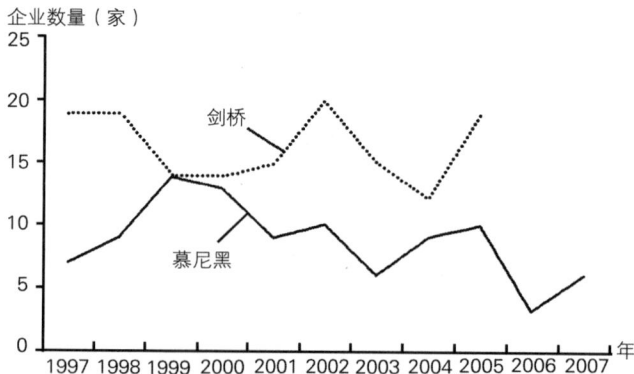

企业数量（家）

图 5-2　高科技企业的产生

为什么以色列正在迅速摆脱IT泡沫破裂后的停滞状态，而剑桥和慕尼黑的停滞状态还在延续？表5-3总结了各个区域生态系统的特征。无论是大学的研究水平、人员的招募能力，还是国际合作，剑桥都优于其他两个区域生态系统。而且，从这三个方面来看，除了国际合作，慕尼黑与以色列不相上下。以色列唯一具有压倒性优势的是VC行业的水平。后面将详细叙述，以色列在1993年实施的Yozma项目取得了成功，该项目所衍生的各个VC公司，至今全都进行过数次资金融通，作为VC获得了一定的实际业绩和评价。这些VC的资金融通，即使在这次的停滞状态下也没有中断，可以说VC行业的活动呈螺旋式上升。

表5-3　　　　　　　　　　　　各个区域生态系统的特征

	大学的研究水平	人员的招募能力	国际合作	VC产业	风险企业的产生
剑桥	◎	◎	◎	△	横向波动
慕尼黑	○	△	○	×	停滞
以色列	○	△	◎	◎	成长

与以色列的情况不同，能够投资于NTBFs的VC在慕尼黑大体上呈全军覆没的状态，即使在剑桥也是幸存者稀少。也就是说，2000—2001年设立的VC没有获得任何实际业绩和评价，资金融通也无法继续。因此，如表5-3所示，VC行业的缺失很可能成为NTBFs抱团创业的瓶颈。

如果假设区域生态系统的发展曲线如图5-3a所示，那么可以说剑桥、慕尼黑的区域生态系统在构建过程中遇到挫折，也就是说停滞在横向波动的状态，而以色列则被公认为已经摆脱了横向波动。从表5-1可知，以色列的区域生态系统的规模远远超过剑桥和慕尼黑。以色列的区域生态系统之所以能够达到这个阶段，其中重要的原因之一就是VC行业的形成。

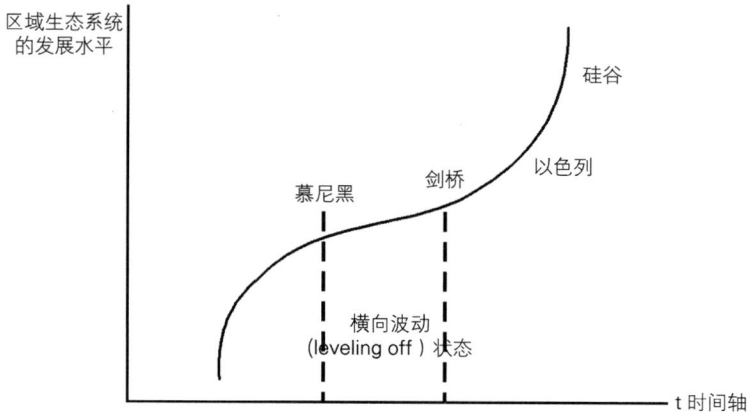

图 5-3a　区域生态系统的发展阶段（1）

5.3　在慕尼黑的区域生态系统中形成 VC 行业的尝试

作为专注于生物学领域的区域生态系统，慕尼黑被认为是欧洲的四大基地之一。其他三个分别是英国剑桥、瑞士以巴塞尔为中心的地区、丹麦哥本哈根周边（瑞典南部的一部分地区也包含在内）。本节将概述从 20 世纪 80 年代至今在慕尼黑生物研究资金的供给、筹措以及生物工程研发机构（Bioventure）的融资是怎样进行的。

融资的历史最早可以追溯到 20 世纪 80 年代中期。从这个时期以后到现在，根据融资特征的变化，可以将其分成四个时期。

1）研究资金中心期（1985—1990）

在这个时期，在慕尼黑地区与生物学相关的科学研究资金被提供给大约 20 个研究项目，为开展生物学基础研究而筹集的大量资金是科学研究资金。大多数研究项目以慕尼黑大学为中心，与马克斯·普朗克研究所（Max Planck Institutes）、国家环境中心（National Center on Environment）等权威研究机构共同开展研究。

2）NTBFs 兴起期（1992—1997）

以之前的基础研究成果为基础，其中一部分走上商业化之路。例如，

Micromet 公司于 1992 年成立，MediGene 公司于 1994 年成立。由于进入了商业化阶段，与之前的研究经费预算相比，各研究项目都必须筹措巨额资金。

在这个时期，一个巨大的转机来自于 1995—1996 年德国联邦政府施行的生物科学示范区（Model Region for Bio Science）政策，即从德国全国选择数个生物学研究基地，拨付联邦预算。慕尼黑被选为生物学研究的三个基地之一，获得了 2 500 万欧元的预算支持。

在这一富有竞争性的资金政策下，慕尼黑被选为生物学研究的示范区便成为契机，BioM 在 1997 年设立。最初的设立目的是，参与联邦政府经济事务办公室（Economic Affairs Office）2 500 万欧元预算的分配，即怎样将其分配给研究项目（或者风险企业）。虽然资金由联邦政府直接向各研究项目（或者风险企业）拨付，并不集中到 BioM 手中，但 BioM 对于项目以及企业的选定具有巨大的影响力。此外，2 500 万欧元中的 100 万欧元被拨付给 BioM 作为其筹办经费。

BioM 设立时的资本金总额为 850 万欧元，包含前面提到的从联邦政府经济事务办公室获得的 100 万欧元。剩下的 750 万欧元中，25%（187 万欧元）由州政府原始经济开发部门（Barbarian Economic Affairs）出资，75%（563 万欧元）由民营制药企业、联邦储备银行（Regional Bank）、机构投资者等出资。

3）NTBFs 抱团创业期（1997—2001）

最初，BioM 被期待发挥以下功能：（1）参与德国联邦预算向研究项目以及风险企业的分配；（2）支持学术研究者向企业家角色的顺利转换；（3）运用从联邦政府、州政府、民营企业筹集的合计 850 万欧元的资金进行投资。从设立开始到 2000 年以前，五六位投资经理各自投资于大约 5 家企业，也就是总共向大约 30 家企业进行了投资。BioM 在 2001 年创设了以 BioM 为资本运营主体的有限合伙制投资基金，以向 BioM 投入了资金的民营机构投资者为中心，融资额达 1 150 万欧元。

在顶峰时期的 2000 年，新兴独立 VC 接连不断地创设新的基金。很多在海外商学院取得 MBA 学位的外国人（相对于德国人而言）相继创设了大约 1 000 万欧元的生物学专用基金，当时仅在慕尼黑就有超过 35 个基金在活动。还有，传统大型 VC，例如 TVM 和 DVC（德意志银行系列）等也在积极地开展投资活动。据估计，这个时期可以向慕尼黑地区提供的 VC 基金总额约为三四亿欧元。

然而，随着 IT 泡沫的破裂，2000 年前后创设的新兴 VC 基金，大部分由于未能实现螺旋式上升而解散，如今在慕尼黑周边，当时的新兴 VC 基金所剩无几。另外，BioM 于 2001 年创设的 VC 基金的业绩表现也不例外，现在的市值下降到初始投资价值的 60%。

4）泡沫破裂后（2001 年至今）

IT 泡沫破裂后，VC 向生物学领域提供的资金规模迅速缩小。特别是来自德国国内 VC 的投资，包括大型 VC，基本上完全停止了。最新的动向是，一部分海外（主要是美国）的 VC 基金、瑞士等国的大型制药公司、资金宽裕的个人投资者等正在渐渐成为主要的资金提供方。VC 基金的有限合伙人的核心——国内机构投资者的行动非常迟缓，以德国 VC 为资本运营主体（普通合伙人）创设的 VC 基金至今依然面临着十分严峻的形势。

在慕尼黑，在构建区域生态系统的 Stage 1，在宽裕的研究经费预算下，资金供给不存在问题，区域生态系统顺利发展。当初，为了更有效率地分配研究经费预算而设立的 BioM，发挥着支持研究者向企业家角色转换的作用，与此同时，VC 发挥了应有的作用，以 BioM 为资本运营主体的 VC 基金也得以创设。在其感召下，很多独立 VC 陆续在慕尼黑创设了新的 VC 基金，可以预见，VC 行业将内生性地形成。

然而，创设的 VC 基金几乎都没有上佳的投资业绩表现，无法继续进行融资，VC 行业未能形成。虽然联邦政府以及地方政府向 BioM 提供资金，但是在没有 VC 培育政策即把 VC 作为产业部门来培育的政府产业政策的情况下，能否内生性地形成适当规模的 VC 行业并使其扎根于此这样的大型实验，没想到还是如期进行了。从这个经验里能够学到的东西很多。

VC 行业的形成对于避免图 5-3b 中的 Stage 2 非常重要，可是为什么在慕尼黑VC行业未能顺利形成？为什么无论哪一个新兴VC都没有取得足以确立其地位的投资表现，就连最起码的取得实际业绩和评价的程度都没有达到？尽管可以很容易地归因于IT泡沫破裂这样的间接原因，但根本原因在于，新兴VC能够聘请到多少国际社会给予极高评价的机构投资者作为有限合伙人（limited partner，LP）。这里要明确的是，对于新兴VC的成功而言，由强有力的有限合伙人发挥治理作用是不可或缺的。

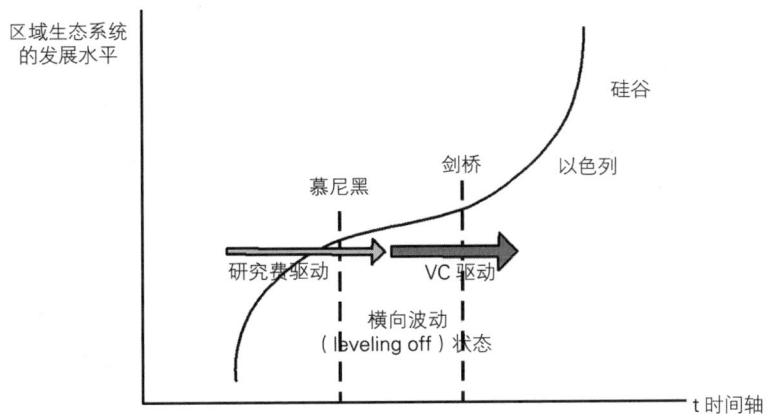

图 5-3b　区域生态系统的发展阶段（2）

5.4　以色列 VC 行业的外生性形成

5.4.1　Yozma 项目实施之前的时期（1993 年以前）

由于本章的重点是VC行业的形成，因此，在对以色列的情况进行分析时，根据VC行业的变迁将其分为两个时期进行论述。这两个时期的分界点为1993年。1993年，作为VC的产业政策，Yozma项目开始实施。关于这个项目，下文将详细论述，此处要说明的是，自该项目实施以来，以色列的VC行业以及高新技术产业都产生了飞跃性的发展。

当然，1993 年之前的积累助推了 1993 年以后的发展，这是不容忽视的。众所周知，在以色列，1969 年首席科学家办公室（Office of the Chief Scientist，OCS）[1]的设立标志着创新科技政策（Innovation and Technology Policy，ITP）开始施行。因此，掌握 1993 以前的情况也是很重要的。首先应该注意的是，与军事相关的需求是使民营企业的研发活动变得活跃的原因之一。Avnimelech 和 Teubal（2004）指出，在必须独自改善军备系统的以色列，培育国内军需产业以及增加与军事技术相关的民间研发投资上升为应当优先考虑的政策课题。在此背景下设立了 OCS。

在 OCS 被设立的同时，"企业研发项目横向财政拨款（Horizontal Grants to Business Sector R&D Program）"问世，这是为民营企业开展研发活动提供的专项补助金，也称为工业企业研发基金（Industrial R&D Fund）。从名称中的"横向（horizontal）"可知，该补助金并不是仅提供给预先指定的特定行业或者特定技术[2]，而是提供给所有企业的各种技术和各类产品的研发活动。只要是被 OCS 承认的研发项目，其研发投资的50%就可以代为支付。毫无疑问，该项目诞生于以色列的技术产业形成这一大背景下，该项目的补助金支出在 20 世纪 60 年代末不超过 250 万美元，到 1996 年时就达到了 3 亿美元（Avnimelech 和 Teubal，2004）。

随着该补助金项目的推广，民营企业的研发活动也变得活跃起来。但是这个时期的以色列，与技术相关的研发重心还在军需上。在 20 世纪 80 年代初期，以色列政府以及民间的所有研发活动（支出）的一半以上都是由军方承担的[3]。由军方开展研发活动有以下优点：首先，军方可以集结到民营企业不敢奢望的大量研究人员，组成各种各样的科研小

---

[1] OCS 是作为工业贸易部（Ministry of Industry and Trade）的相关机构得以设立的，它承担着在技术创新政策、研发政策相关的所有方面长期提供全面指导的作用（Avnimelech 和 Teubal，2004）。

[2] 与"横向（horizontal）"相对应，对象特定的项目被叫作"定向（targeted）"。

[3] 以色列是当今世界上为数不多的军事装备出口大国，以色列企业在 2007 年接受的订单占全世界军事采购额的 10%（IVC，2008）。

组，研究人员之间的沟通自然得到加强；其次，可以与英、德、法等国的类似机构合作共同开展研究，这也是技术转移的好机会；最后，军方的研究活动会将各个技术研究领域内被寄予很高期望值的年轻研究人员提供给民间。

Avnimelech和Teubal（2004）指出，实际上，在以色列，自1985年军事预算开始削减以来，随着军队裁员、军需产业重组，优秀人才待岗和资产分拆的情况越来越多，优秀的研究人员和工程师被提供给民生部门，这为在形成第2个硅谷——硅溪（Silicon Wadi）方面发挥重要作用的企业家人才的辈出奠定了基础。关于军方对以色列软件产业蓬勃发展所起到的重要作用，Breznitz（2002）指出，对于软件产业来说，军方是软件产品的主要顾客。

虽然军需产业方面的研发相对于民用技术研发而言比率更高，但是20世纪70—80年代由OCS实施的工业企业研发基金项目，使得民营企业积蓄了一定的研发投资，也给予了经营民用技术的企业集体学习（Avnimmelech和Teubal，2006b）的机会。特别是从20世纪80年代开始至90年代初期以色列电子产业的发展，被认为是该研发投资积蓄的直接结果。

但是，进入20世纪90年代以后，所谓的硅谷型高新技术产业，随着全球化竞争的日益激烈，以历时20年的补助金项目——工业企业研发基金为中心的创新政策，不一定能确保NTBFs抱团创业、成长、集聚。[①]于是，以色列政府的政策导向从迄今为止的横向补助金供给转为NTBFs抱团创业、成长、集聚的区域生态系统构建政策。政策的焦点正是对硅谷拥有而以色列几乎不曾拥有的VC行业的培育。

这个时期在以色列活动的VC只有几家公司[②]。政策制定者和产业界的共识是，尽管以电子工学、软件产业等为中心，具有发展潜力的NT-

---

[①] Avnimelech和Teubal(2006a)指出，在这个时期，以色列政府将迄今为止的研发项目没有任何成效的原因归结于企业"管理和营销能力"不足。

[②] 例如，Star、Giza、Mofet、Athena、Veritas等。

BFs 很有可能抱团创业，但是 VC 行业发展欠佳将成为 NTBFs 抱团创业、成长、集聚的瓶颈。

基于这种认识，首先于 1992 年实施的以 VC 形成为目的的项目是 Inbal 项目。这个项目的重点是设立政府担保机构（Inbal），政府对 VC 基金出资者出资额的 70% 给予担保。并且，让各个 VC 基金在以色列特拉维夫证券交易所（TASE）上市。随着这个项目的实施，4 个 VC 基金先后创设，虽说其在 TASE 上市，但业绩表现不佳，任何一个基金都没有第二次资金融通的机会，Inbal 项目不得不终止。

Inbal 项目在制度设计方面有很多问题。第一，由于基金没有采取有限合伙制的形式，而是设立了股份制公司，缺乏对基金经理的适当激励机制，特别是当投资成功的时候基金经理能得到什么并不明确，因此无法吸引优秀的人才担任基金经理。第二，制度基础——VC 基金出资者出资额的 70% 由政府提供担保，这减轻了各个公司的基金经理本应承担的投资失败风险（downside），使其融资后的资金运营行为可能产生道德风险。同样，正因为有减轻投资失败风险的方案，所以出现了缺乏经验的 VC 和基金经理应征参与本项目的情况。第三，提供政府担保给投资对象和投资技巧等造成了一定程度的束缚，灵活的基金运营很难（Avnimelech 和 Teubal，2006b）。鉴于上述原因，Inbal 项目在以色列 VC 行业尚未形成之际就草草收场。

5.4.2　Yozma 项目的成功（1993 年以后）

Inbal 项目于 1992 年以失败告终，第二年，政府迅即推出了新的旨在形成 VC 行业的项目，这就是 Yozma 项目[1]。

以色列政府为此项目准备了 1 亿美元，其中 8 000 万美元投向如图 5-4 所示的子基金（drop-down fund，共 10 只子基金），剩余的 2 000 万美元作为政府全额出资的 Yozma 创业基金（Yozma Venture Fund），建立直接向 NTBFs 进行投资的直接投资制度[2]。

---

[1]　Yozma 是希伯来语"Initiative"（初创）的意思。

[2]　Yozma 创业基金有时也投资于子基金的投资对象。

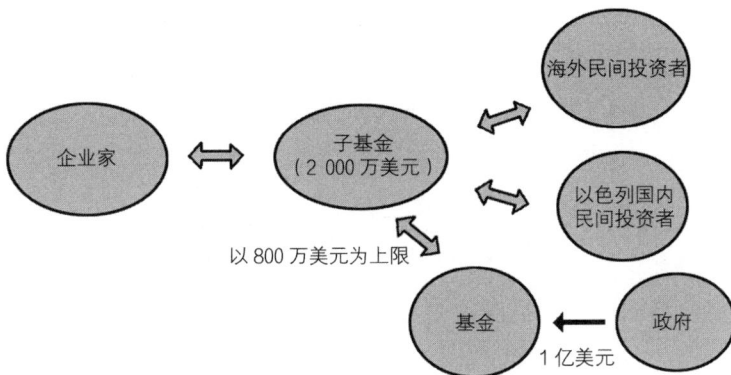

图5-4　Yozma项目的制度设计

Yozma项目的制度特征可以归结为以下四点：

（1）基金的组织形态采用有限合伙制，采取作为有限合伙人的民间投资者和政府机构同时向子基金出资的混合基金形式。向子基金直接投资的是政府全额出资的Yozma创业基金，从而形成"基金中的基金"的形式。

（2）对投资于各子基金的Yozma创业基金的出资额，以子基金的基金总额的四成作为上限，余下的六成必须从已取得高度评价的海外机构投资者和以色列国内机构投资者两个方面筹集。这样做的目的是，使有限合伙人对普通合伙人（general partner，GP）的监控维持在较高水平。

（3）因为必须聘请普通合伙人加盟优秀的VC公司（VC经理）参与策划，所以要加强对普通合伙人的激励。最大的激励是给予子基金在基金创设后5年间购买Yozma创业基金出资部分的期权。事实上，10只子基金中的8只行使了这项权利，实现了完全的民营化。也就是说，如果基金的业绩表现出色，作为普通合伙人和民间投资者，可以获得超过自身出资额的投资回报。

（4）因为采用了"基金中的基金"这一结构，与通常的政府与民间混合基金相比，不仅很可能在投资方向上由于政治压力远离没有效率的创业企业，而且剔除此类投资对象的选择风险也因为海外机构投资者作为有限合伙人参与进来而得以有效防范。

以这样的制度设计为基础的 Yozma 项目取得了很大的成功。表 5-4 显示各只子基金从 1993 年到 2003 年的融资情况和新基金设立情况。在此期间，大部分基金成功进行过三四次融资。每次融资的金额都大幅攀升。这可以表明，各只基金的投资活动仍在继续进行甚至不断扩大。

表 5-4   子基金从 1993 年到 2003 年的融资状况

（单位：百万美元，括号内是基金的融资年份）

	设立年份	第1笔基金（年）	第2笔基金（年）	第3笔基金（年）	第4笔基金（年）	总额
Gemini	1993	36(1993)	110(1997)	200(2000)		346
Inventec	1993	20(1993)	13(1997)			33
Pitango	1993	20(1993)	145(1996)	500(2000)		665
Walden	1993	33(1993)	61(1998)	90(2000)		184
Concord	1994	20(1994)	80(1997)	180(2000)		280
JVP	1994	20(1994)	75(1997)	175(1999)	405(2001)	675
Eurofund	1994	20(1994)	52(1999)			72
Medica	1995	15(1995)	50(2000)			65
Vertex	1997	39(1997)	46(1997)	160(2000)	300(2002)	545
Star*	1989					975

注：*Star 是 Yozma 项目开始之前就存在的 VC，由于一部分基金是由 Yozma 出资的，因此1993 年以后的融资详情不明。

另外，10 只基金中的 7 只在 1998 年、1 只在 2001 年时行使前述购买 Yozma 创业基金股份的期权，实现了完全私有化。

表 5-5 列示了在 2002 年和 2007 年以色列 VC 排名前 5 位的公司。无论在哪一年，Yozma 项目前身的 VC 公司都在前 5 位中占据 3 席。1993 年之前仅有几家公司的以色列国内 VC 行业，自 Yozma 项目实施以来，企业数量飞速增加，并且 Yozma 项目前身的各个 VC 公司，正在引领 VC 行业的发展。特别是在 IT 泡沫破裂后的 2007 年，这些基金显示出存在的价值，并摆脱了 IT 泡沫破裂以来的困境。另外，随着 VC 行业的形成，NTBFs

的新设立企业数的确飞速增加（见表5-6）。

表5-5　　　　　　　　　　　　以色列VC排名

	2002年	2007年
1	Apax Partners	Gemini*
2	Pitango*	Vertex*
3	JVP*	Pitango*
4	Star*	Giza
5	Giza	Sequoia Israel

注：*Yozma项目的前身基金。

表5-6　　　　　　　　　以色列的新设立企业数

	1990	1991	1992	1993	1994	1995	1996	1997	1998	1999
企业数	53	51	85	117	132	165	218	248	308	523

　　Yozma项目取得了如此之大的成功，究竟应该如何评价这一成功呢？下面列出了几个有待解答的问题：

　　（1）Yozma项目是否同样适宜作为其他国家VC行业形成的政策？

　　（2）是否只是因为项目从1993年启动以来碰巧赶上了IT行业快速发展的绝佳时机（在IT泡沫破裂之前很早就开始了投资），才取得如此骄人的业绩？

　　（3）如图5-3a、图5-3b所示，慕尼黑和剑桥未能摆脱横向波动的状态，而以色列却打破了横向波动的状态，其主要原因是否就是VC行业形成的本质原因？或者，区域生态系统得以构建就是因为比慕尼黑或剑桥的资本充足度更高，VC行业的形成单单是一个触发器吗？①

　　下节将给出上述问题的答案，并阐述上述分析的政策性意义，以此代替结语。

----

　　①　如果对于后一问题的答案是Yes，那么在其他区域，如慕尼黑，实施设计完备的Yozma项目，纵然能形成VC行业，也无法摆脱横向波动的状态。

5.5 政策性意义——代替结语

虽然作为复制硅谷政策的一环，各个国家尝试实施了各种各样的旨在形成 VC 行业的政策，但是成功案例却寥寥无几。迄今为止最成功的当属以色列的 Yozma 项目，前文已作介绍。第 3 节就慕尼黑 VC 行业的内生性形成过程未取得顺利进展的情况以 BioM 的活动为中心加以论述。

在此基础上，上一节的最后提出了 3 个需要验证的问题：

（1） Yozma 项目是否同样适宜作为其他国家 VC 行业形成的政策，这是重大的政策性课题。有若干国家推行了（或正在推行）这个政策。智利便是其中之一，在 2001 年实施了与 Yozma 项目的内容大致相同的 COR-FU 项目[①]。但是，没有形成拥有一定规模的 VC 行业。有人认为，这是因为交易流程极度不完善，但是并未详细地分析具体原因。

再举一个英国的例子，企业资本基金（Enterprise Capital Funds, ECF）项目于 2006 年启动。根据 Gill 等（2007）所述，现在 ECF 由 6 个基金组成。ECF 没有演变为"基金中的基金"的形式，而是演变为一般的混合基金的形式。此外，没有明确地给予买方期权。在具备剑桥等区域生态系统构建的前提条件的区域创设了 ECF，作为自然实验（natural experiment），会产生怎样的结果呢？对此，大家都饶有兴趣。因为 ECF 是在 2006 年启动的，所以现在下结论还为时过早。

（2） 关于时机选择能否左右结果的问题，在当今金融市场极度脆弱的关系发生改变的情况下，对于检验像 Yozma 项目这样的方案在什么样的宏观环境下能得以维持来说是很好的机会。这意味着，需要对英国的 ECF 给予关注。

（3） 对于 VC 行业的形成究竟是非常重要，还是仅仅为一个触发器，其他区域系统的前提条件才是根本，很难简单地给出答案。但是，通过前

---

① 关于这个项目的详细制度设计，参见 Meyer（2006）。

面的分析，至少有硅谷和以色列作为区域生态系统取得了飞跃性发展，这个事实是不容否定的。而且，在飞跃性发展的背后能够发现，这两个区域具有其他区域（剑桥和慕尼黑）所不具备的人为的（或者是政策性的）特性。那就是，军需产业对新技术的需求在这两个区域相当可观。

下面把形成以NTBFs抱团创业、成长、集聚为目标的区域生态系统的可能性分为几个层次来分析。如图5-5所示，把构建政策分为3个层次，进而明确各个层次的具体政策的效果，这将有助于今后的政策制定。

- 第3层次：通过政策形成相对于民间而言具有压倒性优势的主导者（存在挤出效应的风险）
- 第2层次：通过政策形成限定的竞争者（限定于民间的触发功能）
- 第1层次：仅完善以形成竞争者为目标的环境

图5-5 旨在形成区域生态系统的各个政策层次

有必要进一步把各个政策层次分为促进资金供给和促进市场的提供（需求的提供）两个方面的政策来加以考察，见表5-7。这是因为，虽然本章以VC行业的形成为核心展开论述，不过，在硅谷和以色列的区域生态系统中，除了VC行业大小相同之外，军需产业以及公共采购制度作为产品市场的提供者都很强劲。

表5-7 旨在形成区域生态系统的各个政策层次的具体政策

政策层次	市场的提供	资金供给
第3层次	军需（硅谷、以色列），公共采购	公共基金
第2层次	SBIR	混合基金、"基金中的基金"
第1层次	？	建立普通合伙制相关法律、天使投资人税制、IPO制度等

关于以公共采购制度为代表的需求面政策对技术创新的出现以及区域生态系统的形成产生的影响，虽然Aschhoff和Sofka（2008）等做过相关研究，但目前研究积淀还不够。但是，如果考虑到资金面政策在第2层次

以外几乎没有任何收效的现实（见表5-8），那么，多管齐下地推进各项政策，如推行旨在外生性地建立资金供给系统的政策，人为地提供NT-BFs所需的产品市场等，对于使NTBFs抱团创业、成长、集聚成为可能的区域生态系统的形成是十分必要的。

表5-8　旨在形成区域生态系统的各个政策层次的具体政策的效果

政策层次	市场的提供	资金供给
第3层次	○	Δ
第2层次	○	○
第1层次	?	收效良好,但其规模偏大

第6章

NTBFs 共同创业和企业家行动

6.1 为什么 NTBFs 没有形成共同创业：着眼于企业家的活动

6.1.1 在日本 NTBFs 的必要性

在世界经济范围内，日本的 GDP 曾占世界总量的约 18% 的比例，但自 1995 年以后比例便持续降低，到 2008 年竟跌至 8%（如图 6-1 所示）。只要日本的经济成长率低于世界经济成长率的水平，并且汇率不变，日本的经济便会持续地低迷。2010 年在世界 GDP 所占比例中，日本落后于中国，中国荣升为"世界第二经济大国"。在作为衡量国民优越程度的人均 GDP 这项指标中，日本也从 OECD 加盟国中的第三位（2000 年）急剧滑落到第十九位[①]（2007 年）（如图 6-2 所示）。

由于经济全球化的作用，在世界市场内"一物一价法则"开始起到一定的作用。一些劳动力较为低廉的国家制造的商品的价格在世界市场上占有优势。所以如果劳动力较为低廉的国家能够供给商品，在价格竞争方面，日本是没有优势的。因此日本是否能制造出一些无论其他国家劳动力多么低廉都无法与其竞争的商品，便成为决定胜负的关键了。日本是否能

---

① 2010 年日元、欧元上浮至第十三位。

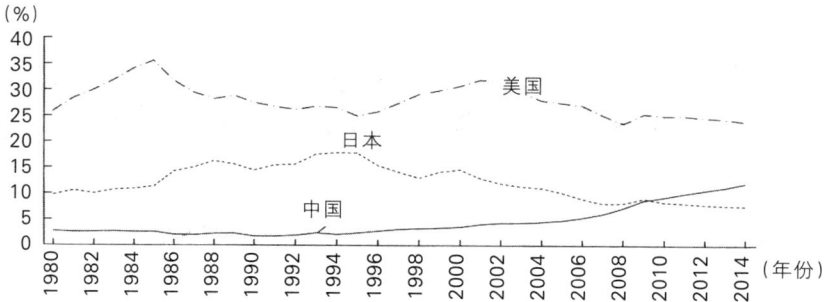

图6-1　各国GDP所占世界经济比例

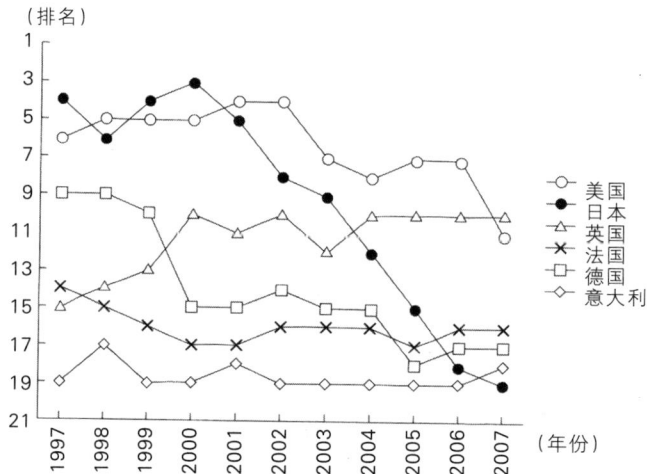

图6-2　主要国家人均GDP在OECD中所占位置

继续推出别的国家无法匹敌、无法效仿的，世界上最高质量的和具有创新个性的独一无二的商品，将决定着日本的未来走向。

　　话虽如此，微软和谷歌的例子暂不用说，一些大型企业是没有办法在不擅长的领域完成突破性和独创性的商品的开发的。因此，在第三期科学技术基本规划（2006—2011）中提出，"以大学发起的、以风险企业为开始的研究开发型风险企业，作为创新的原动力，在新型产业的创造和产业结构的变革、大学等的研究成果的社会还原中担任着重要的角色"[1]，并且被称作NTBFs研究开发型风险企业。

6.1.2　各种支援举措的完备和低迷的创业活动

关于NTBFs，至今为止政府已经采取了各种支援措，具体有：1998年《促进大学等技术转让法》的制定，将大学内的知识产权、技术信息等通过协调互利转让给企业的组织，TLO也开始形成。1999年《产业活动再生特别措施法》的制定，规定在将政府委托的研究成果事业化的情况下，本来由国家持有的知识产权归属给委托的企业（日本版的Bayh-Dole制度）。2000年《产业技术强化法》的制定，使公私立大学的教育人员及研究型公务员双职的体制趋于和缓。另外，2001年5月，经济大臣平沼纠夫在演讲中发表了"平沼计划"（面向新市场、雇用产出为重点的计划），即从2002年开始的3年间，让大学生建立起1 000家风险企业的"大学起步风险1 000家企业计划"[2]。接下来，2003年国立大学法人法等相关6项

---

①　2011年8月议会决定的第四期科学技术基本规划中对于研究开发型风险企业的重视一直持续。具体措施如下：

"5.面向科学技术创新推进的系统改革

（2）关于科学技术创新的体制构建

①面向强化事业支持的环境整备。

将先进的科技成果进行有效利用的这种创业活动的活性化，即产业的开创与雇用的产出，在经济活性化中占有重要的作用。然而，近几年来，由大学发起设立的风险公司，由于人才稀缺和资金保障等问题，公司的数目急剧减少，创业环境的严峻急剧增加。因此，为了以先进的科技为基础，获得更多的支持，从研究开发的初级阶段开始，到事业化的形成，要加强对风险公司环境整备的支持。

推进方法：

国家整备了综合性的基础活动：如针对创业者的精神面貌、创业者的体验教育等方面的人才培养，邀请专家协助法律义务、知识产权、资本战略相关的后期支援（网络构造）。另外，针对大学发起的风险企业，管理团队的形成和从事这一行业的人才培养、市场方针、资本战略、知识产权等所有综合项包含在内的商业战略的构建等，国家在经营战略方面都会进行全面关注并支持。

国家作为将先进科技成果事业化的机构，在《中小企业技术革新制度》（SBIR制度）中，表明要推进多层选拔方式的导入。因此，各省市就研究开发预算中的一部分、一定比例或是一定份额，进行了讨论并采取了导入多阶段选拔的方式。

国家为了取得风险企业活动的活性化，在强化更有效地将风险资金提供给此机构的同时，也尽可能通过讨论，形成一种科学的机制，即根据创造出研究成果的个人资本、同为知识产权等无形财产能够出资的机构，以及赞助方投资的补充也包括在内，讨论新风险企业的支持政策。

国家为了在市场有限的公共部门推进创新，利用技术是一方面，另一方面还要构建一个与同样拥有技术的研究开发机构合作的系统。"

②　同一规划，至2005年3月末，已实现了达到1 099家公司的目标。

法律设立。2004年4月国立大学被法人化，推进了经营改革。

在上述行动基础上，根据科技振兴机构形成的大学发起风险企业的创新事业的推进，中小企业推出的《中小企业技术革新制度》（SBIR制度）及赞助商税制，日本政策金融公库推出的挑战者支援融资制度等，包括NTBFs在内的面向风险企业的支援，使得从商讨经营到融资、出资、赞助金、税制支援等各种各样的支援项目接近完备。在制度层面比较的话，现在日本的创业环境与其他发达国家相比并不逊色[①]。

然而，虽然这样完备的支援制度在不断推进，日本的创业活动并不是很活跃。日本的开业率自1980年后期的经济危机以后就一直持续低迷（如图6-3所示）。据世界企业家研究关系网GEM称，日本的创业活动率，自1999年调查开始以来，在发达国家中就一直处于最低水平（如图6-4所示）。另外，野村研究院每3年进行一次的10 000人的调查报告也显示，日本人的创业意志自1997年调查开始，一直处于较低水平。[②]

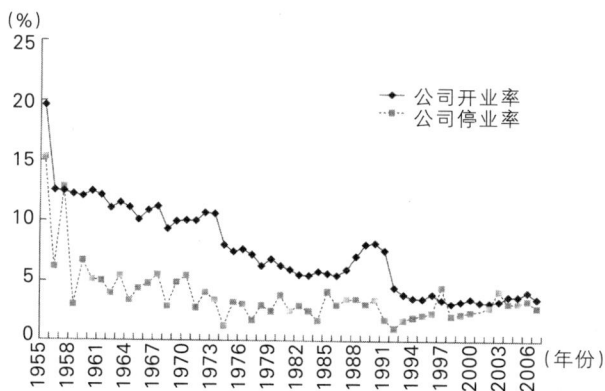

图6-3　公司开业率和停业率的趋势

---

①　根据这样的情况，美国 Angel Capital Association 的董事长 Peter 讲道：在制度方面倒不如说日本一方的更为先进。（2008年11月，日本投资研讨会《在日本面向赞助方投资课题和赞助方关系网构造的对策》）

②　同步调查称，比起在一流企业工作，更愿意自主创业的人的人数比例：1997年为49%，2000年为45%，2003年为43%，2006年为40%，2009年持续降至35%。

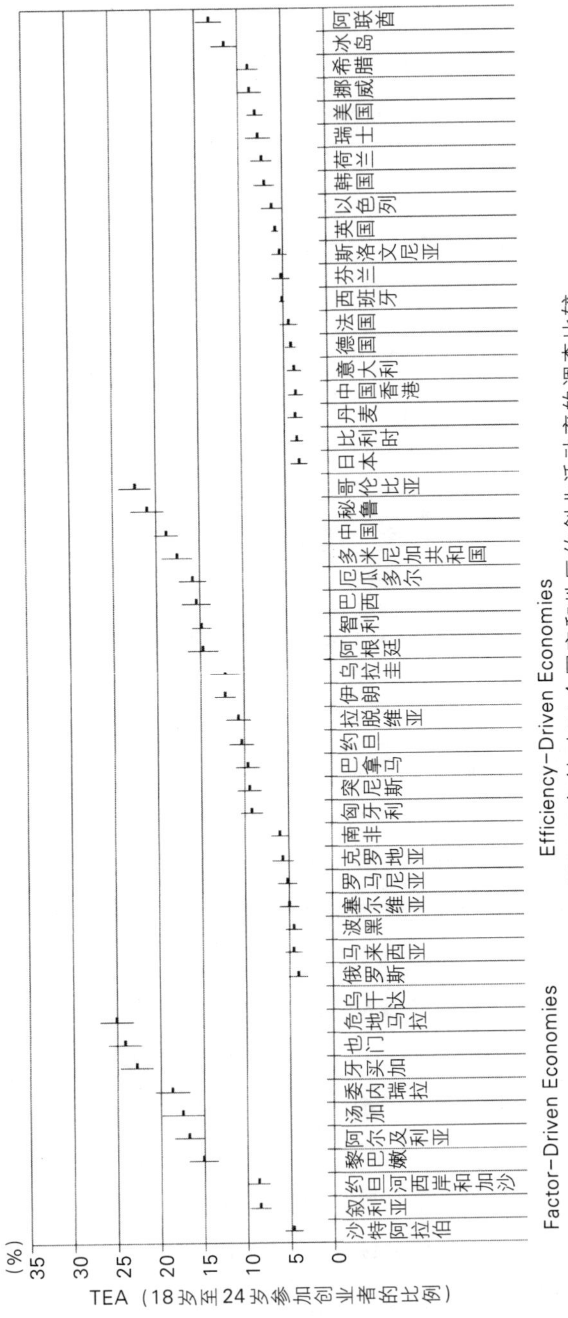

图6-4 GEM于2009年针对54个国家和地区的创业活动率的调查比较

大学发起的风险企业的设立数目，据经济产业省的《大学发起的风险企业基础调查报告书》（如图6-5所示）称，2004年达到最低，NTBFs无法形成集聚产业的形势。这又是为什么？

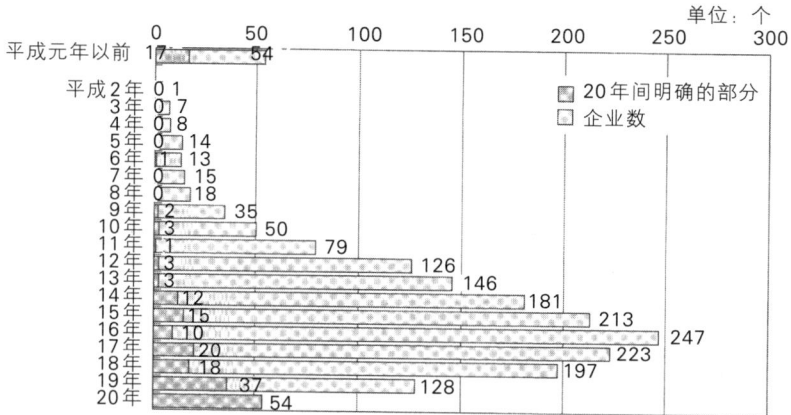

图6-5　大学首次风投每年设立风险企业数目的变化

资料来源：GEM Executive Report 2009.

6.1.3　着眼于企业家的活动

如果支持创业的支援制度的完备与创业率的提升有直接联系，那么日本的支援制度假如能在各种支援政策上进行明显改善的话，创业率（公司开业率）会提高，大学发起的风险企业数目也一定会增加。当然我们不能否认自2008年雷曼危机以后的基本经济萧条状况，给创业带来了一定的影响。如果说只要制度完备就能提高创业率的话，那么制度完备也只能是创业活动增加的必要条件而谈不上是充要条件。那么，如何才能构成充要条件呢？我们把创业活动比作植物发芽，如果无论给农田洒多少水也不能长出嫩芽（支援制度完备却无法创业）的话，那可能是因为种子原本就是坏的（没有企业家），或者不具备发芽的3个条件，即水、温度、空气不具备。水分不足——事业机会缺乏；气温低——即使创业也不会成功；空气不够——没有创业期望的环境。

在本章，在我们主张着眼于企业家行动的创业模式的同时，我们也会进一步考察：为了有效地增加创业活动，研究存在哪些不足、应该怎样去改善等问题。

6.2 风险企业的创业模式

6.2.1 先前研究的整理

关于风险企业的开创，至今为止学者已经进行了很多研究，根据企业经济学者的研究和劳动经济学者的研究，可分为两大系统：

前者的研究认为，由产业构造规定企业行动，由企业行动规定成果的这种将分析因果关系作为一种框架来应用。比如，D.Storey 在参加企业活动时使用 Orr（1974）的模式，也就是：E=f（π，BE，GR，C）。

这种模式被称为 Storey 1994。这里，E 为企业参入，π 为利益（＋），BE 为参入壁垒（－），GR 为成长率（＋），C 为集中度（－）。在这个模式里，利益越高，参入壁垒越低，成长率越高，集中度越低，全新参入率（开业率）越高。

后者的研究认为，新型创业是通过劳动市场，由个人做出的一种判断，受工作经验、动机、个性、家庭环境、社会规范及社会地位等各种各样因素的影响。Storey 认为在多种主要原因中，个性、个人资本（工作经验）、民族特征是最重要的（D.Storey，1994）。

6.2.2 GEM 的创业模式

这里所谓的创业模式，我们采用的是 GEM 模式[①]。GEM（2007）是以 Wennekers 2006 模式为基础而产生的创业模式，是一边吸取企业经济学的要素，一边又运用劳动经济学要素的一种模式。

在 GEM 中，创业模式受外部环境影响，分为两种：（1）因失业、解

---

① 1999年，以美国大学和英国伦敦商业学校的投资研究者为中心，组成了国际研究团体。它负责解释投资活动成长的过程和投资活动活性化的原因，并以对国家经济成长、竞争力、雇用等的影响进行定量的测定为目的，每年发表 Executive Report。2010 年在 59 个国家和地区进行了调查，日本经济产业省，VEC（投资公司中心）和庆应大学教授协助了调查。

雇等原因被迫创业（生计确保型）。（2）捕捉到商机而进行的创业（事业机会型）。事业机会型这种创业主要是以下几种情况：企业家发现了商机；自己有创业的能力；创业即可获利；有承受失败的能力。综上所述，创业者加深了创业的信念，从而进行创业。

然而，创业者虽说已经有了创业的准备，但也不能立刻就能成立一个公司。GEM称公司成立前的企业家为Nascent Entrepreneur（准备期的企业家），公司成立后的企业家为Owner-manager（公司成立后3.5年内），把从18岁到64岁之间发起创业活动的人的比例定义为TEA。这样一来，TEA高的国家便可以被认为是创业强国，如图6-6所示。

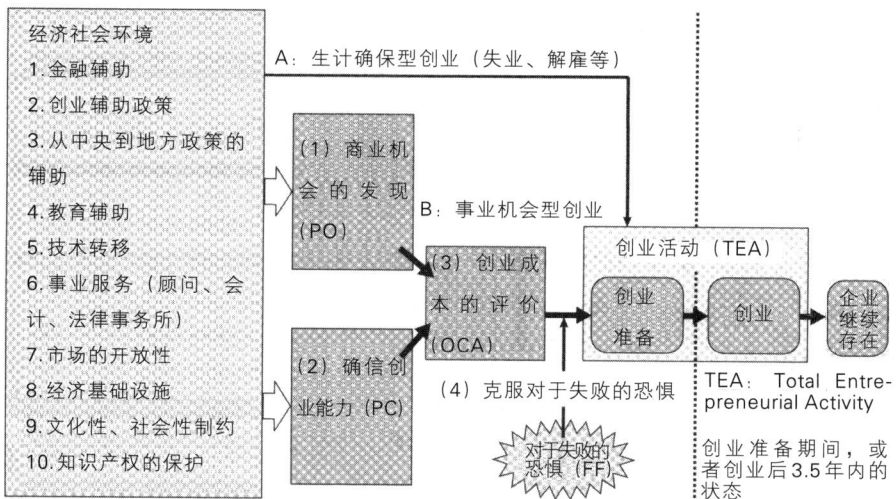

图6-6　GEM的创业模式

这种模式用公式表示为：

TEA=RN+RO[1]

　TEA：创业率（18岁到64岁的创业者占全部创业者的比例）

　RN：生计确保型创业率

---

[1]　GEM（2008），根据RN和RO的定义，人均GDP上升与RN下降表示着RO上升。

RO：事业机会型创业率

另外，RO是企业家在综合考虑是否有商机（PO）、自己有能力创业（PC）、创业能获取利益（OCA）、能克服失败恐惧（FF），这4点之后得出的结合概率。

RO=f（PO，PC，OCA，FF）

PO：对象者中考虑有商机的人的比率（+）

PC：对象者中考虑自己有创业能力的比率（+）

OCA：对象者中判断创业能获取利益的比率（+）

FF：对象中克服失败恐惧的人的比率（+）

因此，将这两个公式合并为创业方程式：

TEA=RN+ f（PO，PC，OCA，FF）

6.2.3　日本创业活动低迷的主要原因

如图6-4所示，在发达国家之列中，日本的TEA最低，据前项导出的方程式来看，导致这一结果的重要的原因是什么呢？

表6-1是GEM（2010）对世界各国企业家活动的各种指标的比较。由此看出，日本在所有PO，PC中，处于发达国家最低水平。据这一数据，今后3年内考虑创业的企业家预备军比例也仅为2.9%。

与其他发达国家相比，为什么日本围绕企业家活动的各种指标值如此之低呢？这可能是由于各种原因（如文化背景差异等）导致的（如图6-7所示）。其中有一个强有力的假设说法——"合理选择假设说"，即在现在的社会经济环境下原本不能创业，因此企业家对于创业的热情较低，当然对商机的关注度也很低，就没有必要提高创业能力了。

在现在日本社会的环境下，创业到底是不是一个理想的选择呢？

创业评估即将通过创业所得的利益和损失，从金钱方面、自由程度和社会地位等进行综合性的评估。例如，根据劳动政策研究·研修机构资料显示，在从业人员达到1 000人以上，员工至少大学本科毕业的大企业中工作的人员，其职业生涯总收入预计达到4亿日元（租金约3亿日元，退休金、年终奖金等约1亿日元）。然而，创业的机会费用（如果不创业能得到的利益）是"4亿日元−至此所得收入"，如果通过创业不能得到比不

表6-1　　　　　　　　　　世界各国企业家活动指标（%）

	认为有商机	认为自己有创业能力	害怕失败放弃创业	预计三年内创业	创业时有更好的职业可选择	创业者的社会地位高	媒体关注创业活动
日本	5.9	13.7	32.6	2.9	28.4	52.0	58.5
意大利	24.7	42.4	36.8	4.0	69.1	69.3	37.7
英国	29.2	51.8	30.3	5.1	51.0	76.7	52.2
荷兰	44.8	45.5	23.8	5.5	85.4	68.6	60.9
西班牙	18.8	50.2	36.4	5.8	65.4	62.5	40.7
丹麦	46.4	40.7	31.5	5.9	N.D.	N.D.	N.D.
芬兰	51.1	39.5	28.6	5.9	46.1	86.5	71.4
爱尔兰	22.5	49.2	33.4	6.1	51.8	81.5	61.1
德国	28.5	41.6	33.7	6.4	53.1	77.1	49.0
瑞士	33.3	43.9	27.0	6.7	64.9	76.4	50.6
挪威	49.8	40.4	26.6	7.6	57.8	70.7	67.2
美国	34.8	59.5	26.7	7.7	65.4	75.9	67.8
比利时	39.6	44.9	35.1	8.2	60.0	51.2	45.7
瑞典	66.1	42.4	28.9	8.5	56.9	71.6	60.8
斯洛文尼亚	26.8	56.3	27.5	8.7	53.2	73.7	56.2
澳大利亚	45.7	53.2	35.8	8.7	57.0	68.4	70.5
葡萄牙	20.3	52.1	29.7	8.8	67.5	70.5	52.6
韩国	13.0	29.0	32.5	10.1	67.6	71.3	61.4
希腊	15.9	52.2	50.9	12.8	65.6	70.2	34.5
以色列	35.2	41.6	46.0	14.1	61.3	73.0	56.3
法国	33.9	37.3	40.5	14.2	65.2	67.9	44.7
冰岛	48.7	49.0	33.7	15.7	51.2	60.9	66.6
平均	33.4	44.4	33.1	8.2	59.2	70.3	55.5

创业更多的利益，那么从大企业里独立出来的这种创业，从经济范畴上讲就不能说是一个理想的选择。

百万日元

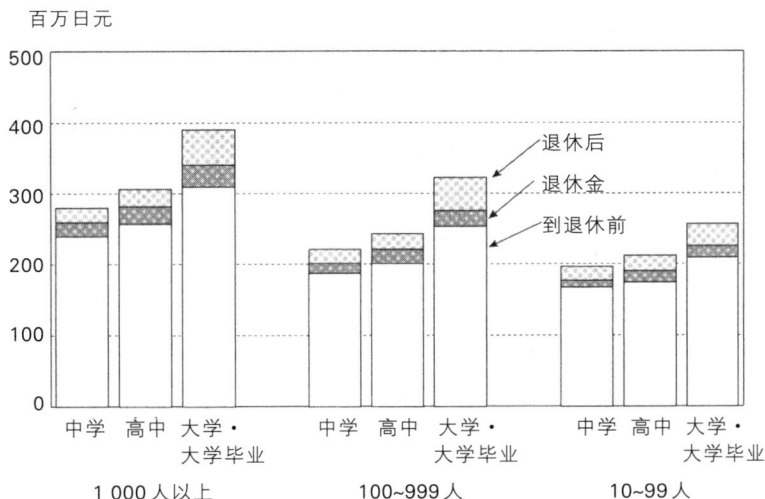

图6-7　企业规模·按学历区分的职业生涯收入

图6-8显示了因换工作而使退休金减少的幅度。在日本现行制度下，员工工作超过一定年限以后，退休金大幅度增加的企业较多。如果员工在40~45岁换工作的话，其工作年限会变成原来的约1/2。所以，所有的企业规定的工作年限变得没有原来要求的那么长了，减少比例也就变大了。大学毕业的人在40岁左右进行创业的，假如创业失败，即使运气好些，在别的企业谋得一个职位，退休金也将减少至原来的50%，从这点来看创业的经济风险也变得大了。

另外，在风险资金运行困难的日本，从银行借来创业资金，争得个人担保的情况很多，这样的话，创业的公司一旦破产，创业者也会有破产的风险。一旦创业者破产，手头仅可存有99万日元的现金（2004年破产法更正后，由66万日元提高至此）。若没有其他的收入来源的话，创业者的家庭将面临走投无路的境地，社会信用将失去，甚至会遇到讨债的情况，并且在现在的境况下，中老年人即使是想找工作，找到下一份工作也是很不容易的。况且，在现行法律制度下，为了避免有些人再次创业，手头留有投资本金也是不被允许的。

(%)

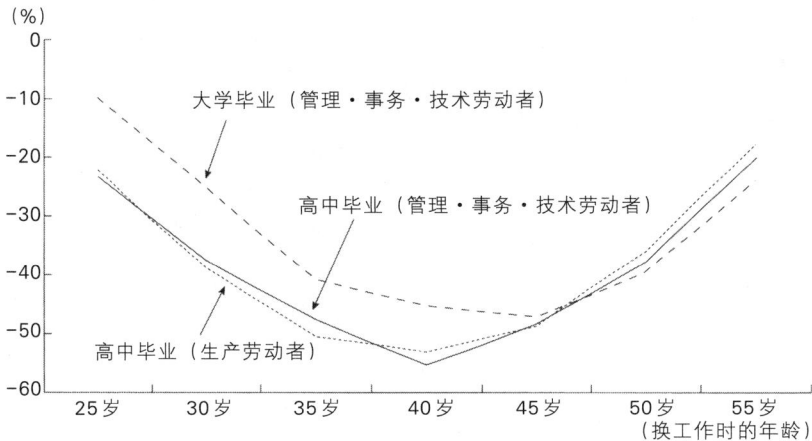

图 6-8　因换工作退休金减少的幅度

　　考虑到这样的风险，在日本的大企业长期雇用惯行的支配性经济社会环境下，创业其实绝不是一个经济合理的选择。相反，像美国那样劳动者保护弱、劳动流动性高的国家，创业的机会费用（遗失利益）以及对失败的恐惧会很低，作为因被解雇等而失业的准备，劳动者创业的意识会很高。

6.3　风险企业的共同创业模式

6.3.1　NTBFs 共同创业模式

　　NTBFs 的成功可以说是 3‰的概率，今后，虽说由于各种政策的推动，NTBFs 的数目多多少少会有所增加，但仅仅如此。实现作为"创新的原动力，对新兴产业的创造和产业结构的变革，对大学等研究出的成果进行社会还原有着重要作用"的可能性还是很低的，可以说只有像美国硅谷那样的 NTBFs 的集聚产业，才能出现像微软和谷歌一样的成功企业。

　　我们假设 NTBFs 的集聚产业为以下 3 种形态：

　　1）作为 NTBFs 的苗床而存在的中心研究机关。

　　2）以中心研究及机关的研究成果为根基。

①因为分立，NTBF进行创业。

②因为NTBF的成功，新人才、资金、研究请求等资源和需要的流入。

3）集聚新资源和新需求量的流入，实现了将新的研究成果和市场需求质量相匹配的目的。因此，会再次出现叫作"新分离企业"的正反馈（扩大再生产）。具体评价指标为NTBFs数目的增加（创业公司数＞倒闭、休眠公司数），我们期望的是每年NTBFs成长率的上升（滚雪球式的递增）和NTBFs的累计。与此同时，为此所制定的政策目标为：根据"NTBFs的集聚产业"形成高新技术产业（如图6-9所示）。

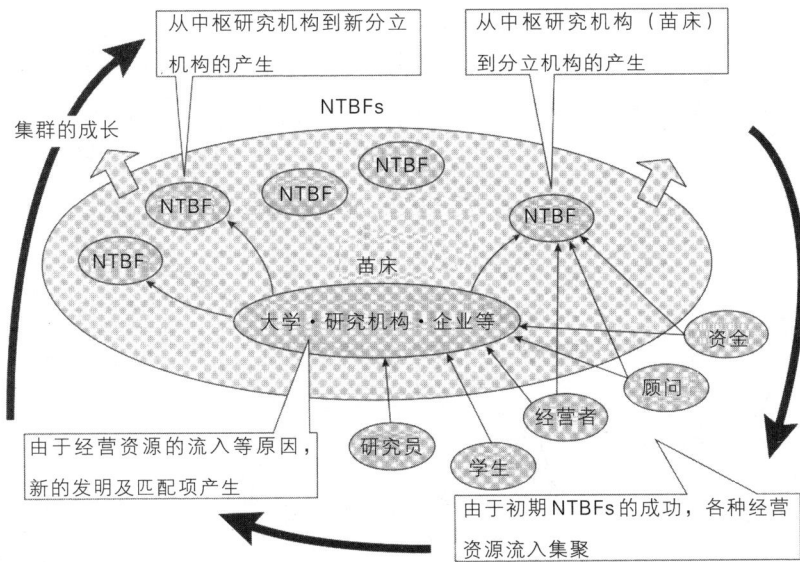

图6-9　NTBFs集聚产业的地域系统

6.3.2　从创业模式到共同创业模式

那么，这样正确的反馈要怎样才能生成呢？

一般情况下，创业事例被称为是对后期创业活动所产生的回馈，即人们看到一些创业事例，对商机的关注度上升（PO上升），心里会想："那个人都能做的话，我也一定能。"这样创业信心便上升了，对失败的恐惧就会降低（PC上升，FF降低）了。这样一来，人们看到创业成功的事例，就会想"我也想创业。"对商机的关注度提高，便也想提高创业能力（PO、PC上升）。另外，如果有过去成功的事例的话，与创业相伴的资金运转等问题也将变得容易了（OCA）。相反，一旦身边的人创业失败或是成功的人因一些原因被逮捕的话，想创业的想法就会变弱（OCA变低，FF上升）。

这种正负向的反馈，在GEM模式中是不被考虑的。那么，关于过去成功和失败的事例究竟给创业带来怎样的影响呢？我们从"外部资源的取得可能性"和"对创业的期待值"来分析考察。

1.外部资源的取得可能性

从日本大联盟的先锋投手野茂英雄的事例来看，任何事情在最初的时候都需要付出很多的努力才能成功。创业也一样，就如前面的例子，如果有提供循环模式、提供建议的人的话，创业多多少少会变得轻松一些。

无论是申请公共性的支援制度也好，还是获知大学或政府负责人最初处理事情的过程也好，想获得一些资料的话，手续是烦冗的，但如果有前面的例子的话，手续就会变得简单一些。

另外，在某一地域如果有一定数目的企业集聚的话，就能够期待将经营顾问、创业投资（以下简称VC）、法律事务所、监督法人、特许事务所等活动活性化了。创业成绩越高，负责人越容易获得创立孵化机构的预算。如果创业继续的话，从外部得到的关注度就会增高，也就更容易实现人才的获得和资金的运转。这样就容易构建和形成企业家关系网和创业支持机构关系网，从一些前辈那里获得的经验及各地具备的地域特色等也就可以活用了。

也就是说，过去成功事例的存在，提高了有形和无形的外部资源（即人、物、财、技、智）的获得的可能性（RA），可以说是这些影响了PO、PC、OCA、FF，提高了创业率，产生了一种积极的回馈。相反，破产等一些失败的案例产生的便是一种消极的回馈了。

外部资源获得的可能性及所涉及的影响如图6-10所示。

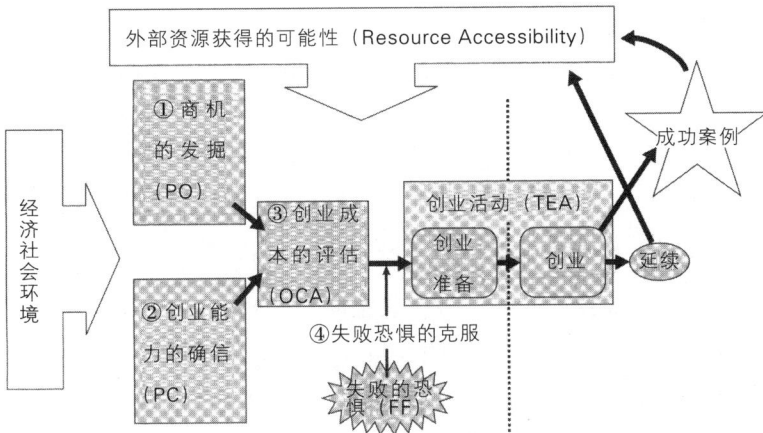

图6-10 外部资源获得的可能性及所涉及的影响

2.对创业的期待感

成功的创业不仅可以提高外部资源获得的可能性，还对人的心理有很大的影响（如图6-11所示）。

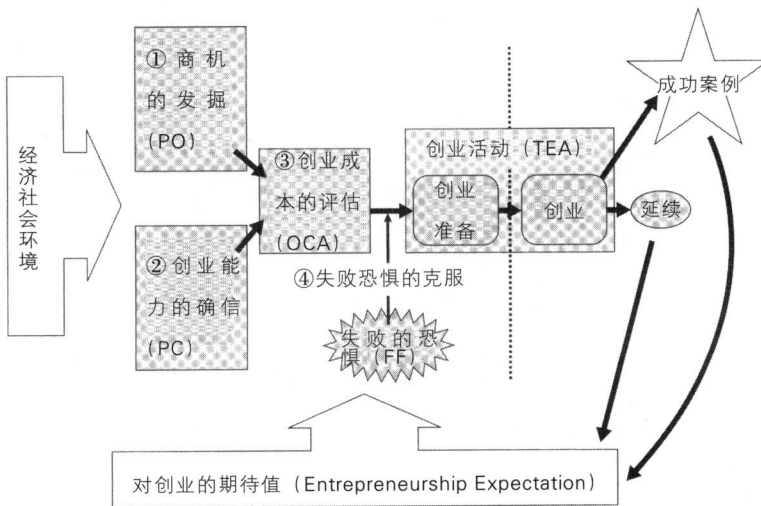

图6-11 对创业的期待及产生的影响

在 B.拉塔耐的社会影响理论中，个人受社会的影响主要有 3 个方面，即影响源的强度 、影响源的"近度"、影响源的数量，用乘法公式来表示就是：

Imp=f（S·I·F）

Imp：个人受社会的影响。

S：影响源的强度：地位及社会势力。

I：和影响对象的接近度：时间及空间上的相近性。

N：影响源的数量：其他人的数量。

这正好适用于 GEM 模式，由于创业行为和创业成功等因素的影响，成功度越大影响越大、越是亲近的人影响越大、创业人的数量越多影响越大。类似于循环模式的成功事例中 S 更强一些，而身边人创业中 I 更强一些。

根据这样的影响，人们对创业的关注、理解和期待值升高的话，关于创业信息的敏感度就会上升，也就容易发现商机（PO 上升），进而全力进行开发，就会想"他要是能的话我也能"（PC 上升）。

"我想开上一部进口车""我想成为有钱人""我想上电视"等愿望以及"创业是为了日本""社会创业者真是了不起"这样的热情变得高涨（OCA 上升，FF 降低）。像这样的想法，我们认为是由于 EE 的上升对 PO 等数值产生的正确反馈。

根据这种讨论，对前面导出的创业方程式加以修正的话，那么把集聚产业模式（如图 6-12 所示）附加上 RA 和 EE，导出的方程式就是：

TEA=RN+f（PO，PC，OCA，FF，RA，EE）

RA：考虑到创业，可以获得必要的外部资源的人的比例。

EE：对创业持关心和期望态度的人的比例。

那么由 PO 到 FF 就是结合率，RA 和 EE 就是对 PO 的影响指标。

GEM 每年在世界各国，以大约 2 000 名成人为采访对象进行调查（APS），将数值以国家为单位进行长期测定。根据 APS2006，各国的 RE 和 PC、RE 和 EE（在这里采用 APS 的两个指标：①人们认为创业是很好的职业选择；②媒体的关注度）之间有很强的关联性。另外，据经济产业研究所 RIETI 称，有创业意向者和创业实现者相比，会有自己资金不足

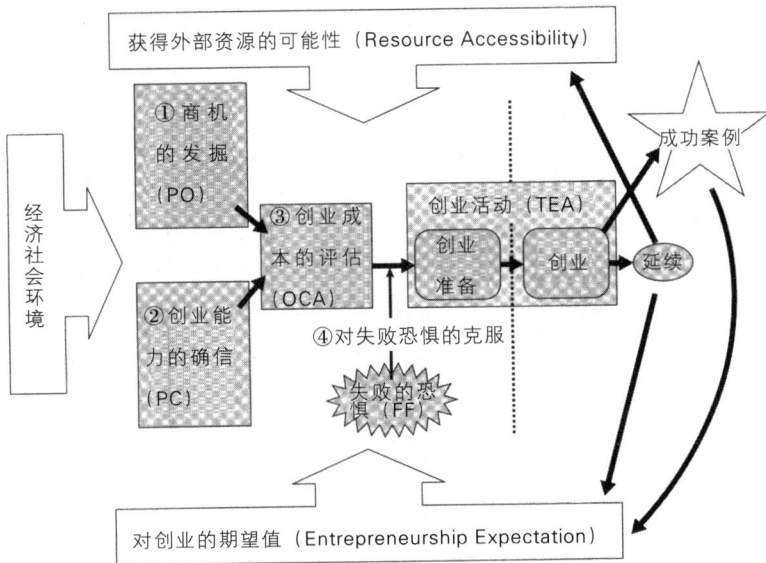

图6-12　集聚产业模式

（意向者64.3%，实现者48%）、商业计划未成熟（意向者38.5%，22.0%）这样的困难。如果他们外部资源（资金和建议）获得的可能性（RA）提高的话，创业的坚定率有望提升。那么考虑到此模式的同时，如果"先天性想创业"占压倒性趋势的话，各项指标的外在操作将变得困难。但据RIETI（2008）称，在创业者中3/4的人都是这种情况："想创业"是在10年之内完成的。因此，创业者的大多数都是看到了机会才创业（后天性的创业）的。那么政策性地调节创业活动率是有可能的。

6.3.3　NTBFs和一般的风险企业的差异

NTBFs与一般的风险企业有以下的区别：

1.新技术集中在特定的经济主体中

因为大多数新技术集中在企业、科研机关和一些大学之中，NTBFs便是从这样的中枢研究机构分立出来自成中心的。

2.技术的开发者并不一定是创业者

对于一般的创业来说，PO的发现者成为创业者的居多。但NTBFs中，研究者未必具备经营能力，研究者不一定就能成为经营者。因此，若想使研究者和经营者专业度的结合行之有效，经营团队的组成也是极其重要的。

3.和服务业的创业不一样，它的初期投资很大，孵化时间很长

新技术大多需要高成本的设备，初期的投资额也很大。另外，技术越是革新，其达到实用化程度的时间便越长，资金运转也变得越重要。不仅如此，那些知识产权容易受到保护的生物化学类的风险企业、大企业垄断比较少的IT类企业以及并不过多的需要综合意见而拿出结论的业种也同样适合NTBFs（Shane，2003）。在产品销售时，企业如果需要和大企业合作的话会伴随着更高的经营难度。

NTBFs的各项指标有以下几点可以指出：

PO：新技术和市场需求的匹配很重要。

一般外部很难了解研究机构内部累积的技术，可以通过学术发表会、产学交流会、企业共同研究等现场方式的推广，促使其他相关企业了解。技术的开发者并不等于将技术实用化的人。外部交流者如果发现技术的有效性也会促成新技术的实用化。

PC：研究者没必要也经营。

PC是不能替代的。即使研究者的PC很低，如果找到可信赖的伙伴——专业的经营者，作为一个项目的PC也会上升。

OCA：与创业相关的眼光和支持很有必要。

成功的创业需要有冷静的市场分析，因此针对技术的"实用化、市场化、产业化"的锐利眼光，以及支持、建议、参谋就很有必要了。大学及教授的声望会促使资源的运转变得容易。所以所有确立的高新技术的周边技术以及著名大学和著名教授等的关系技术可使OCA变高。另一方面，革新的技术也给市场化困难的大企业带来了威胁，所以市场化困难的大企业具有不希望合作的倾向。由于这种革新技术的产生对NTBFs的存在有着重要的意义，即使OCA低也还是需要革新技术和实用化相关联。另外，需要指出的是，对于NTBFs到技术的实用化和商业化所花费的时间会长一些，所以为了提高OCA也就是超越"死亡之谷"，资金供给还是有必要的。

FF：研究者作为兼营而参加的经营活动，可能让FF成为最小化。

一些著名大学创建的风险企业几乎都是大学教育人员获得了兼营许可后参加的创业经营，并不是退休（除去预期退休）后进行的创业。如果大学鼓励兼营，产业技术综合研究所等投机企业组织便会出现并支持创业，那么FF就会降低了。

RA：提高RA使创业活性化。

产业技术综合研究所是由约100家风险企业形成的集聚产业，公共研究机构成立的风险企业的数量在日本是最多的。这是一种经过为期2年的创业计划准备时期，并且自身创业后售后为期5年的、有着一条龙式的复数种类的创业支援，此方式效果显著（木村，2009）①。

EE：身边人创业和创业人员的存在，政府发表的声明对研究者有很大的影响。

即使在NTBFs，身边人创业和创业人员的存在都很重要。据科学技术厅称，技术类风险企业的创业人员约40%是"受到影响而后发家"的。关于自主创业，接受了他人建议的人约占60%，由此可以看出，在NTBFs创业中，环境还是起到了很大的作用的。

另外，正如前面叙述的，经济产业省在积极推动文化科学省工作、根据法人化推进"大学改革"的同时，于2001年5月发表了从2002年到2005年的3年里让大学生建立起1 000家风险企业的"大学起步风险1 000家企业计划"。这类方案在提高参与者的EE上是奏效的。

6.3.4　基于模式的科学的政策

将这样的创业活动形成定式有以下两个目的：（1）为了实现政策目标"NTBFs的集聚产业"，要明确有必要改善哪些指标。（2）在那些指标中，明确哪些指标是可能通过外在操作实现的。例如，通过政策，虽然不能进行直接将PO提高百分之多少，但通过协调研讨等可以间接地提高。

---

① 根据木村（2009），在产业技术综合研究所开始创业准备期的两年中，研究所在支付研究开发经费（补助金）的同时，还进行了"市场·特许调查"资金支持，公司设立事务支持和专家座谈等形式的支持。

为了提高 RA 和 EE，有可能施行创业支援政策和企业家教育、启发、普及活动等。与 NTBFs 产业群支援政策相对应的是，将政策目标指标化，根据模式分析将其有效性进行验证，根据实际投入的政策资源确认其指标的变化，这样的构造（依据数据形成的科学政策）是今后发展的方向。

6.4. 政府的作用

那么，从现在这种"大企业优先＝创业非合理化"的经济社会环境来看，为了变革成为"创业合理化"的社会系统，发展成为 NTBFs 产业群，具体应该采取什么样的对策呢？举例来看。

1.PO 政策

正如生物投资的活跃形势，技术的突破是 NTBFs 创业的源泉。政府在持续加大技术开发力度的同时，为活用未被利用的技术，将技术和商业需要进行匹配会行之有效。

2.PC 政策

在 NTBFs，即使技术者自身没有经营能力，如果能将技术活用而进行创业也是可以的。这样随着技术和商业需求匹配的推进，从外部确保经营人才的供给和根据创业家教育等对经营者进行培育也是当务之急。

3.OCA 政策

我们期待将创业从经济方面中立出来，这样的制度具体包括：将年终奖金的便携化，允许暂停公司业务进行创业（比如不实行产假休假制度，将创业休假制度导入）等。

4.FF 政策

降低失业的风险是必要的。提供即使个人无法保证偿还，但也可以用创业的技术资金等。

5.RA 政策

培养这样一支为了超越"死亡之谷"、以风险公司为首进行充足的资金供给和将研究者的技术商品化而形成的支援队伍是必要的。强强联合实现事例的扩展和共有。

6.EE政策

在将成功案例通过电视等媒介向外介绍的同时，有必要提供些通过表彰制度和商业比赛等门槛低的挑战机会，提高人们的创业欲望。

7.成功事例推出政策

美国虽说比日本的创业活动更活跃，但NTBFs成功的地区也仅限于硅谷和奥斯丁，地域的创业支援系统（区域生态系统）的构造对于NTBFs的成功尤为重要。同样地，在日本将资源集中投入进小的地域（提高RA），提高人才间的相互刺激（提高EE）就很有效。也有涩谷的Bit Valley、札幌的Sapporo Valley等由创业发展成集聚产业的事例，但如果成功事例不能连续，那么区域的生态系统构造的活力也将会失去。因此，在成功案例还在不间断地步入成长轨道期间，持久不断地支援还是有必要的。

6.5　本章小结

本章以政策需要为根基，对NTBFs集聚产业进行必要的政策投入，并通过相应模式加以明确。在这里需要指出的是，所有的创业支援措施虽然在相当程度上被推进实施（田地在被耕种），但只要长期雇用惯行的现状持续，对于研究者来说失业的风险就很大，创业也就未必是一种合理的选择。种子（技术）充足，田地也耕种，但没有水（市场机会缺乏），气温太低（创业费用相对的效果太差），种子也不可能发芽。

然而，由于年薪制的导入和租金曲线的平均化，企业年终奖金便携化等政策的实施，创业费用的相对效果也在逐渐的改善。根据NTBFs至今为止的创业成绩，外部资源的获得可能性正徐徐攀高，远程办公的普及和允许职员开展副业，对于人们开始认真地对职业进行选择也算是一个契机。另外，对于年轻的社会创业者的关心程度也变高了。人们曾因为"堀江贵文"一事，一度降低了对创业的期望值，最近也在慢慢提高。

从面向NTBFs至今，很多人的努力绝不是白费的。"大学发起的风险企业"也已经作为专业用语被使用，得到了人们的认可，从大企业中分立出企业的成功事例也慢慢显现出来。Rogers在应该在哪几类中采用创新的观点中，做出了5中提案：革新者、初期采用者、前期多数者、后期多数者、迟缓者。如果热度再上升些，"初期采用者"也会认为NTBFs创业对自己来说是合理的，创业量增加，受其影响的人们也会开始创业，这种连锁反应便会成为一种现实了。

第7章

面向区域经济联合体构建的人力资源开发

[若林直树]

7.1 序言

在高新技术产业集聚区，为了让担任新技术开发的 NTBFs 崛起，也为了使支柱企业成长，在后备人力资源充足的地域，提供和开发能够研发新技术与推进商业化的研究人员和技术人员被认为是重要的促进条件。在硅谷等高新技术产业集聚区，集聚了来自全球知名大学、研究机构及企业的优秀人才，劳动力市场的高流通性使他们不断地转职，在不断的转职中他们的能力得到提升。但是，从美国竞争力委员会、欧洲复制硅谷政策（Cloning Silicon Valley）以及近年来在世界高新技术产业集聚区的开发来看，在推动商业化相关人才层面，展开了不仅仅是制定供给、开发计划具有重要性，政策性支持也很重要的争论。劳动经济学者 P.Cappelli（1999）指出，像硅谷这样以开发高新技术产业集聚区为先导进而开发知识型人才，不能依存于大企业的内部劳动市场，那么在什么样的地域、如何进行开发，是人力资源开发的重要课题。

日本一直奉行具有国家政策倾向的产业集群政策，所以与区域经济联合体的关联很少，同时与劳动力开发政策的关联也很脆弱。将高流动性的硅谷模式与日本产业集群政策相比较，日本的产业集群政策在地域人力资源开发方面并没有以大学和研究机构为重点进行充分的开展。美国与日本的经济体制在制度上存在着差异，人力资源的开发和供给计划也是不同的，如果只是单纯应用美国硅谷模式的话，效果会很不理想。

构建面向促进NTBFs产业集聚的区域经济联合体，延续了地域性的形式，也就是说，推进在产业集群政策中做出贡献的人力资源开发机制的研究和建立，在研究方面和政策层面都是重要的课题。本章基于可促进NTBFs产业集聚的区域经济联合体，寻找研究开发以及促进商业化的人才和"推进区域经济联合体研究活动的人才"，探讨其地域开发的意义、特征、课题以及政策现状。

7.2　为了区域经济联合体构建，建立人力资源开发和供应机制

7.2.1　活跃研究开发人才的高流动性和自立的人才开发

在构筑区域经济联合体方面，研发和促进商业化的人才在地区集结，人们十分重视发展能够对抗全球化竞争的能力。产业集群理论，即特定领域的产业与特定的研究开发活动在特定的地域单纯的集结。区域经济联合体在人才吸引、开发、供给、转变地区性机制与地区设计方面提供了新的视角。近年来，对于产业集群政策的争论从一直以来对产业集群的思考转变为对可促进研发活动——"高新技术集聚的区域经济联合体"的思考。

因此，拥有可领导高新技术研究和能够很好推进商业化的人才是十分重要的，也就是所说的学者型企业家。扩大和提高研究人员与开发人员的规模和水平支持着地区内研发活动的发展。区域中的咨询公司不仅支持着区域商业化，而且支持着生产与服务。深化相关人才、研究机构、企业、产业团体等组织之间的联系，推进地区研发知识普及和能力的提高。

NTBFs产业的集聚，不仅需要研发人员，也需要经营者，基于此可促进其积极组织经营团队（Aldrich & Kim，2007）。在NTBFs产业创业之初，尝试企业化的研究人员、经营者与管理人员能够迅速地组成高明的经营团队，这是NTBFs创业之初的优势。企业家尝试研究工作即所谓的经

营团队灵活的组织形式是创业之初的重要基础条件。在区域经济联合体中，面向NTBFs产业能否集聚一些能够迅速组建经营团队的经营者和管理者，这是促进地区崛起的重要条件。

但是，区域经济联合体与大企业内部的劳动力市场不同，开发人才能力的组织机构并不发达。一般来说，在高新技术领域技术变化十分地激烈，NTBFs产业虽然具有与先进技术水平相适应的高级专业能力，但内部很难保持其先进性（Cappelli，1999）。另一方面，NTBFs产业为了提高竞争力，存在着必须保留和开发具有一定水平的高级专业技术人才的困境。为了达成一定的组织目标而进行的人才能力开发被称为"人力资源开发"。专业的人力资源开发包括三个方面：（1）学习最新的知识和技能；（2）在组织中能应对职位变化；（3）重视强化专业技术能力（Woodall & Gourlay，2004）。在区域经济联合体中，支撑研发活动和商业化活动的人力资源开发，不能单纯地依靠个人、企业和大学，也要在地区内部寻求解决方法。

7.2.2　支持区域经济联合体的三种人才

传统的产业集聚理论，一般认为研发和促进商业化的人才只能由拥有多方面才能的研究人员担任，但是近年来，不同类型的人才在NTBFs创业之初对怎样组建经营团队展开了思考。根据英国C.Henndori的创新管理理论，人才应该被分为三种（Hendry & Brown，2001、2006），在此笔者认为这三种人才是"推进区域经济联合体研究和开发的人才"，他们是：（1）确定研发战略并付诸行动的研发型人才；（2）在实验、试制、生产方面提供技术支持的技术支援型人才；（3）在市场、知识产权、财务、经营管理方面提供咨询服务的推进商业化人才（见表7-1）。但是这三种人才的供给机制与能力开发机制并不相同。研发型人才既包括单纯的研究人员也包括研究人员出身的经营者。技术支援型人才是进行试验、试制、生产的技术人员。推进商业化人才包括担任营业、会计、财务方面工作的职业经理人，也包括技术顾问、律师、会计师和代办人员。

表 7-1 在拥有高新技术产业的区域经济联合体中
推进研发活动的三种人才

人才种类	角色作用	业种	劳动市场的特征	供给特征
研发型人才	计划与推进有基础性、应用性的研究开发项目	首席技术官、研究项目领导、研究者等	有着基于全球性的知识型专业能力的职业性劳动市场	从大学、研究机关接受供给
技术支援型人才	制订研究计划,以及实用化活动的技术性支持工作	实验技术者、实验技能者、制造技术者等	有着基于技术性资格的传统职业性劳动市场	从地域性高等技术教育机关接受供给
推进商业化人才	辅助商业化的研究开发	商业化支持经营者（CFO、CMO等）,顾问、律师、专利代理人、会计等	国内职业劳动市场	市场供给,或者从顾问企业接受人才供给

这三种人才中,推进研发型人才与推进商业化人员的协作是必要的,但是他们的职业与履历是不同的,供给机制与能力开发机制也是不同的。

第一,研发型人才是在大学、研究机构及 NTBFs 产业中从事相关研发工作,具有高级别专业能力的研究人员。研发型人才在大学、研究机构中推动了先进科研能力的发展。研发型人才是由全球性的专业劳动市场提供的,在全球劳动市场中其研究活动受到评价,同时也积累着自身的履职经验。区域经济联合体集聚了全世界的优秀人才,比如说像来自斯坦福大学那样的研究型大学的人才,并为他们提供接受教育和生活工作的区域。他们从先进的研究课题中汲取经验进而发展自身能力。他们为了提升能力,不断地在企业和研究机构中转职,积累着多重的职业经验,这就是典型的无边界经验积累（超越企业进行经验积累）。

第二,技术支援型人才是具有一定技术能力并得到认证的技术人员。他们在高等技术教育机构或高新技术产业公司的内部劳动力市场中取得专业技术能力的资格并使自己的能力得到发展。因此,技术人员的专业劳动市场地域性很强，一般都是由地区内部来提供技术支援型人才。不过，对于各个地域的生态系统来说，不断开发新技术、新技能是非常重要的。超精加工技术、生命工程学已成为各地区焦点，所以向研究开发活动的地区提供特定的技术也得到了很大程度的重视。

第三，作为推进商业化人才，他们必须具备经营管理新型技术企业的能力和从事市场、财务会计等实际业务及判断的能力。这样的人才供给一般分为三种情况：①内部经营管理者，大多是那些有经验的人和专家级顾问通过应聘等形式进行自我推荐。②提供专业服务人员，大多是由律师事务所、会计师事务所、咨询公司等专业服务机构通过外包合同的形式进行供给。③由支持培训和风险的大型企业，通过介绍或派遣员工的形式进行人才支援。能力开发根据类型不同而有所差异，对于专业服务能力，通常是由专业机关来进行开发，而内部经营管理者和组织介绍的人，则是通过所谓的 OJT 在企业内部进行能力开发。

这三种人才的能力开发方式和开发模式是不同的，有必要成立各自的开发组织并分别进行对应人才的能力开发工作。基于区域经济联合体的角度来考虑人力资源开发问题，一定要注意其差异性。研发型人才，是由全球性的专业劳动力市场提供并进行能力开发的，拥有超越企业环境的经验。对于他们的能力开发，地区最先进的大学、研究机构、高新技术企业可以起到很好的作用。可是，想要依靠区域经济联合体使新技术型企业得以成长发展，就必须切实提供和开发技术支援型人才和推进商业化人才。

7.2.3　日本产业集群政策的现状和研究课题

在世界先进的高新技术产业区，集聚了来自全球的前端技术研发型人才和推进商业化人才，在该地区生成了许多能够促进能力开发的机构。美国硅谷就汇聚了像世界著名的斯坦福大学等研究机构培养出的优秀研发型人才，拥有转职与创业比例很高的劳动市场高流动性特征（根据美国主要的高新技术产业集聚地区，如图 7-1 所示）。可是，近年来的产业集群政策出现，知识型劳动力的开发成为一个很大的研究课题。比如，在美国著名的生物集群北卡罗来纳州三角研究园的产业集群开发机

构——北卡罗来纳州先端技术中心（以下简称NCBC）。NCBC开展的
与产业开发相关的支持事业有：①设施调整；②研究开发支援；③金融
支援；④促进产学合作和网络研究；⑤开发劳动力，热衷于培养实验技
术人员。另外，美国圣迭戈的生命产业团体Biocom也提供人力资源开
发，如企业家教育培训，从事生命技术人员能力开发的项目，并向新兴
企业供给人才。

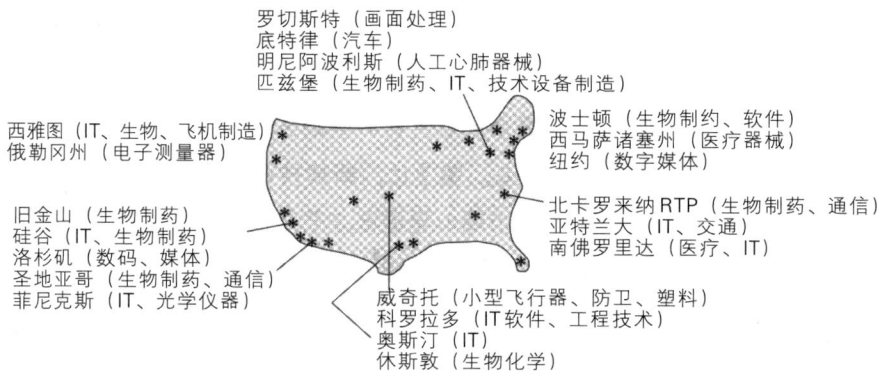

罗切斯特（画面处理）
底特律（汽车）
明尼阿波利斯（人工心肺器械）
匹兹堡（生物制药、IT、技术设备制造）

西雅图（IT、生物、飞机制造）
俄勒冈州（电子测量器）

波士顿（生物制约、软件）
西马萨诸塞州（医疗器械）
纽约（数字媒体）

旧金山（生物制药）
硅谷（IT、生物制药）
洛杉矶（数码、媒体）
圣地亚哥（生物制药、通信）
菲尼克斯（IT、光学仪器）

北卡罗来纳RTP（生物制药、通信）
亚特兰大（IT、交通）
南佛罗里达（医疗、IT）

威奇托（小型飞行器、防卫、塑料）
科罗拉多（IT软件、工程技术）
奥斯汀（IT）
休斯敦（生物化学）

图7-1　美国主要的高新技术产业集聚地区

具有日本代表性的产业集群政策：日本经济产业省的产业群规划和
文部科学省的知识产业群创立事业都是人才培养这一课题的重要组成部
分，它们面向大学和研究机构的研究人员，促进校企合作从而扩大人才
交流。

以前的产业集群政策，主要以促使研究人员向企业家转化和向研究人
员介绍经验丰富的经营者这两种方法为主。可是，这缺乏对地区内研发型
人才、技术支援型人才、推进商业化人才的需求和能力需要的调查，是一
种缺少基于上述调查的大规模劳动力开发政策。在欧美，劳动力开发政策
与地方政府及财政支出有关，所以政策要向地区进行说明，使他们重视地
区内大规模就业发展的效果。然而，在日本这是国家级政策，由于国家对
大学、研究机构及企业创新的政策关心度比较高，扩大就业机会被认为是
次要的背景条件。

7.3　区域经济联合体人力资源开发的特征

7.3.1　硅谷模式的特征

以前，劳动市场和人才培养模式基于高新技术产业集群发展，即以美国为代表的硅谷模式。因此，在高流动性的劳动力市场中，知识型劳动者频繁跳槽，敏锐地察觉革新动向与自觉进行能力开发的活动成为劳动力市场的中心要素。在2000年左右的硅谷鼎盛时期，一名IT技术人员在一个公司的平均工作时间为18个月，这体现了很高的人员流动性。

在硅谷模式下的人才供给开发机制具有5个流通性的特征：第一，为了使以专业新兴技术为基础的研发职位外部劳动力市场得到发展，因此展开了职业培训。从Marsden（1999）的《职业劳动市场》理论来看，专门研发前端高新技术的职业人员，在研究性大学和研究机构中，接受专门的教育培训和考取专门的学位，在专业技术领域获得先进的研发经验使专业能力得到提升。第二，不长期在同一企业中工作，以研发项目为基础，一般为中短期的雇用（Casper和Whitley，2004）。因此，随着项目的结束，不断进行转职的研究人员和技术人员具有极高的流通性特征（Caspelli，1999）。为了促进人才的交流，在高新技术产业集聚区中形成了超越企业界限的研发网络，推进区域间生产知识的传播，提高企业的创新能力（Saxenian，1994）。第三，在企业之间不断转职的过程中，履职经验使专业能力和职位得到提高。这与企业内部劳动市场相比，跨企业的经验是明显的特征（Arthur & Roussean，1996）。第四，研发人员的经验并不只是像以前那样只有管理工作和专业工作的二元化经验，而是像图7-2所示的五元化经验（若林他，2007）。现如今，研究人员非常重视作为项目经理、企业家所积累的经验。第五，为了应对产业集聚区对技术和技能的要求，自觉开发履职经验就成了个人的一种竞争力（Jones & Lichtenstein，2000）。如果企业能够多拥有这种人才，企业革新就会变得很容易。

经历阶段　①实习阶段　②自立阶段　③指导阶段　④资助阶段　方向改变以及想积累经验的方向

[外部经历]

①创业方向

②专业职业方向

作为小规模
项目领导者
的经验

③项目领导方向

④管理者方向

⑤转业方向

[内部经历]

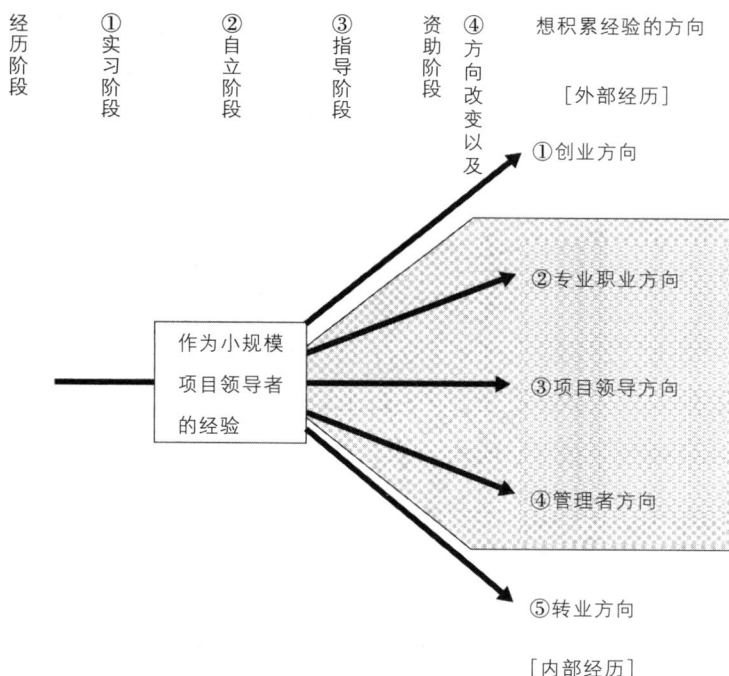

图7-2　多次元/多阶段性的研究系人才经历路程

7.3.2　经济体制差异与人力资源开发

　　研发型人才、技术支援型人才、推进商业化人才不断流动的劳动市场中进行自我能力提升的硅谷型体制，被批判为是英美自由经济市场的独特产物。S.Casper 认为，与欧洲生物产业集群地区的就业机制进行比较，英美自由市场经济体制与德法的社会调整型市场经济体制在人员流动性、人力资源供给予开发、促进革新等方面的效果是不同的（Casper & Whitley，2004）。考虑到日本劳动市场的低流通性，高新技术领域的人力资源开发与供给方法是企业内部劳动市场的中心，因此自由市场经济型的模式很难直接应用于日本的劳动市场。

　　从 S.Casper 的理论来看，硅谷型的高新技术产业地区的人力资源开发结构，是以英美型自由市场经济的高流动性为前提的。在研发人员方面，他们在国际性研究大学中研究、取得学位，以在研究机构和高新技术企业中的研究经验为入口，频繁地跳槽，不断地创业。在雇用方面，企业并不是长期雇用，而是以项目为单位进行雇用，一般都是根据项目的调整而进行流动。这个结构使得研究者们，可以很容易跨越大学、研究机构、企业的壁垒进行联合工作，组成不同性质的研究机构，所以进行激进式创新也很容易。

比如英国的剑桥大学，作为世界著名的高新技术研发活动的集聚地而闻名，在八成进入剑桥大学的研究人员、专家顾问中有四成人拥有3次以上的跳槽经历（Wicksteed，2000），这里是流动性非常高的劳动市场。因此，剑桥大学连续发生资产分派（如图7-3所示）。

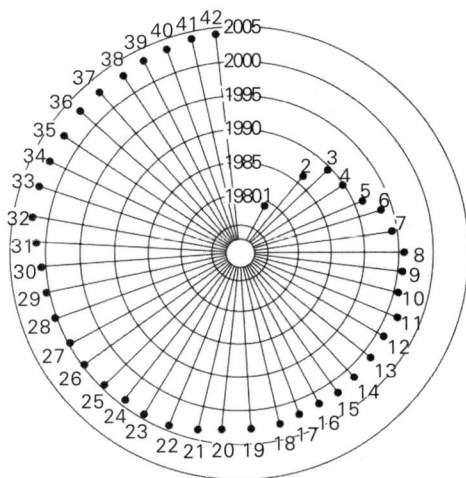

图 7-3　剑桥大学到地区的生物风险企业的分离、独立谱系

另一方面，在德国型社会调整市场经济中的高新技术产业集聚区，研发型人才因为在劳动力市场中的流动性不大，所以和大学、研究机构、企业结成了中长期的雇佣关系，进而形成了一种特殊的技能。

按照所属组织的专业进行研究，在产品领域直接进行研发的机构很多，与面向全新事物的挑战相比，改进性的渐进式改革比较容易进行。根据Casper等人对网状结构的分析来看，为改善近年来比较封闭的劳动市场，马克思普朗克研究所与弗朗和费研究所两所国际研究机构的研发型人

才在网状结构的组成的研究上取得了积极的成果，制造出两个重要的核心
（Casper & Murray，2005，如图7-4所示）。在德国，80%以上的科学家属
于学术机构，虽然他们是学术机构研究领域的中心，面对研究机构提出的
研究课题，他们也要与大学、研究机构、企业等进行联合研发。

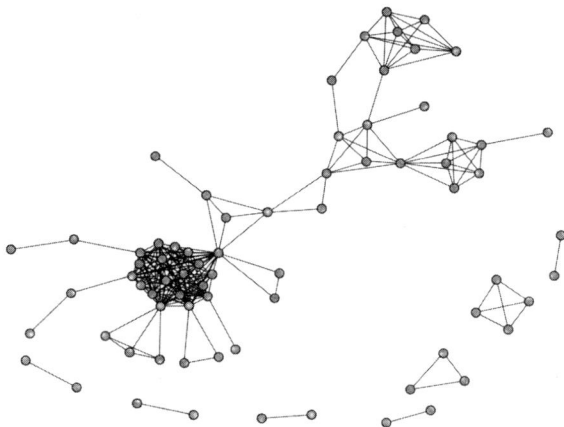

图7-4　慕尼黑的以研究所为中心的研究者网络

　　考虑到现在日本高新技术产业地区的人才开发问题，必须要意识到在
日本研发型人才劳动市场中，企业与大学之间的流动性比较低这一特征。
考虑到日本制度的发展轨迹，可以参考Casper对德国型社会调整经济中研
发型人才供给和能力开发特征的论断。考虑到现在日本在高新技术产业相
关领域中研发型人才的雇用问题，日本在电子电器、化学、制药、软件等
领域，是以中小企业和研究机构中的长期雇用问题为中心，新兴产业中的
雇用问题并不多，对所属企业的产品部门和研究部门的研发领域有很大的
贡献。因此，高新技术产业中的研发型人才在内部劳动市场——企业和大
学中的能力开发技能很强。另外，比起面向性质完全不同的新领域中的挑
战，研发型人才很倾向于在已有的领域中进行渐进式的革新。在此，比起
参考硅谷模式，探讨适合日本研发型人才劳动市场历史沿革的人力资源开
发政策有更大的意义。

考虑到日本劳动市场中的长期雇用意向和企业内部特殊技能开发意向，要发挥现有研发型人才能力开发机制的强项，也要发挥在高新技术领域中原有的大企业和中坚企业的长处，以中长期的观点强化和发展原有的技术领域和产品领域。就像 Casper 说的一样，英美型硅谷模式是面向打破原有市场机制的区域经济联合体（Casper & Whitley，2004）。

与之相比，德国模式与日本模式相似，都是以较长期的雇佣关系为基础的，企业和大学长期强化自己擅长的技术和产品领域，区域经济联合体是一种低水平破坏性的革新，企业和大学就是在这种区域经济联合体中进行人才开发。当今的雇佣关系都是比较固定的，与其自己进行生机勃勃的研发活动，不如超越企业的界限，与不同的企业、大学、研究机构、风险公司之间进行积极的产学联合与战略合作，使知识与技能活跃化是十分必要的。比起高人才流动性，通过扩大产学联合与战略合作，产官学结合与超规模的人才网络结构型交流是有效的。另外，通过业务收购与机构分裂，通过对机构的收购与出售促进了知识技能的转移。至于创业，原有企业和研究机构的研发委托与相关技术开发，试验验证委托等研发外包项目，接收外包项目进行NTBFs创业活动，或许可以说是对刚性需求的一种满足。

7.4　国外基于先进生物产业集群政策的地区人力资源开发

7.4.1　人力资源开发的先进地区

当今，基于欧美生物产业集群开发政策的人力资源开发，并不是以高流通性为基础的自由放任，也就是说产业集群开发组织是基于对能力需求的分析，来促进生物产业集群开发政策的发展的。当然日本在产业集群计划和高新产业创新组织方面采用了相同的策略，部分应用于促使研发型人才企业家化和培养统筹人员方面。但即使是负责产业集群开发的机构也具有研发型人才、技术支援型人才和推进商业化人才，因此其执行人才培养政策的意识很弱。

确实，硅谷的高新技术领域研发型人才劳动市场就是很好的例子，大量的转职促进了技术革新的急速发展，在履职多元化的条件下，单个的企业和教育机构不仅不会推进统一的能力培养，甚至连统一的奖励政策都没有。劳动经济学家 Cappelli（1999）指出，驾驭产业集群的领航员（也就是区域经济联合体研发活动的主导人才），对这些人进行能力开发，因而由谁来策划谁来实施的产业集群理论已经单独成为人力资源开发的一个课题。总之产生了谁对多元化研发型人才的履历结构进行分析、描绘出履历的发展轨迹及是否要执行履历发展政策等问题。当今开发区域经济联合体的政策性课题是，与人力资源开发课题相对应，在特定的地区和特定的技术领域集结具有研发、技术支援与商业化能力的人才，以寻求对人才的培养和发展。

7.4.2　在生物产业集群中的人力资源开发政策

欧美在产业集群开发中解决人力资源开发，即依托于产业集群开发组织而进行。在先进的生物产业集群中，可以发现包括从事生物科技产业、技术服务业、教育产业在内的劳动人员规模不断扩大。

例如，在英国剑桥地区，从 1990 年到 2002 年中期，就业人数从 35 000 人增加到了近 50 000 人。不仅是生物集群产业，与其相关的产业就业人数也增加了。如何支撑就业人数的增加已经成为一个有待解决的问题。在此，以产业集群开发机构与核心研发机关的解决方法为例，探讨其特征。剑桥地区的高新技术产业部门的雇用意向如图 7-5 所示。

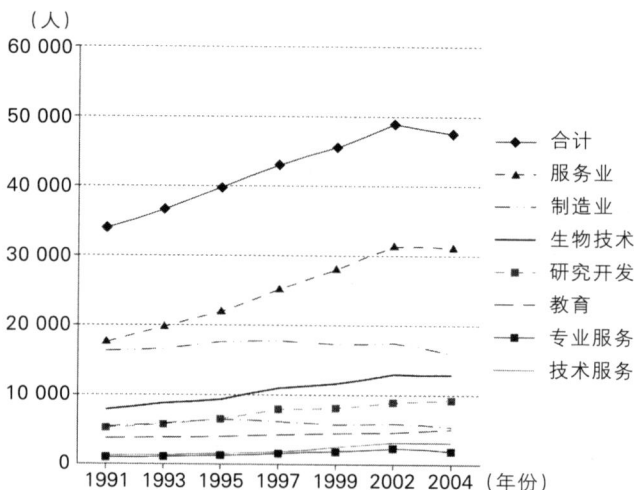

图 7-5　剑桥地区的高新技术产业部门的雇用意向

7.4.2.1　先进生物产业集群方面的人力资源开发政策的组成

近年来欧美的产业集群开发机构不知从何时起，将人力资源开发政策置于企业活动的重要位置。如，英国剑桥、美国北卡罗来纳州、比利时佛兰德等地区的集群开发机构比较有代表性。

支持创新管理理论的亨德利等人在剑桥地区调查生物集群产业的能力开发方式时发现，研发型人才、技术支援型人才、推进商业化人才等职业人才的能力开发方式是不同的（Hendry & Brown，2001）：①研发型人才为了追求其先进性，经常在大学与专家研讨会上进行学习；②实验技术支援型人才和制造技术支援型人才多在当地的技术类学校进修；③文书类人员在职培训是进修的基本方法。由此观之，人才种类的不同，其能力培养的方法也不同。

英国东部地区的产业集群开发机构ERBI（East Region Biotechnology InITiative），在以剑桥大学为中心的地区内，建设生物孵化企业，进行生物产业经营及生物产业布局，促进生物产业创业，同时也积极地提供人力资源的开发培训服务。ERBI是位于英国剑桥地区中心的企业，培训服务同时也面向风险行业。该企业分析培训课程，与专门从事培训行业的人员进行协调，向生物技术行业提供特别培训课程，共提供创业入门、企业经营入门、面向生物技术领域的研究课题管理等8种课程[①]（见表7-2）。

同时也推进地区内大学、高等教育机构之间的合作。

之前举例说明了美国北卡罗来纳州的NCBC，该企业分析生物科技产业的技能需求，与当地的州立骨干大学、20所社区学院、地区职业训练机构等进行提供教育培训的合作。推进担负生物技术研发的试验技术人员与开发技术人员的技能培训，并向他们提供职业培训计划，使约19 000名高新技术人员实现了就业。另外比利时佛兰德的VIB（佛兰德生物技术研究机构）与佛兰德的根特大学及其他4所大学的生物科技部门联合组成

---

①　与ERBI的J.Walker在2008年3月19日的采访。

表 7-2　　　　　　　　　　　ERBI 提供的研修课程

研修课程名
制药入门
经营入门
商业化入门
科学者的发表入门
实验室内的健康、安全管理
面向经营者的健康、安全管理
ISOH 对应的健康、安全管理

进行遗传基因研究的研究机构，该机构拥有 1 200 名研发人员。同时 VIB 也保持着与研发人员职业发展机构的联合，面向全球年轻的研发人员进行领导能力提升等方面的职业教育，由此尝试消除吸引非英语人才的障碍。[①]

7.4.2.2　核心研究机构

核心研究机构也在积极地进行研发人员的技能培训活动。在自由市场经济为基本制度的英国剑桥地区，剑桥大学在 2003 年成立了"创业家教育中心"，积极地向研发人员提供企业家培训课程[②]，如面向剑桥大学的本科生、研究生、博士后研发人员等提供企业家教育课程。2009 年提供的课程为：①每周一晚的网络研讨会；②七天的晚间"创业家培训计划"课程；③四天的"企业家"课程；④关于 Imagine Technologies 的先进技术讲座。Ignite 企业从 1999 年前组织项目开发以来，共有来自 25 个国家的 240 余人参加，他们到 2005 年共创建了 55 家企业。

另一方面，即使在研发人员进行 NTBFs 创业并不盛行的德国，作为

---

① VIB 职业发展负责人 M.Lein 于 2007 年 11 月 13 日发表于互联网。另参照 http://www.vib.be。
② 由所长 S.Vyakarnam 博士于 2008 年 3 月 17 日在互联网提供。

核心研究机构的弗劳恩霍夫研究所也开展了对研发人员的非学术性职业教育课程[①]。

在此设置了人力资源开发的专业部门，并提供系统的进修课程。另外在开展国际博士后研发人员招聘计划的同时，与美国著名大学的工学部进行联合培训，并且在研究所内部也积极开展研发人员的能力开发项目。进修有3种类型：第一种是实施基础培训。第二种是经营管理培训。第三种是根据个人开发需求的培训，并在升任高级研发人员之后在相应的行业对其进行岗位实习培训。再此强调关于第三种类型的内部教育程序有着体系性特征，它分别提供了方法强化进程和交流进程两种课程。要制作系统的内部教育培训计划，提供方法强化和沟通培训两种课程。由于弗劳恩霍夫研究所是应用研究机构，其认为当研究者拥有一定程度的研究成果之后进行转职和创业培训是一项积极行为（如图7-6所示）。

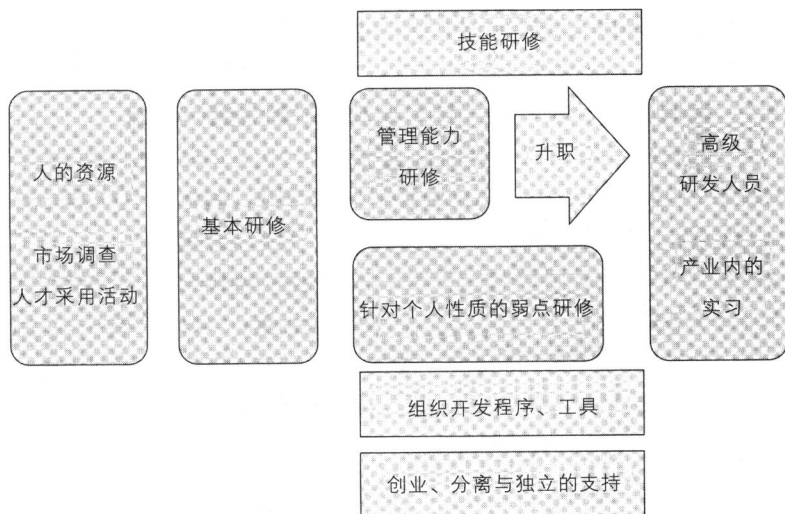

图7-6 弗劳恩霍夫研究所的职业教育

---

① 人力资源开发负责人A.Kueckemanns于2008年6月2日在互联网提供。

7.5   地域人力资源开发的课题和合作法的展开

7.5.1   基于区域经济联合体的人力资源开发课题

高新技术产业的成长需要集成能够对不断发展的新技术进行研发技术支援与推进商业化的人才。但是在高新技术产业地区，对于人力资源开发，每个企业所给予的奖励都很低，这就成为一个独特的研究课题。一般在高新技术领域，技术的发展与变化是非常迅猛的，每个企业为了符合高新技术发展的要求都进行高水准的专业能力开发，这使得企业自身的人才积累变得很困难（Cappelli，1999）。但是为了提升企业的竞争力，高新技术企业面临着必须开发和确保拥有高度专业化人才的困境。专业人才的人力资源要求有三个方面：①学习最新的知识技能；②适应工作中的职位变化；③重视强化专业能力（Woodall & Courlay，2004）。这些要求对个别企业来讲是比较困难的。另外，在高新技术领域，研发人员的履历具有高流动性和多元性，有些企业很难满足人才职业发展的需要。当然有些企业的企业家十分重视新兴技术领域，也有成功人才的培养案例。作为高新技术产业区，为了使企业发展，拥有能够在短期内集聚和培养一定数量专业人才的机制是必要的，但是这超出了一些企业的能力和所能够承受的风险。近年来的高新技术产业，技术和产品的生命周期一般都很短，企业会在短期内拥有大量的人力资源，当产品和技术落后时，就会产生拥有落后技术和知识的人员，所以企业很容易面临人才过剩的风险。

7.5.2   新技术企业创新促进地域人力资源开发的合作

7.5.2.1   地区合作的重要性

在某些高新技术领域，研发型、技术支援型和推进商业化的人才在个别企业得不到发展，近年来，包括竞争对手在内的企业都十分重视人力资源开发合作的相关研究。在高新技术产业集聚区，地区性人力资源开发机构的建立，有力地促进了人力资源开发的发展。经营资源与人力资源相比较，很难在不同的地区间移动，所以对人才的培养大多是基于企业联合职业培训机制和能力培训联合进行的。例如，工商商会提供的联合培训计划，业界团体提供的联合培训计划、区域联合训练计划，供应厂商与企业为了共同的专业技术而制作联合训练计划等（Gospel & Foreman，2004）。最近，欧洲的一些高新技术产业区出台了基于地域的能力开发政策，美国北卡罗来纳州研究三角园区的劳动力开发政策，欧洲的英国剑桥，比利时法兰德斯的职业培训机构也都在研究一些劳动能力开发政策。

地区人力资源开发框架是以处于中立地位的能力开发团体为中心，由企业、团体、教育训练机构进行联合，是可以共同对必要的技能和技术进行培训的机构。最近，为了共同适应新技术需求急剧膨胀的研发工作，高新产业集聚区开始面向研发、技术支援、推进商业化人才进行能力培训，出现了政府、企业、学术界进行联合教育培训的方法。

7.5.2.2　人力资源开发的合作动机

由企业和团体或至少两个以上的组织与地区人力资源有合作地进行开发的框架被称为地区人力资源开发合作。以前，人力资源在企业内部的劳动市场进行积蓄，进行人力资源开发与提升竞争力之间有着一定的联系。但是在科技产业中，技术革新之快与产品生命周期之短使内部劳动市场人才开发计划的落后性与新技术高速度陈旧化的缺陷被显现出来。

处于竞争的团体和企业间，成立了人力资源开发合作框架，这个机制推进了企业间的交流。也就是说，这样的联合促使某些企业加速革新，并且建立了企业间的联合协作关系。当然，人力资源开发合作，从现象上来讲是新出现的事物，其理论性的说明方法也在发展中。在原有的交易成本经济学中，为了监视人力资源，就使其进行内部化，或面向市场供给，使其进行外部化，因为上述内容是前提条件，双方的合作并没有对人力资源进行共同的培训或进行经济方面的奖励（Gardner，2005）。近年来，根据一般的合作理论形式，人力资源开发合作理论正在形成中（Baringer & Harrison，2000），尤其是提出人力资源管理理论的 D.Reapck 认为，企业间人力资源开发方面的战略协作也是重要的途径（Lepak&Snell，1999）。也就是说，战略协作不是企业的专利技能，也不是在劳动市场中被广泛接受的普通技能，而是处于它们之间的技能，并且在技术能力急速发展变化的情况下，就产生了那样的合作。以美国南加利福尼亚州战斗机生产产业具体举例说明，没有接到订单的战斗机制造商把研发团队中的战斗机制造者借给接到订单的对手企业，在提升先进生产经验方面，这是战斗机产业中对通用专业人才进行能力开发的典型案例（Cappelli，1999）。引用合作理论，进行地区专业人力资源开发合作具有特殊的条件（Cardner，2005；若林，2008）。T.加德纳认为人力资源管理理论主要包括以下几个方面：①从业人员的技能是具有产业特殊性的专业技能。②在企业环境方面，某些专业性人才是很稀少的，产品与服务是不稳定的。③企业之间的关系方面有这样的特征：企业间的相互信任度很高，影响范围很近，地理位置也很近。这促进了人力资源管理和开发方面的合作（Cardner，2005）。

第一，从业人员所掌握的技能方面：①其产生的附加价值处于中间程度。②在企业特殊性较低的情况下，固定的能力开发变得很容易。企业积极地对在附加价值高的岗位上的从业人员进行能力开发，认为没有必要进行附加价值较低的开发。对中间程度的从业人员进行共同的能力开发的可能性很高。第二，企业环境方面：①必要的专业职业种类人力资源比较稀少。②产品和服务非常不稳定。③企业规模小，有共同进行专业职业开发的倾向。在拥有重要能力的这一类，人力资源稀少的情况下，为了保障企业的稳定，企业之间会进行积极的合作。并且，在软件产品、组织产品、服务需要容易变化的情况下，比起内部开发，企业更倾向于进行共同开发合作。第三，企业之间的合作关系方面：①信赖关系。②类似行业竞争对手。③当地理位置接近的时候，人力资源开发的共同性很高。

7.5.2.3　地区人力资源开发合作的方法

地区人力资源开发框架有一些不同的组成形式。业界团体与公共机构提供了共同培训机制，为了进行共同的能力开发，企业间联合开发了联合培训计划。从以前的德语圈，就可以发现很多的传统。德国的二元制职业教育制度，以职业教育或技术人员专业培训学校为据点，同时接受了很多企业技术人员的帮助，进行前端性的专业技能开发。近年来其通过结成地区人力资源开发团体来进行人力资源开发。

Cardner（2005）整理其在美国的活动，发现在人力资源合作方面有三个组成部分：①共有专业性人才；②进行教育训练合作；③企业间履职系统的形成（企业间准内部劳动市场的形成）。第一，专业人才共有方面，人事咨询企业——Mercer管理咨询公司的人才外部培训的制度有对其他的企业进行人才借贷的制度，可以输出有经验的顾问，时间期限为24个月左右。第二，为了教育训练而进行企业联合。摩托罗拉、柯达、德州仪器等面向外包企业，基于综合质量管理办法的联合培训机制就是这样联合的（Filipczak，1994）。第三，在多数企业中形成了晋升与重新分配的体制。汉堡王连锁店与当地的工程企业进行合作，汉堡王连锁店的优秀员工如果希望转职到工程企业中工作也是可以的，这就是企业间合作的一种典型案例。

这种企业间合作运营的主体一般通过中介组织的介入进行。一般中介组织的模式有以下三种情况：第一，传统的工商商会和业界团体。业界团体和与工商商会调解会员企业的需求，向多数企业提供培训计划，也能进行人员供给。第二，专门提供教育训练业务的企业、机关或团体。第三，为了联合培训和教育训练而进行的企业合作与企业联合。教育训练企业联合与企业内部大学一同成为近年来美国企业教育训练的代表方式。

7.5.3 日本的研究课题

日本因NTBFs产业的集聚、成长、发展进而形成了高新技术产业集聚地区，为了构筑面向高新技术产业集聚地区的区域经济联合体，地区人力资源开发协作与形成开发联盟是十分必要的。但是，如上所述，日本原有的产业集群开发政策主要是在地区性研究大学、研究机关或研发企业中对研发型人才进行的能力开发，并不重视对技术支援型人才和推进商业化人才进行能力开发。虽然对研发型人才提供了创业技能也出台了创业促进措施，但现状却是理科研究人员与大学研究生一般情况下都有被长期雇用的意向，进行创业的意愿并不高。地方大学、研究所、企业及职业能力开发机构，对能力开发进行上下级监督的思想很浓厚，并没有产生建立合作关系与建立能力开发组织的想法。但是近年来，在英国剑桥大学及德国慕尼黑等先进的大学和地区产生了地区性能力开发合作。后在高新技术产业集聚地美国的圣地亚哥发起的企业联合，及在芬兰的奥卢的社会创业活动都具有很显著的意义。日本仅仅是想建立硅谷那样的高流动性、自由放任的人才开发模式，但是地区人力资源开发并不充分。

日本 NTBFs 产业集聚、成长、发展进而形成了高新技术产业集聚地区，为了构筑面向高新技术产业集聚地区的区域经济联合体，更加需要研发型人才、技术支援型人才、推进商业化人才，也更加需要对这些人才进行能力开发，因此加入地区人力资源开发联合机制是必要的。也就是说，地区生态系统中的劳动力开发政策需要以下几个要素：①推进地区研发活动的 3 种人才，因人才类型不同其能力开发机制也不同。②为了推进地区能力开发而形成职业发展联盟。③同时普及和构建拥有个人能力的履职模式。④提出基于地域需求进行特别能力开发与基于地域需求进行转职的政策性解决方法很有必要。

7.6　本章小结

一直以来参照日本产业集群政策的硅谷型研究人员重视自由放任型、高流动性、自律性的能力开发，日本研发人员劳动力市场的制度环境与美国的差异性很大。不仅如此，近年来从欧美先进的产业集群人力资源开发地区联合动向来看，与它们的开展方式是不同的。日本一直以来的产业集群政策的研发人员中心、大学中心，产学联合中心，虽一直以大学为中心进行思考，但是并没有面向为了形成高新技术产业而进行地域人力资源开发的思考。

在 NTBFs 产业的集聚、成长、发展的区域经济联合体中，研发人才及商业化人才的供给和开发机制，依存于企业的内部劳动力市场，与此相比还不如进行基于流动性的具有多元化履职经验的地区性能力开发合作。也就是说，以地区内研究机构、教育机构以及企业的联合为基础达成教育训练合作，在此制定研发型人才、技术支援型人才、推进商业化人才的教育训练计划。在 NTBFs 产业的集聚、成长、发展的区域经济联合体中，为了支撑其发展，需要能够进行研发、技术支援及推进商业化的三种人才，为其分别建立能力开发机制也是很重要的。

考虑到高新技术领域中的技术革新和技术陈旧化的速度，大学、研究机构、企业、业界团体的跨组织能力开发合作是十分有效的。

整理本章观点，对于今后面向形成高新技术产业的地区生态系统能力开发政策的发展方向，总结了以下三点：第一，作为地区人力资源开发平台的中立机构，推进地区人力资源开发的产官学合作，其基础是建立面向新技术型企业人才的教育训练企业联盟。第二，对研发型人才、技术支援型人才、推进商业化人才这三类人才进行地区人力资源开发需求调查，有必要设计出开发计划：①研发型人才方面，为了促进全球化，大学、研究机构积极地进行联合，吸引全球范围内的研发型人才，构建能力开发机制。对能够催化地域革新的网络结构能力进行开发。②开发和积蓄技术支援型人才构成了地区重要的竞争力，开发和积蓄技术支援型人才要与地区职业训练机构联合进行。③推进商业化人才方面，产业界与专家进行网状结构式联合，通过专业咨询公司介绍中介服务，然后进行地区人才培养。第三，日本的区域经济联合体人力资源开发合作，像欧美有效的产业集群开发机构中劳动力开发政策那样，形成职业能力培训模式，同时应该表明当地创造就业机会的发展趋势。

第8章

企业家活动和区域经济联合体构建过程的微观理论——中观综合论

8.1 集群研究的观点

关于产业集群与企业集聚的研究，出现在经济学和经营学的多个领域，具有一定的理论基础。

集群作为评定一个国家或地区竞争力水平的新概念被提出，是有针对性地考核企业水平的竞争战略论。正如 M.Porter 在《集群理论的历史·理论根源》中叙述的那样，集群现象很久以前就在经济领域备受瞩目，比如在经济地理学中被认为与"产业集聚""产业立地"等概念相关，只是用词不同。他认为集群的理论根源可以追溯到 A.Marshall 的关于"产业特定区域之集中"（产业的局部化现象）理论。

在着重考虑企业个别行为的经营学领域，集群理论被关注，是在 Porter 研究关于"国家竞争优势"之后的事。Porter 想在该研究中阐明为什么在特定国家，特定的产业能够有竞争力。因此，他提出了著名的"钻石模型"，该模型由需求条件、基本条件、企业战略和竞争环境、"关联·支援"产业四个因素组成。

在 Poter 的研究之后，集群理论使既存的产业集聚论、产业立地论登上新的舞台，它既与之前的理论有关，又朝着新的方向发展——分析影响集群形成与发展的要因。经营学中典型的例子，在前田（2003）的分析中能看到。这种分析可以称为集群研究的"要因分析"。

此外，一些学者致力于详细分析集群形成发展过程的研究。这些研究的特征是，针对集群如何形成发展，通过实例分析，弄清多种要素间的关联，尽力说明企业家和企业的微观行为是怎样发展成地区的产业集群的动力学理论的。该研究的例子有 Kanai & Ishida 与金井的研究，这种研究叫作集群研究的"过程分析"。

一方面，集群的"要因分析"，有来自"产业集聚"理论研究的基础，也有两者的对比研究，其特征是宏观和中观的静态分析，各要因间的关联性尚未明确。另一方面，"过程分析"是从微观到中观，尽力说明集群形成与发展的动态分析。于是，产生这样一个问题：如何把理论上相异的两个层次的分析法统一起来，通过相同的概念进行综合分析。

本章通过过程分析法解释各国产业集聚的形成与发展，着重集群的过程分析，阐明理论上的要点与集群形成的关键因素间的关系。特别是，从企业家活动的观点来说明集群形成、发展模式与诱导 NTBFs 成长、集聚的地区经济联合体之间的关系，说明企业家活动在产业集群的形成与展开方面，发挥着引导产业集群从微观向中观发展的重要作用，同时提出一个新观点：通过企业家活动这一新概念，可以统一分析产业集群从微观到中观产生与发展的过程。在此基础上，提出关乎集群政策的实际问题点。

8.2 连接微观与中观的概念——在集群形成中起到衔接作用的企业家活动

8.2.1 再次探讨集群形成中的企业家活动概念

虽然有人将企业家活动与新兴企、事业的开创联系起来，但在集群形成过程中，除去 spin off 现象（企业把研究开发部门分离出来，使之独立），并未给企业家活动适当的地位和明确的分析。

众所周知最早提出企业家活动在经济发展中的意义这一问题的是 Schumpeter。他把引起静态经济变化的过程叫作"发展"，其突破了现有相关的各要素，完成新结合的非连续活动，即由称作"突破性创造"的改革引起，并把新结合的完成者、改革的担当者定义为"企业家"。在这必须注意的是，Schumpeter提出的企业家概念，不只限于推动事业方面，也广泛地指改革担当者。另外，P.Drucker提出在技术和市场的动力的基础上理解企业家活动，将其定义为形成以改革为目的的组织。不能忽视，在两者提出的企业家活动的概念中，包含了有关企业家活动与组织关系的重要启示。

近年来，人们以区域为单位展开讨论企业家活动的研究。D.Henton把美国重要的传统社区活动与企业家活动结合，提倡市民企业家这一新概念。在英国，C.Leadbeater和S.Goss使用同样的理念指出，在社区再生方面企业家活动的意义。市民企业家起着连接商业、政府、教育、社区的媒介作用。也就是说，市民企业家未必直接与商业建设有关，却起到了支援作用（为重新激活为地方社区的经济做出贡献）。像市民企业家这样，没有创造企、事业，而是做着起着促进作用的企业家活动，在以往的产业集群和企业集聚的研究中，几乎没被发现。因此，到目前为止，几乎没有人讨论过企业家活动和由此形成的新经济社区在高新技术产业的形成中所起的作用。

比如说，Saxenian（1994）中记载的Frederick Terman，他着力于发展地区技术和产业基础，在斯坦福大学周围建立了技术者和研究者的社区。此后，他开发了斯坦福工业园。斯坦福工业园作为全国规模的航空宇宙和电子产业的集聚地而发展，也就是今天硅谷的基础。还有，斯坦福大学的比尔·米勒提出Smart Valley, Inc. 的构想，是为了实现人与人的结合和商业的振兴，旨在21世纪硅谷产业构造的变革。米勒设立了非营利组织Smart Valley, Inc.，其组织作为核心主体，作为新变化的担当者活跃起来。同样，以软件和计算机为中心的奥斯汀高新技术产业在形成中，德州大学奥斯汀分校的George Kozmetsky担任着与Terman同样的角色。Kozmetsky站在大学和产业界之间的角度，最初设立了以推进"科学技术商业化"为目的的IC^2，创造了ATI（奥斯汀科技创业制度）、将企业家与投资家相结合的商业天使投资网络的TCN（德州资本网络）、辅助软件企业的 OSC（奥斯汀软件评议会）等网络制度，利用上述网络制度的"杠杆"翘起了 NTBFs，同时 NTBFs 的产业集聚、成长、积累促进了高新技术产业的形成。

Kozumetsky 和 Terman，与以风险论来开创企事业的企业家明显不同。Gibson 和 Rogers 把这样的人物称为"流感"（Gibson & Rogers，1994），东（2001）将之称为"地区领导"。这种领导的意义，在西口·辻田（2002）研究的"剑桥现象"中有论述，在前面提到的前田（2003）提出的要因分析法中，也作为集群形成的共同因素之一被列举出来。但是，以上各项研究中虽指出了这些人的重要性，但其作用在理论上没有成体系的定位，只能作为外因。

这件事也证明了，在集群分析中如何定位这种领导的活动在集群理论的构筑中是一个重要的课题。

目前所列举出的研究者，都将这样的活动当成异于企业家活动的概念。熊彼特和德鲁克在企业家活动与市民企业家的讨论中把上述具有多个名称的领导者活动当作对企业家活动再次认识，并将之当成集群形成过程中的一项重要活动来理解，开辟出一条把企业家活动作为关键概念，从微观到中观统一分析集群形成过程的道路进行研究。

8.2.2　企业家活动和集群形成的关系

与集群的要因分析法不同，在过程分析法中，不只是指出上述新型企业家活动的重要性，还需把一系列概念联系起来，统一说明微观水平的企业家活动是怎样和中观水平的集群现象相联系的。因为只有这样，才可能在理论上解释集群形成的"微观—中观"的过程分析法。

从以上可知，为了进行集群形成的"微观—中观"的过程分析，有必要还原企业家活动的基本概念，详细区分出开创企、事业的企业家活动与带来改革、形成社会平台的企业家活动，详细分析并将两者联系起来讨论。后者的企业家活动，在之前的集群分析中，就像上面记述的一样，除去一些例外几乎都被忽略了，既没被当成企业家活动，也没有明确分析。Kanai、Ishida（2000）和金井（2005）把企业家活动分成上述两种类型，指出了形成社会平台的企业家活动的意义。

在本章中，基于图8-1来探讨多种集群形成的过程。图8-1明确显示了创造社会平台的企业家活动和开创企、事业的企业家活动之间的关系。

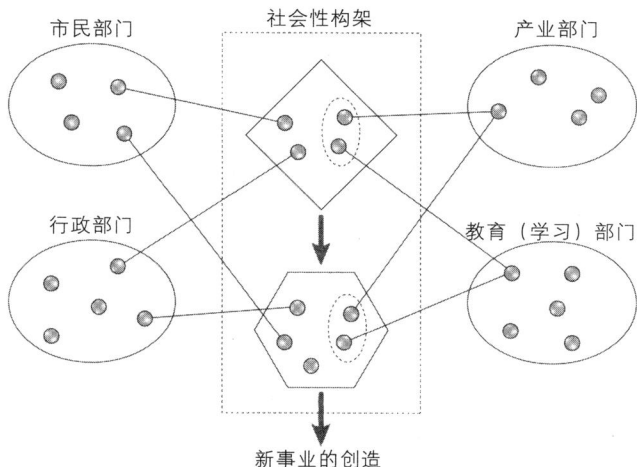

图8-1　企业家活动的连锁图

8.3　集群形成的类型——计划和自发的模式与网络化

在集群形成的过程分析法中有，常常用到"计划型"和"自发型"这两个分类。也就是说，国家和地区的行政机关明确把产业政策作为基础、有计划地诱导集群形成，还是产业集群自发地形成。

硅谷作为有名的产业集群先进地区，是典型的自发型。很多地方的人效仿硅谷，想通过产业集群推动地区发展。他们访问硅谷，学习硅谷，进行多样的尝试，有计划地推动集群形成。日本进行的产业集群计划和智能集群开创事业，可以说是计划型集群形成的典型。

有计划地形成产业集群，从一开始就要积蓄一定资源、人力、设备，这样才有希望在一定程度的规模下形成产业集群。但是，如果太依赖计划的话，就会轻视自下而上的主动性，会有失去推动集群形成能量的危险。

另一方面，自发形成集群时，面临这样一个课题：如何把创业这种微观行动发展成集群这样的中观现象。为此，获得同感和正当性很重要。自发型集群形成的特征是，富有本地主动性或者说"草根"特有的行动力，但是，如何把这些多样的力量合在一起，就会关系到集群能否形成。

那么，在这两种模式中，企业家活动如何与之联系起来呢？在自发型集群形成过程中，容易理解形成社会平台的企业家活动与开创企、事业的企业家活动间有力的相互作用是集群形成的关键。但在计划型集群形成过程中，企业家活动，特别是形成社会平台的企业家活动发挥了什么作用？在我们思考为什么大多数想要模仿硅谷、形成产业集群的地区都没有按计划展开的理由之后，就会想到一个重要的观点。但是，结果往往忽视了事前无法计划的企业家活动的意义。在很多集群形成政策中被忽视的主要因素，正是像这样的企业家活动的力量。

计划型和自发型这两种集群形成的分类方式，在理论上具有关乎集群概念意义的重要性。Porter 批判在集群形成中直接政策的介入。他主张政府在集群形成方面间接行使影响力。例如，对专门教育机关的投资、公共基础建设的整备、规范和习惯的改革等。如果从这个角度考虑的话，经济产业省的集群产业计划和文部科学省的智能集群创造事业，都与 Porter 所说的集群政策背道而驰。这样的政策与其叫作集群政策，莫不如称为"战略性产业政策"。在此为了区分 Porter 说的集群，把这样接近"战略性产业政策"的集群政策叫作"战略性集群"。而且，在世界各国进行的大多数的计划型集群，虽使用了"集群"这个概念，但倒不如叫作"战略性集群"更加合适。这样会产生集群和战略性集群政策的混乱，有可能在实际运用中产生误导。

但是，不管自发型还是计划型，网络组织的存在方式都有很大的意义。西口基于已经存在的网络组织研究成果，提出了有趣的高投资收益分析模型。根据西口的理论，高投资收益是指：作为经济活动的抵押品而得到的利益，规定经济主体能够参加网络结构的是高投资收益的存在。而且，他从网络组织研究得出的"纽带强弱"讨论中，识别出了强纽带产生

的科尔曼高投资收益和弱纽带产生的巴特高投资收益，研究了网络组织的
行为表现。

　　科尔曼·高投资收益中的"社会填补式"高投资收益指由社区这样的
网络组织的成员间的相互信赖关系产生的。"信息共享和学习"高投资收
益是指由成员之间的信息知识的共有、学习而得到的收获。巴特·高投资
收益中的"得到较好评价"的高投资收益产生于组织外部的人认同网络组
织的正当性，组织成员因属于该组织而被认可。最后的"政府正式调
整"高投资收益产生于核心组织调整成员的活动。

　　如果把高投资收益与自发型、计划型的集群形成过程联系起来，那么
可以想到：在自发型集群形成中起作用的是科尔曼高投资收益，在计划型
集群形成中起作用的是巴特高投资收益。

8.4　集群与NTBFs共同创业、成长、集聚的区域经济联合体

　　那么，产业集群和NTBFs共同创业、成长、集聚的区域经济联合体
有什么样的关系呢？本书之前已经阐明，所谓NTBFs共同创业、成长、
集聚的区域经济联合体是指由地区支援组织的紧密网络组成的经济联合
体。经济联合体概念是从生物学里的生态系类比而来的，在理解商业网络
上简单易懂，所以被频繁使用。

　　此前，NTBFs共同创业、成长、集聚的区域经济联合体与集群概念
没有明确的区别，经常被模糊使用。有了强调改革的集群概念后，认为集
群的形成和新兴企业的共同创业是表里如一的概念，无意识中常被当作同
样的概念。但是，像Porter列举的葡萄酒集群的例子那样，也存在不依存
新兴产业共同创业的集群。在这样的集群中，新兴企业共同创业、成长、
集聚的区域经济联合体并不那么重要。无需重新指出，我们应该记住：强
调改革和新兴企业的共同创业与单纯的创业是两码事。

　　因为会引起上述混乱，所以有人提出使用生态系统概念代替集群概念
更好。但是，产生混乱的原因是，研究者没有好好理解，而是像使用万能
药一样轻易使用集群概念，但即使这样也不能马上否定集群概念。这样的

混乱，在乱用网络组织概念的网络研究中也经常发生。

因此，必须注意区域经济联合体是与集群完全不同的概念，把两者分开使用非常重要。当然，在本书分析 NTBFs 的时候，因为集群的形成依赖 NTBFs 共同创业、成长、集聚地区经济的系统，所以即使存在重叠部分，也要注意这是两个完全不同的概念。即使使用相同的"集聚"一词，但在 NTBFs 共同创业、成长、集聚的时候，用生态系统概念更妥当；如果研究企业间的竞争与协作、相关企业和组织间的关系及地区优越性的话，则以集群概念为基础来讨论更合适。必须考虑到，即使具备 NTBFs 共同创业、成长、集聚的区域经济联合体，也未必能形成为既存产业赢得竞争优势的产业聚群。

弄清楚集群和区域经济联合体关系的关键，不是模糊地把集聚的内容停留在两者通用的网络组织概念上，而是要具体指出网络的内容，并识别 Kenney 和 Von Burg 提出的"第 1 经济"与"第 2 经济"间的关系。

关于集聚的内容，产业集群中的"集聚"是指"在特定的领域，相互关联的企业和机关"的网络组织，而 NTBFs 共同创业、成长、集聚的区域经济联合体是指"以新技术为基础的、可连续创业的基础网络组织"，后者的概念类似于 Keeney 和 Von Bury 所说的"第二经济"。也就是说，集群概念与 NTBFs 无关，指的是包括既存企业群关系在内的相关产业、大学及研究机关的集聚，而区域经济联合体概念，由包括 NTBFs 的新兴企业的共同创业、成长、集聚相关的多样的支援组织构成，使命是有效推动以新技术作为基础的新兴企业的发展。具体来说，就是以企业家、VC 为首的与新兴企业创业相关的律师事务所、会计师事务所、律师和经营顾问等组成的特殊的地区网络组织。

那么，NTBFs 共同创业、成长、集聚的区域经济联合体网络有什么样的构造呢？就集群来说，到现在为止，因为在多种多样的文献中被议论（就集群研究的视图来说，参照金井 2003），所以我们再谈谈区域经济联合体。Iansiti 和 Levien（2004）指出，生物界的网络构造不是单一的，其中存在称作"中枢"的丰富的网络结构，通过这些中枢的行为，网络组织全体的健全性会受到很大的影响。商业界也和生物界一样，存在少数的网络中枢。

Iansiti 和 Levien（2004）以生态学的研究为基础，把商业区域经济联合体的战略模式分为拱心式、支配式、壁龛式三种。拱心式不占有区域经济联合体的很多部分，但是对区域经济联合体的生存和健全有很大的影响。拱心式战略的特征是，形成经济联合体改革和操作基础的平台，创造区域经济联合体并进行协调。支配式在占有中枢上和拱心式一样，其战略特征是尽力统合区域经济联合体成员的资产于支配者内部操作。壁龛式的战略集中于自身独自能力而产生的差异，尽量灵活运用其他公司提供的重要资产。壁龛式对单个区域经济联合体没有很大的影响力，集合起来就在数量和多样性上占据区域经济联合体的大部分了。

通过区域经济联合体的类比，可以理解到的是在集群论方面未必有明示的平台形成，但这对于区域经济联合体的形成和健全性方面有着极其重要的意义。

毫无疑问，NTBFs 共同创业、成长、集聚的区域经济联合体对于高新技术产业集群的形成是一个重要条件。而且，重要的是，Kenney 和 Von Burg 提出的"第二经济"是怎样和既存的产业系统，即"第一经济"联系起来的。通常，在这两个经济中，主要的行动者不同，导致形成的网络组织也不同。怎样架起连接这两种经济的桥梁，产生有力的相互作用，是把 NTBFs 共同创业、成长、集聚的区域经济联合体与高新技术产业集群相连接的关键。

下一个小节，通过具体分析形成过程来阐明区域经济联合体和高产业集群是怎样联系起来的。

8.5　高新技术产业集群形成过程的国际比较

8.5.1　奥卢（芬兰）的 ICT 产业集群

奥卢市是芬兰第六大的人口约 13 万的北方中心城市。1960 年以后，ICT，特别是以移动通信技术为基础的集群开始形成、发展。

1958 年奥卢大学成立，这为奥卢 ICT 群的形成提供了直接契机。成立之初，奥卢大学拥有哲学、工学和医学学科，是芬兰北部的第一所大学。成为 ICT 集群中心的电子理工专业是在 1965 年以工学学科为基础被建立起来的。担任电子理工专业学科长的是 J.Oksman。他明确表示重视电子学专业的发展。领导诺基亚旗下企业的无线通信部长 M.Oala 被聘请为该校教授。随后，Oxman 与 Ookla 将发展电子产业作为振兴芬兰北部的共同理想，并做出了许多积极的举动。

　　他们的活动对后来的 ICT 集群的形成来说具有很重要的作用，具体包括以下三个方面：第一，1974 年将 VTT（国立技术研究中心）的电子研究所招入奥卢。Otala 就任所长，与奥卢大学的工学学院电子理工专业人员带领并振兴了以 ICT 为基础的尖端产业。VTT 电子研究所将很多有发展前景的 NTBFs 作为新企业将其分离，这些 NTBFs 同时还拥有着辅助风险企业的功能。据统计，转到私营企业，或者创业的 VTT 员工大约为 350 人（笹野，2006）。第二，Ookla 起到的催化作用。Ookla 自身也担任着作为企业、事业的创造与创造促进者的角色。比如，在奥卢 ICT 集群形成初期，Kajaani 公司（生产造纸原料纤维和造纸的厂商）作为重要关系人积极促进了其形成，然而使 Kajaani 公司迈入电子产业领域的推动者却是 Ookla（笹野，2006）。第三，地区特别是自治体的作用。根据 Oxman 与 Okla 直接、间接的影响下，已有产业衰退且充满危机感的奥卢市，在议会中建立了电子工业团队（Oulu working group），开始探讨关于企业衰退的具体解决方法。针对 ICT 出现的积极的地方性的改革动向，自治体是怎么样对应的呢？针对 J.Oksman 和 M.Oala 的工作，支持的民间人士向奥卢市进行了具体提案。与此同时，市长在市议会上设置了上面所说的调查组，开始了具体的行动。以 Similar 为中心的调查组提出的结论为：在与 Oulu 大学相邻处的 Linnanmaa 地区设置一个以电子产业为基础的"高新技术村落"（以下简称技术村），此举试图将新产业集聚到一处。1982 年，运营科技村落的 PPT（私人的、公众的、同伴的）电子村公司成立（50% 在奥卢市，剩余的 50% 由私营企业或者奥卢大学出资。1998 年成立"科技奥卢"，1999 年赫尔辛基公司上市）。从此以后，奥卢市和科技村公司有了密切的联系，这就推进了 ICT 集群的形成。M.Okla 的基本战略是根据技术村的想象而被明确提出的。1980 年以后，自治体也在形式上有了集群。到1988年，奥卢技术村落在奥卢地区选定的企业有87家。

其他方面是怎样在私营企业中展开的呢？对于奥卢的ICT集群的形成来说，作为骨干企业的诺基亚起到了非常积极的作用。诺基亚在振兴电子产业的详细方针出台以前就与奥卢市建立了密切的联系，其针对奥卢大学和VTT电子研究所的活动，奥卢市都积极地参与并受益颇丰。与此同时，这也使得诺基亚在奥卢ICT集群中确立了核心企业地位。特别是，诺基亚Mobile Phone公司在开发手机编入程序时，为了和以VTT电子研究所为主的企业共同研制开发，而入驻了技术村。此后，诺基亚mobile phone公司在奥卢市内扩大了公司规模，使大量的包含转包的关联产业在这个地域出现，并且扮演了非常重要的角色。事实上跟诺基亚公司发生关联的公司的工作总量在一段时间内达到了奥卢市ICT集群内总工作量的三分之二（Kulju，2008）。因此，我们可以认为Oxman和Otala等人在奥卢地区的电子产业振兴的活动中，给诺基亚与奥卢带来了很多的合作契机，进一步加深了诺基亚与奥卢的关系。

除此以外，私人企业的展开动向为：作为奥卢诺基亚的无线电话部长，Kuokkanen在离开诺基亚之后，先后创立了insere、Lauri Kuokkanen、Ultra COM、Ultra Print等公司，作为连续性创业家，Kuokkanen对奥卢产业集群的形成起到了极其大的推动作用。开发手表型心跳数显记录仪的Polar Electro电子公司，也是上述电子理工专业出身的教授——Saynajakangas博士所创立的大学风险公司（1978年创业）。此公司后来对很多高新产业的创业进行了高风险投资，有着非常大的贡献。Saynajakangas兼任大学教授和企业家的双重角色，对制定其后将要制定的奥卢地区战略计划有着非常大的影响力。

技术村开设以后，和上面所说的诺基亚手机公司有联系的一些企业也设立起来，奥卢大学毕业生在1985年创立的比特电子公司和CCC公司是奥卢高新技术产业发展起来的标志。

1990年以后，市、大学、企业的领导们以更加有组织的形式相互作用。以广域的奥卢市为对象，逐渐扩大地域，不仅仅是ICT社会福祉产业的集群有扩张。1994年，芬兰政府把奥卢地域产业政策作为模型"COE"程序导入，指定了5个地域。现在是14个地区，制定出了有地区潜在能力的最大限度活动范围的地区产业。在奥卢地区，通信技术、电子学技术、软件、医疗技术、生物学技术的基地被选定为"COE"。1994年设立的科技投资公司（地区的投资基金）和奥卢TEC公司、2005年设立的奥卢改革公司（科技公司担任与集群之间的沟通和协调机构）在是奥卢新的产业集群的发展中具有中间力量的机构。

8.5.2 剑桥（英国）的高新技术产业集群——剑桥现象

作为剑桥现象被熟知的是剑桥的高新技术产业集群，它不是有计划推进的，而是在非正式的、由上到下的管理方式中展开的。剑桥大学最初是具有强烈学术性色彩的大学，与产业界和地区社会的关系非常疏远。的确，剑桥大学在过去存在着很多从研究室创业出来的公司（Cambridge Instruments公司和Cambridge Consultant公司等），并且很久以前大学就有着可以分离并创立出新企业的环境，但剑桥大学并没有与产业积极合作的想法。

1960年剑桥大学化学、工学专业的毕业生设立的剑桥顾问公司，与剑桥保持着非正式的密切关系，这便促进了技术的转移，对多样的附带利益的企业的创业有很大的推动作用。这样，剑桥大学自己就不必和产业界及地区社会的合作表现出积极的态度，但也不对大学及附带盈利企业的关系持否定态度。虽然大学和产业界的关系表面上并不是积极的关系，但是实际上它们之间有多样的合作在进行。可以想象出，这对于剑桥大学产学结合的友善的风气的形成有很重要的意义。

像这样的学术性的大学，以某个特定的时机为契机转型成功。电子工学和生物学的NTBFs共同创业、成长、集聚，对被叫作"剑桥现象"的高新技术产业集群的形成起到了积极的作用。剑桥大学被产业界和地区社会重新认识的契机据说是关于1969年的MOTT报告科技园建设的提案。

1970年未开拓的土地作为剑桥科技园被开发。以纯粹的学术研究知名的剑桥大学，开始对产业界关心，并发出了面向联合的信息，是这一结果的最大意义。

但是，到1979年止，仍没有具体地发生过面向大学和产业界的联合的大动向。最初的动向是大学周边的共同创业企业——剑桥电脑组织集团的形成，其是为了增加相互之间的经济利益而联合的。这个动向受到了英国的一个大银行——巴克莱的关注，并得到了它的支持。这次支持，对剑桥在高新技术产业形成方面的作用产生了很大的反弹力。Eatwell指出，对巴克莱银行的这次举措，英国的大银行对此持不同的态度，而且这样的举措的大半部分想法来自巴克莱银行剑桥支行的管理者。以这样的举措为背景，1978年只有20家剑桥高新技术企业，到1985年增加到了360家企业（Minshall & Wicksteed）。

之后，剑桥大学与产业之间的合作行为扩散到了其他大学。1978年在圣约翰学院成立了圣约翰创业中心（SJIC）。SJIC不仅设有创业设施，与剑桥科学园的特点相比，还为创业提供了多种多样的支持。运营圣约翰学院的是圣约翰技术中心公司。其将伯克利银行的W.Herriot应聘到SJIC公司作总裁，随后Herriot在企业成长支援和联网方面起到了极大的作用。为剑桥大学的高新技术产业形成提供优秀人才，并使他们充分发挥作用的是1990年设立的贾吉商学院。其作为商学院所成立的母体是与工学部管理学有关的一个群体，这个群体成为白领和学生等人学习经营知识的场所。

此后，在剑桥产生了剑桥大学企业家中心（Enterprise Link）等多数产业、学校合作以及NTBFs支持组织。在上述组织成立的1998年前后在咨询机构、风险投资机构和剑桥大学等6个机关的联合下，创立了可以链接多种组织的网络——Cambridge Network（会长为A. Broers Cambridge）。此组织在剑桥地区有着与产业、学校合作组织不同的意义，它是把已有的新兴网络与"第一经济"对接的官方网络组织。此官方网络组织暂时没有能量衰弱的倾向，今后剑桥如何自发性地扩大高新产业与动态，和如何将第二经济与第一经济的代沟减小，是我们所关注的焦点。

8.5.3 慕尼黑（德国）的生物产业集群形成

德国巴伐利亚省被认为是具有欧洲先进的生物技术的地区之一。众所周知，巴伐利亚省慕尼黑地区拥有欧洲为数不多的生物技术。20世纪70年代拜恩政府就开始对其进行了有关知识方面的基础设备的整顿，但是在生物产业方面，与美国和英国的先进地区相比，其落后性是非常明显的。但是，正如1995年联邦教育研究省公布的Biore angiography竞赛所呼吁的那样，现在使马汀斯里德成为生物技术中心机关最好的方式就是建立马汀斯里德生物研究中心，真正开始振兴生物产业。在德国慕尼黑地区，与治疗学相关联（新药开发）的生物领域占据着中心位置，多数建立商业企业的 NTBFs 都具有比较年轻的特征。

德国政府在 1997 年（1995 年通告，1996 年开始选择地区）开始了旨在振兴生化技术的"生化工业群创造竞争"的开拓性地区选择。慕尼黑在生化工业群创造竞争内与柏林勃兰登堡、莱茵·内卡尔县一同作为认证地区，获得了 2 500 万欧元资金。在生化技术的创新战略影响下，慕尼黑迈出了生化产业形成的第一步。生化工业群创造竞争也为慕尼黑生化群的形成提供了一个飞跃性的机会。原本，慕尼黑地区有慕尼黑工科大学、慕尼黑大学、慕尼黑大学遗传因子中心、夫琅和费研究所等等。该地区不仅拥有很多世界级研究成果的研究机关，并且还以与生物技术有关的强有力的知识作为基础，具有强大的潜力。重要的是，在 1997 年，其已经设立了 50 个与生物技术有关的企业，再加上其在"生化工业群创造竞争"中竞赛上成为认定地区，所以被称为是作为生物技术具有很高潜能的地区。

在慕尼黑的生物产业的形成过程中具有重大意义的是上文所讲到的马汀斯利德和 1997 年成立的 BIOM 公司。BIOM 公司不仅促进了拜恩的生物研究的发展，而且以引领欧洲先进的生物产业为目的，它由巴伐利亚省和银行、VC、制药公司、投资家等投资建立。BIOM 公司提供的主要工作：一是咨询，包含金融的创业支援；二是通过企业联网的生物形成、生物发展、生物促进；三是宣传，通过研讨会的活动，强化慕尼黑的生物产业知识的认知度等。

BIOM 公司的特征是：进行创业支援、联网构建支援、宣传等方面的活动，集中在生物领域进行有关 NTBFs 方面的发展、成长、集聚等有关生物产业形成的多种多样的支援行动。实际上，在慕尼黑地区设有 104 个与生物关联的中小风险企业（全部有 191 家与生物关联的企业），该公司对于马克思普朗斯研究所、赫尔姆霍茨协会环境健康研究中心、慕尼黑大学、慕尼黑工科大学等生物领域的 NTBFs 产业集群的产生也起到了很大的作用。

BIOM 公司从 1997 年开始发起了由学会、省、银行、制药、化学企业构成的慕尼黑生物科技的倡议，由此开始领导慕尼黑生物产业集群的形成。

8.5.4　札幌（日本）ICT 产业集群的形成

20 世纪 90 年代，札幌成为日本国内为数不多的信息业集聚地。在札幌市内，从事软件、计算机软件开发销售、信息处理服务等行业的人，在平成14年有313家企业共计16 923人，营业额有2 886亿元。

日本札幌的ICT集群大约是28年前开始形成的，形成时间在世界上来说也是很早的。形成札幌的ICT集群的契机是NTBFs的形成，虽然说是非正式的，但在大学起到了很大的作用。在这一点上，还是值得一提的。札幌市的信息产业的集聚的开始源于以"札幌市投资园构想"为基础的"札幌科技园"的调整构想。该构想是作为城市信息处理产业振兴策略的一部分而起草的。

1982年在产生该构想的札幌市，已经有160家左右的信息关联企业。1982年，北海道软件协会和北海道计算机软件开发公司协会成立，札幌市成为这些企业的社团法人。而且，北海道软件协会作为共同接受任务的组织，设立了"北海道软件事业联合组织"。当时，北海道软件事业联合组织向札幌市申请了一部分购入资金补助，决定与其共同购买非常高价的通用大型电脑作为各个企业共同使用的器材。以这个申请为契机，札幌市在1983年设立两协会和恳谈会，最终提出了振兴札幌市的软件业和计算机开发业的策略——"札幌市投资园构想"。而且，在恳谈会的前后，札幌市还实施了关于信息产业的企业调查，并第一次认识到了信息产业在急剧成长的事实。通过这些步骤，札幌市认识到了信息产业的可能性和作为都市产业的适应性，开始进行"札幌市投资园构想"的筹划。

在这个构想中，信息产业占据着新兴都市型先端产业的位置，集聚了本地的软件技术开发和计算机技术开发，并体现了使用通用的大型电脑，提高技术支援和经营基础的基本方针。以这个基本方针为根据，构想出了信息产业的集聚点的札幌科技园。札幌科技园的计划，优先使本地企业选定地区，由此意在促进企业间合作，从而确立信息产业的优势地位。也就是说，札幌市对于经营资源匮乏的本地信息产业，策划提供廉价的土地、建筑物、生产设备的同时，强化经营基础，促使其培养人才、提高技术。

札幌市信息产业集聚的成果，就如前面所讲的，是在札幌科技园构想以前开始的。札幌信息产业的先驱企业是BUG、Hudson、Davy-soft这三家公司。

　　BUG 是 1977 年在北海道大学学习电子工学的四位研究生设立的计算机开发公司。设立这家公司的契机是，北海道大学工学部的青木由直教授在 1976 年设立非正式活动组织"北海道微观计算机研究会"。在这之后，BUG 将总公司设立在札幌科技园，和大日本印刷共同开发与 MPS 印刷相关的系统，和日本最大的电信电话公司 NTT 共同开发通信机器等项目，都赢得了业界的好评，业界对 BUG 的技术也给予了很高的评价。

　　1980 年，以古谷贞行为中心，设立了北海道 Computer-Land，北海道电脑园对于札幌园区的形成起到了很大的作用。古谷贞行在夏普的子公司工作，夏普的总公司在大阪。之后北海道 Computer Land 更名为 Db Soft 公司，古谷贞行就任社长，公司本部设立在札幌技术园，以商务软件为中心而取得了成功。不仅如此，在 1973 年建立的 Hudson 可以说是作为日本的电脑游戏制作者的奠基企业而迅速成长起来的，成为札幌的信息产业集聚的中心企业。

　　到了 20 世纪 90 年代，大多数支持札幌信息产业集聚黎明期的企业开始将研究开发部门分离出来，使之独立。"分离企业"中成功的代表是 Davy-soft 公司，其 1990 年从 Davy-soft 公司独立出来了 Agenda。Agenda 在制造商业包装、制作游戏软件的疑难问题解决方面很成功。而且，1991 年从 Davy-soft 公司独立出来的数据处理技术，活跃在 CG 和影像制作等数据软件领域。1997 年成立的 Soft-front 是由 1992 年从 BUG 公司独立出来的 Vision-corporate 公司和 1993 年从 Davy-soft 公司独立出来合并而成立的公司。公司是以开发与网络关联的软件和规划软件包装以及开发为中心而发展的，最近，又瞄准了新型产业网络电话 VOIP。

　　这些独立企业并不是札幌市计划的以科学园地为据点而是每一个都自由独立，大多数企业在札幌市车站的北口周边建立了办公室。因此，这个区域成长为一个大的信息产业集聚地。据最近的调查，这个区域有 25 家公司（在 1998 年有 8 家），销售额达到 73.69 亿日元（1994 年是 18.11 亿日元），就业人数增加到 644 人（1994 年 153 人）。当时，札幌市中也有开发非常落后的地方存在，再加上日本泡沫经济崩溃后，智能办公楼的租用价格下降，所以那些正在寻找办公室的信息系的新兴企业就一下子都进入到了这个领域。

　　虽然这种集聚现象是偶然产生的，但是因为这些企业临近着北海道大学，所以常常进行共同研究、共同开发等活动。新兴企业一边享受由集聚所带来的好处，一边培养新的商机。作为札幌市没有特别进行计划建立的地方，这个地区，展示了和札幌 Techno-bar 不同之处。

札幌的 ICT 集群产业形成的基础是 1976 年青木由直教授设立的非正式的"家有电脑研究会"。参加这个研究会的是在之后的 IT 集群的形成中起到核心作用的各界人物，以建立 BUG 公司的成员札幌的三浦（后来的技术员）为首，还有 Hudson 的中本、Agenda 的松井，北海道大学的山本等一些人物。青木由直开创了后来成为"青木私塾"的一个新的领域。

"家有电脑研究会"成立以后，在札幌的 ICT 集群创设了多种多样的社会平台，对于 ICT 集群产业的形成做出了一定的贡献。1998 年，前面所说的 Agenda、Data-craft、Soft front 以及在软件开发方面很成功的 DAT Japan、在 CAT 软件方面取得成功的 Techno-bar 这 5 家公司，建立了 Cool Biz 这个商业交流会。这个商业交流会和以前的企业联合有所不同，并不是以相互扶持为目的，而是一个以各个企业的自主努力为前提，相互之间公开自家公司的经营资源的组织。

通过这种方法，达到开发作为维护各个企业利益的新产品和服务的目的。今后，社会各界都期待这个商业交流会能扩大规模，成为能将各个企业拥有的一部分网络和经营资源有效利用的场所。

在 1996 年，以山本（北海道大学大学院工科研究学教授）为中心，根据信息网交流会创造的组织 NCF（网络交流会平台）成立了。在 2000 年，以硅谷商业咖啡为模式的札幌 Biz Cafe 开业了。札幌 Biz Cafe 在札幌站北口，是一个以提供自由的商业交流的场地为目的的地方，其是以 Soft front 的村田和 Data-craft 的高桥为中心，为了使在札幌站的北口自然产生能够创造出商机的信息产业提案。

就这样，以在札幌站北口为中心发展起来的 ICT 产业之中，出现了作为企业间商业交流会的 Cool Biz、NCF 札幌 Biz Cafe 等能够自由参加的空间。笔者和 Data-craft 的高桥以及信息网的岩谷一起开创了培养风险企业假象 IT 研究会，将以创造为目的的场所组织化。还有 Biz Cafe 在 2002 年 3 月把最初的计划取消了，之后虽作为非营利企业重新开始营业，但是经营和以前相比变得保守了，也缺少了很多活力。

之后，札幌的 ICT 产业在 2002 年被选为文部省的智慧型集聚产业，基于 IT 马车构想，走出业务承包，向企划、设计企业集群发展。但是，产生札幌的 ICT 集群的时代已逐渐失去势头，不可否认集群的形成也出现了进退两难的局面。

8.6 通过对比来分析高新技术产业集群的形成过程与模式

8.6.1 高新技术产业集群的形成模式——计划型和自发型

上一节所讲到的四个高新技术产业集群中，属于计划型产业集群的只有慕尼黑生物产业集群，剩下的奥卢 ICT 产业集群、剑桥 ICT 产业集群、札幌集群均为自发型产业集群。因此，自发型和计划型在形成高新技术集群的过程中有什么不同、有什么需要注意的地方，都需要阐述一下。

形成自发型产业集群的最大的课题是，如何融合每个地方性的主动权，从而提高为地域水平的集合行为。解决这个问题的关键之处是统合原本背离的经营行为。

奥卢 ICT 产业集群和札幌的高新技术产业集群的案例，是表现融合行为的典型案例。这两个地方都是自发型的微观行动形成中等水平的集群的现象化案例。从微观向中观飞跃的契机是，自治体巧妙地参与自发的行动，给微观的革新行动提供更大的刺激。

奥卢 ICT 产业集群的案例中，刚开始地方政府有着称为 "City of Technology" 的接受多种新兴行为的态度，和将其态度具体化的 "技术村"。由于 "技术村" 的存在，给创新行为带来了更大的可能性。奥卢 ICT 产业集群的形成中有两点很重要：第一，大学和研究机关作为平台促进 NTBFs 大量创业；第二，通过自治区的公共创新创立的社会平台并没有闭塞已有的平台活动，而是使两个平台强有力的互相作用，为通过 NTBFs 的成长和集聚而形成的 ICT 集群做出了很大的贡献。奥卢的 ICT 产业集群在这之后，接受了政府 COE 计划的指定，更加注重发展计划型产业。

接下来是札幌 ICT 产业集群的例子。虽然不是很正规，但是大学的家用计算机研究会是促进产、官、学相互作用的一个平台，这个平台使 ICT

领域的 NTBFs 大量创业，使企业家活动更具活力。为了与此相称，札幌市提出了"札幌市投资园构想"，并以此为根据设置科技园，提出了集聚信息产业的方针。札幌在这之后，作为"IT 界先锋"接受了文部省的智慧型集聚创业的指示，虽然目标是发展计划型集群，但大大失去了计划型的动力。

像上文所提及的地方和中央政府赋予了地域性、多样化的自发行为的正当性，相当于给予了当地企业充分的信赖。融合多样的自发行为，更加成为诱发自发行为的契机。这就是西口（2003，2007）提出的巴特·高收益的网络效果。但是，奥卢和札幌两个高新技术产业集群，在之后的发展过程中向人们展现了其很大的不同。原因之一是发展计划型产业的行动对自发型产业动力产生的影响不同。

另外剑桥高新技术产业集群的例子，并没有地方和中央政府对计划型产业的介入。从形成到发展的过程，从始至终都是以发展自发型产业集聚为目的。在剑桥现象中，格尔曼·高收益是集群产生的诱因，在剑桥存在促进 NTBFs 产业集群成长的机能。但是，因为社会型平台的不足，支援其成长、集聚的机能很弱，所以缺少发展成高新技术产业集群的强大动力。

相反，从一开始就接受中央政府指令的慕尼黑，通过执行命令开展了计划型高新产业群的建设。在高新产业群的发展过程中，IZB Martinsried（慕尼黑的一个地名）公司、BioM 公司建立了与大学、研究机关和企业的密切合作关系，在形成生化产业群的过程中取得了非常大的作用，这也是西口（2003，2007）的观点中言及关于 Bird Rent 的事项。

上述事实明确了，在高新技术产业集群形成论上，重要的并不是自发型和计划型种类本身。而是：（1）归根结底重点是促进自发型和计划型产业相互作用的过程。（2）有必要认识到，在自发型和计划型产业上，形成产业集群的网络结构有差异。（3）从产业集群的形成到发展的过程中，在自发型向计划型转变的情况下，如何防止企业家的文化丧失等地域集群的文化变质，即负面"闭门锁国"的现象。反过来，从计划型开始的战略集群的案例中，如何使自发型企业家活动充满活力也非常重要。

8.6.2　企业家活动的动力

奥卢、剑桥、慕尼黑、札幌各产业集群的形成上，因为大学、研究机关等的商业化，NTBFs 共同创业，它们和向地域进军的企业一起对集群的形成做出了很大的贡献。也就是说，积极展开了关于企业和事业开创的企业家活动。

但是，对微观企业家活动提供肥沃的苗床地域系统，不仅可以作为创造集群形成的场所，也可以观察企业家活动。此类企业家有奥卢的 J.Oksman 和 M.Oala，剑桥的 W.Heriont，慕尼黑的"慕尼黑生物科技"公司，还有札幌的青木由直和山本。而且，奥卢和札幌的自发型集群的形成，出现了明显可见的公共企业家身份，和非正式的公共企业家身份联动，形成了多样的社会平台，以螺旋形的方式促进产业集群的形成。他们的行动和传统的企业创业，及以创造为目的的企业家活动不同，可以理解为是一种以服务于地域的微观企业家活动为目的，创造社会基层的企业家活动（Kanai & Ishida，2000；金井，2005）。

创造社会性平台的企业家活动，自发型集群的形成上较明显。原因是，集群形成时网络形成出现疏远的特征。在彼此之间联系很弱的状态下，由于没有形成网络相互作用，它们之间的联络桥梁是很重要的。也就是说，在纽带之间形成了社会型的平台，促进了相互作用的紧密性，追求信赖关系。特别是在 NTBFs 产业集群的成长和发展的基础上的高新技术产业集群形成方面，填补产业和学习之间的隔阂，创造革新型的平台。为企业、事业的创业点燃能量的企业家的活动起到关键作用。

这种新的中间组织构成的企业家活动，Burt（1992）认为给人的印象是填补"构造的缺陷（structure. holes）网络枢纽的企业家的形象"。巴特没有像笔者一样指出社会型平台形成的机能。笔者提出的新型的中型组织构成的企业家活动的概念，融合了书上的填补构造隔阂的企业家的概念和形成"场合"的企业家活动，是新的企业家活动概念。形成新的社会型平台，起到了从微观到中型发展相结合的作用。这样的活动在地域区域经济联合体中被认为起到了拱心石的战略作用。从这个角度看如果没有 J.Oksman 和 M.Oala 的企业家活动，就不能创造出奥卢的 ICT 产业集群。

为了让多样的微观企业家活动同地区的中型集群形成紧密结合，创造上文所说的社会型平台，就需要新的企业家活动。通过这种担任着完全不同的机能的两种企业家活动的动力的连锁，可以形成地域的集群。可以称这种关联为企业家活动中的"微观、中型"的集群形成。

通过对企业家活动重新定义，可以统一地说明集群的形成从微观到中型水平的发展，这样就变得非常明了。而且，通过这种原理性的说明，原有的集群论并没有起到明显的作用的企业家活动，是集群形成的关键概念，同时，在集群的形成上，提出了使新的企业家活动变得更有活力的重要建议，这之中包含了实践的意义。

8.6.3　在地域集群形成上引入需求的企业的存在意义

上面已经讲过，Kenny & Von Burg（2000）通过区别"第1经济"和"第2经济"，得出结论：硅谷和其他地域不同的原因是第2经济的重要性。正因为有"第2经济，才使硅谷NTBFs产业集群的发展和成长成为可能，才形成了高新技术产业集群。也就是说，作为体现NTBFs产业集群成长的区域能力的地域区域经济联合体被看作是形成高新技术集群的主要原因。但是在学习硅谷集群形成时，很多观察者看漏了重要一点，在硅谷形成初期，向NTBFs输送最多需求的是军需部门，和斯坦福大学完全不同。也就是说，无论"第2经济"多么丰富，必须存在不断给"第2经济"供应燃料的"第1经济"。不得不说，它作为NTBFs产业集群的成长和发展的地域区域经济联合体是不充分的。从这点来看，在NTBFs产业集群的成长和发展的地域区域经济联合体中，作为上游的燃料供给组织的大学和研究机关和作为下游的燃料供给主体，引入需求的企业（伊月他，1998）是很必要的。这相当于Porter的钻石模型的要素条件和需求条件。

比较既同属于一个ICT产业集群又是自发型集群的奥卢和札幌时，两个地域最大的差异是引入需求的企业方面。在奥卢的ICT产业集群里，全球性企业诺基亚的这种引入需求企业从集群产生之初就存在了。与此相对，在札幌并没有这样的企业，如果再追加条件的话，作为中心力量的北海道大学和札幌大学VTT，支撑区域经济联合体平台的开展方法和创新能力有着巨大的差距，虽然札幌市内的IT企业群集为利基市场状态，但是札幌缺少一个类似于奥卢 ICT 产业集群中的诺基亚的市场支配者。

这种要素条件和需求条件的区别被认为是两地区的 ICT 产业集群在形成和发展上产生了显著差异的原因。确实，札幌的 ICT 产业集群在一段时间内存在索尼、大日本印刷、任天堂等引入需求的企业网，这些企业虽然成为 NTBFs 产业集群的主干力量，但是并不是面向所有的集群提供需求。这和在奥卢的诺基亚相比产生了明显的差异。

如果产业集群不是由区域供给链（山崎，2003）组成的话，就有必要再对作为需求进入企业的"第1经济"的作用和意义进行重新认识。虽然如此，但实际上"第1经济"和"第2经济"并不是必须要完美的结合在一起的。特别是在 NTBFs 产业集群的成长和发展方面，围绕大学发展的风险企业的观点都非常明确。很难说其和"第1经济"紧密地联系在一起。所以，为了让"第1经济"和"第2经济"顺利地连接在一起，连接两个经济的平台是需要的。

奥卢 ICT 产业集群、VTT 电子研究所和慕尼黑的 BioM，就起到了将两经济连接到一起的平台的作用。通过这些平台的作用，不仅促进了 NTBFs 产业的成长和发展，也激活了"第1经济"，其为高新技术产业集群的形成和发展做出了很大贡献。高新技术产业集群的形成和发展不仅仅要超过大学风险企业的产业集群，更需要铭记的是与其相互作用、相互合作也是重要条件。

8.7　本章小结

本章对奥卢、剑桥、慕尼黑，札幌的多种高新技术产业群的形成和开展方式进行了分析。为了用统一的视角去分析集群的形成和发展，我们必须从"微中观循环"角度出发，也就是以计划与新型创业的相互作用与网络的关系为基础检讨企业家的活动，企业、事业的创业，创造与企业家行为的相互关系。不仅如此，针对高新技术产业群的形成，我们也检讨了两种企业家行为的强韧的连锁关系以及计划和新型创业，并制作了促进上述三种事项相互作用的网络。与此同时，我们也更加确信为了一个地区内的

NTBFs 的成长和集聚，我们必须首先拥有"第 1 经济"需求的机关或产业。

下面，从上述分析得到的理论及提到的实践进行总结：

第一，要注意在高新技术产业集群的形成及发展方面，社会型平台的重要意义。特别是在计划型集群的形成方面，虽然好像已经创造了这个平台，但是没有起到平台的机能的情况还很多。原因是没有理解构成集群的、多样主体间的"结构上的空缺"的人担任着这个职位，还有参加者之间不能相互完全信赖、协作关系薄弱。这也是日本最早尝试产业集群的北海道 ICT 产业集群计划没有成功的原因。

要形成社会型平台，应该认识到起作用的企业家活动的重要性。特别是像 NTBFs 这样以高度先进技术为基础的高新技术产业集群的形成与发展。大学和研究机关在 NTBFs 产业集群的成长、发展，能否成为地域系统平台、地域的自治体与形成大学不同的平台，两个平台之间能否产生有效果的动力，是很重要的。不仅如此，有效利用平台能培训人才，充实培养人才的教育机关的同时，像前面一章提到的那样，作为对人才的回报，要求能够产生人才活跃的劳动力市场。

第二，指出产生计划和新型创业的动力的规律的重要性。很多计划型集群没有起到作用是因为计划进行的统一制度及规矩使新型创业的内部的能量和动力的作用产生窒息。而且，很多计划本身并不随着原有的制度的变化而变化。为了形成高新技术产业集群，并让它发展起来，不改变原有的系统和体制，是不可能使机能产生作用的。日本的产业集群计划和智慧型集聚创业过程中都有这种变革。很难想象在保存原有的体制，在旧的框架之中，新的高新技术产业集群的形成和发展是可能的。关于这个问题，从慕尼黑和奥卢的例子来看，结果是很明显的。

具体来说，生物产业集群在形成时，至少文部科学省、经济产业省、厚生劳动省、财务省、农林水产省的共同协作是必要的。伴随着大众创新，请求各省厅创造社会型平台。如果缺少大众企业家的产业集群计划和智慧型集聚创业的话，NTBFs 产业的成长和发展、高新技术产业集群是很难形成的。同样为 ICT 产业群，对于随后的发展出现极大不同的奥卢和札幌而言，我们可以认为产生这种不同的主要原因是拥有像诺基亚这种不断发生需求从而刺激奥卢的企业群以及没有任何发出大量需求的企业所表现出来的差距。这是因为面向 NTBFs 的共同创业、成长，积累的地域系统内需要存在可以有效统治市场的角色。在此我们可以理解为"第1经济"里存在非常有效地将中大型企业与 NTBFs 的集聚、成长、积累进行连接的平台是有多么重要。

第三，多数 NTBFs 集群的成长和发展，需要企业的进入。高新产业群成为高新产业的区域性补给链的条件之一是 NTBFs 必须与大学和研究机构加强关系来形成与发展。当然，链接企业群和市场的核心企业也不可缺少。虽然同样为 ICT 产业集群，奥卢和札幌之后的发展有很大的不同。像奥卢在集群里存在需求引入企业（诺基亚）而札幌不存在这样的企业的差异能说明这个问题。这相当于存在支配 NTBFs 产业的成长和发展的地域性系统一样。从这里，就可以理解使"第1经济"存在的大企业和中坚企业以及 NTBFs 产业集群的成长和发展的地域系统相结合的平台的产生是关键。

通过分析本章形成与发展中的高新技术产业群和企业家行为的连锁所形成的"微中观循环"，我们会发现促进计划和新型创业的相互作用所产生的网络以及作为"第1经济"的需求企业群存在的重要意义。

III

日本区域经济联合体的构建

第 9 章

从 US 模式到鹤冈奇迹

本章主要研究可以让 NTBFs 共同创业、成长、集聚的区域经济联合体作为中间组织构建的 US 模型，以及将模型可视化并了解其理论构造，通过区域经济联合体构建模型，对英国、美国的案例进行分析，考虑将此模型实际导入日本国内时的限度和改善方向、特定地区的区域经济联合体建立的可能性及政府的应对政策等。

9.1　US 模式引入的限度

9.1.1　US 模式的本质

体现在 Cloning Silicon Valley 政策中的 US 模式的本质是为了在滞涨的经济中实现美国经济的复苏，使之进入新的发展轨道。可以总结为以下几点：第一，以地区内高新技术产业的形成为目标；第二，在此基础上，将其实施的关键寄托于作为大学风险企业的 NTBFs 的创业、成长、集聚[①]；第三，把因政府为大学提供资金而取得的研究成果作为创业新

---

① J.Sohl 指出，这一变化可以通过 "from a declining industrial and manufacturing economy to an emerging entrepreneurial/innovation-driven economy" 体现的同时，作为其象征，在 1994 年有多家 NTBFs 上市的 NASDAQ 的股票交易额超过了位居《财富》500 强中的现有大型企业所上市的 NYSE 的股票交易额。

技术；第四，引导中间组织区域经济联合体的构建，为实现构建主体地区化进行构建改革。

其中，作为中间组织的区域经济联合体的构建进行结构改革尤为重要。如果不实施构建改革，就无法引入 US 模式。但是，在日本 US 模式的引入中，在"新自由主义"之名下，市场导致了现有制度的解体。换句话说，将 Triple Helix 中的 Laissez-faire 模式作为结构改革的目标，犯下了巨大的错误。正如英国的类似政策被人诟病那样，其理由不正在于未对硅谷和奥斯汀的区域经济联合体的构建工程进行充分的验证吗？

虽说如此，但因区域经济联合体构建工程是对地区新型创业产生的多样性工程的摸索，因此，在案例分析和比较分析方面，导出其构建模式是不可能的。后来采取的方法是，在 US 模式的引入中，将从案例分析和比较分析中得出的相似点进行整理，并分析出其共同要素，并将引入该共同要素作为政策实施。其原因是，已确立的区域经济联合体具有作为大学风险企业的 NTBFs 支援组织的相似性，可以分析形成这一相似性的共同要素。

这样分析得出的共同要素是：TLO、科技企业培育、商业天使、VC 等，NTBFs 的集聚也作为产业集群备受关注。但是，即便引入了这些共同要素作为宏观政策实施，也无法取得预期的成果。除非进行现有制度的结构改革和构建，接受以结构改革为前提的新宏观政策的中间组织区域经济联合体，否则引入从 US 模式分析出的共同因素，只会引发与现有制度的冲突而被排除，或者使现有制度陷入功能不全这两种结果。即使是在欧洲的 US 模式引入后，除去如剑桥、奥卢等极少一部分地区外，其他地区均没有达到预期的成果。因此，这些极为稀少的成功案例被称为：不再现的"剑桥现象"或者"奥卢奇迹"，只能将其视为例外。

9.1.2 US模式引入的问题

在日本，自 1990 年年末以来，也逐渐开始实施了"产学连带型研究""产学技术转让""大学风险企业 1 000 家计划""产业集群计划""高新技术集群企业创新组织"等，引进以 US 模式为目标的新技术创新政策。在此背景下，有了这样一种认识：日本的经济已经到了一个新的阶段，应该由之前的以追赶发达国家为目标的阶段，转为追求依靠新市场突破性创新技术形成高新技术产业的阶段。其核心依赖于作为大学风险企业的 NTBFs。

从与 Cloning Silicon Valley 政策的对比来讲，可以说日本已经大致网罗了作为共同要素的宏观政策，包括日本型 SBIR、TLO、天使税制、投资事业有限责任组合法、公司法的彻底更正、间接 VC 制度和产业革新机构等，Public VC 的创设、日本纳斯达克、东京证券 Mothers、JASDAQ 等新兴市场的开设与扩充、产业集群政策等。（石黑，2000；东北产业集群形成战略恳谈会，2006）。

但是，在 10 年后的今天，很难说作为大学风险企业的 NTBFs 实现了地区内不断创业、成长、集聚及形成高新技术产业，也很难说其就是日本经济的新发展模式。不仅如此，多数的 TLO 和大学风险企业被迫破产，新兴市场因状况不佳而动摇（松田，2010）。出现了产业集群政策的一部分遭到废弃的情况，US 模式的引入到了很可能被否定的境地。

正如在苏格兰所见的那样，因政权交替带来了庞大的 SE 的解体。如果将欧洲的这一事例看作是失败的先例的话，不改革 Statist 模式，只对现有政策进行添加补充以期引入 US 模式，那么在日本很可能也是同样的因果关系在发生作用。此外，日本的政策，在致力于引入 US 模式的同时，其最重要的一点，即形成了回避"双重创业风险"减轻的政策，这一点也决不能忽视。下面，在日本宏观政策改善的观点上，就与 Cloning Silicon Valley 政策中的 "SBIR-TLO-PEM" 对应的日本式 SBIR、TLO 及新兴市场进行验证。日本式 SBIR 和 SBIR 最大的不同在于，日本式 SBIR 基本上是 Grant 模式，通过 PhaseIII 进行国家的调控和对通过 Set Aside 的大企业进行强制购买等措施来实现。日本式 SBIR 是 Grant 模式的资金资助政策，对于其资金是否被合理使用，虽然会由会计师事务所实行严格的审查，但在调控成果时产生的负责人的责任往往无法追究。就 TLO 而言，US 模式中的 TLO 是将美国联邦政府资助的研究成果知识产权化，就是说，与国有资产的民营转让中间机构的定位相对。在日本，不过是将这种中间机构设置为将大学教员发明的知识产权化和向民营企业转让的机构，并对此种设置给予一定的补助金。但是，在日本的主要大学中，以有实力的教员为中心，其转让申请权已转让给民营企业，那么设置 TLO、进行中介就变得毫无意义了①。

就新型市场方面来说，JASDAQ 的存在使东京证券交易所，甚至地方证券交易所都面向风险企业设置了 IPO 市场，但是它实际上只是针对日本 JASDAQ 的组织防卫。JASDAQ 以外的新型市场的实际状态是，主要证券公司不承担股权商对市场中的流动性负责这一风险的共有义务。其只不过是降低上市基准，甚至可以说是一个引起不良情况的机构。US 模式中的 PEM 通过投资家区分和优厚的税收制度，动员富人层和机构投资人对 NTBFs 的风险注入资金。与这种私募股票发行市场相比，日本开设的不

---

① 通商省在政策立案时，为了掌握美日产学经济技术转让的实际情况，委托美国大型咨询公司 Arthur D. Little 公司进行关于美日产学技术转让的比较、探讨与调查。在《最终报告书：从产学连带看美日技术型大学的比较与评价》中指出：在美国，MIT、斯坦福大学、加利福尼亚大学、卡内基梅隆大学等有实力的研究型大学在技术转让方面取得了惊人的成果，并在大学周边将其成果商业化，实现了作为大学风险企业 NTBFs 的创业、成长、集聚。与此相对，日本东北大学、东京大学、京都大学等老牌帝国大学自不必说，而像筑波大学、东京工业大学等主要国立大学，甚至早稻田大学和庆应大学等有实力的私立大学中，技术转让也完全没有得到实行。但是，这项调查是忽视了以奖学捐款金为中介的研究者和对企业的"非正式惯例"的调查，如果注意到"非正式惯例"的话，日本大学已经实行了技术转让，事到如今也不必特意设置 TLO。实际上，美国的研究者也指出，"非正式"或者说"迂回道路"的惯例行为，已成为日本"高效率的产学技术转让"（Kneller，1999）。因此，从创造出数量众多的有用发明的实力研究者和将其成果申请专利、有效利用的企业来看的话，TLO 法是一种不切实际的、纸上谈兵的法律，据此设置的 TLO 就成了"不速之客"。那么，为什么非要无视日本一直以来存在的"非正式惯例"，硬要设置 TLO 呢？据说其理由是，在生物科学等可以预想到在未来和美国有专利争执的尖端领域里，以奖学捐款金为中介的申请权转让的这种"非正式惯例"，在美国专利法中很可能有构成专利资格丧失事由的 offer for sale 之虞。从这一点上来讲，在全球化的进程中，通过日本产学技术的转让，在致力于日本产业竞争力强化、创出生物等新产业方面，"非正式惯例"不仅不能发挥功用，甚至可以说会使优秀的研究成果陷入无法实现知识产权化的严重危机之中。对于设置 TLO 的相关负责人而言，放弃用"非正式惯例"，也许是看到了旧的产学技术转让的致命缺点。在这个意义上，可以说 TLO 的设置，是对迎接全球化的日本产学技术转让的一个不可或缺的解决方法。但是，时至今日，关于围绕设置 TLO 的疑虑，还尚未有定论。

过是似是而非的上市股票流通市场罢了①。在 US 模式中，通过宏观政策和区域经济联合体的协作，通过减轻 NTBFs 特有的"双重创业风险"，促进新型创业这一企业家的微观活动，将创业发展为集群，使其在科技风险企业培育中的摸索尝试成为可能。与此相对，日本的宏观政策完全没有起到降低风险的功效，但还是存在对倒闭企业的企业家给予强制经济惩罚的法律制度②。可以说，了解企业经营风险的优秀的经营人才，不可能参与到作为大学风险企业的 NTBFs 的创业和经营中去。反倒是对经营一无所知、没有风险感的研究者创业、经营的事例居多，创业后意识到风险，力图回避风险，很多创业者甚至出现了逃避成长战略的倾向（价值综合研究所，2008）。

这样一来，日本的 US 模式的引进，从最初开始，就具有妨碍政策实现的倾向。因此对于寻求区域经济联合体构建的 US 模式的引入而言，改善具有这种缺陷的宏观政策就变得十分必要。但是，US 模式也存在副作用，在引进时，不能只看到它的优点（Harrison & Leitch，2009），对于其副作用也要有正确的认识。

9.1.3　US 模式的副作用

US 模式的副作用可以说就是收入差异的再现和扩大。从第二次世界大战到 1980 年初 Cloning Silicon Valley 政策的引入，这段时间美国的收入差异很小，被称为"大压缩的时代"。在大压缩的时代中，GM、福特等大型企业和 UAW 等大型工会进行工资协商，维持雇用和提高收入，这样也就产生了中层社会（Krugman，2008）。

但是，在引起经济滞胀的日美贸易摩擦中，美国失去了竞争力，因

---

① 日本金融当局曾犯过这样的错误，想要将投资者保护这一不容任何人反对的命题同等适用于上市企业和 PEM，结果使得这两个方面都陷入了机能不全的困境。"无管控这一'空中气涡'在日本突然诞生，即使没有规范，凭借专业投资人的良知所支撑的成熟市场，也将展现出它是如何的高效"（松本，2006），对被如此评价的 VC 基金加以管控，陷入了混乱的状态中。

② 关于破产时美日企业家的经济风险，以破产以外的财产额为基准的研究表明，相对于日本 99 万日元的金额，在美国被预想为大约 5 万美元。美日两国在金额预想上存在着很大的差距。日本的金额是 2004 年民事执行法修正以后的金额，之前仅有不超过 21 万日元的金额。

为 UAW 曾对沦为美国联邦政府救济对象的克莱斯勒公司作出让步，致使从制造业到运输业、服务业、政府部门等几乎所有的工会都被迫让步（秋元，1992）。结果，雇佣关系不得不以市场原理为基础而变化，维持和提升带来"大压缩的时代"的雇佣和收入变得不可能了（Cappelli，2001）。

在 Cloning Silicon Valley 政策实施过程中，曾实现了大压缩的时代的国家的规章和管理。Triple Helix 中的 Statist 模式变得无法维持，在解体过程中，采用了 Laissez-faire 模式。由 Laissez-faire 模式带来了雇佣制度的解体，弱化了劳动者的权力，使新创业的压力增大（Bosma & Levie，2009）[①]。

美国在这种现有制度解体的基础上，在 Cloning Silicon Valley 政策下，地区向着构建中间组织区域经济联合体的方向努力。但是，区域经济联合体是由取得成功的 NTBFs 所带来的资产收益的共享网络组成的支撑组织，因为能够共享资产收益的范围有限，无法避免收入差异这一副作用（Reynolds et al.，2001）。实际上，为投资银行等地方工作的"Working Rich"的高工资和企业家所得的资产收益已成为高额收入的源泉（Saez，2010）。

美国一直伴随着收入差异这一副作用，通过 Cloning Silicon Valley 政策的实施，形成了 NTBFs 共同创业、成长、集聚引导的地区高新技术产业，达成了竞争力的恢复和 GDP 的增长。与此相对，日本自 1990 年以来受到了国际竞争力下降和 GDP 停滞现象的影响，如图 9-1、图 9-2 所示。

如果说对于 US 模式的引入，必须接受其作为其副作用的收入差异，那么可以预想，其在日本必然会遭到极大的反对。

---

① GEM 报告从这个事实出发，得出了只要直接缩减对雇用者的保护，快速成长的新创业就会增加，并且是一种长期利益的结论，但与此同时，如果不构建区域经济联合体，只会以产生 Working Poor 收场而已。实际上，在撒切尔政权之下，Statist 模式解体，在和美国同幅度削减雇用者保护的英国，本应具有很高的成长可能性的英国新创业率，是美国的一半以下（Bosma & Levie，2009）。可以说这是无视各国的制度和对应政策的 GEM 的各国比较分析这一宏观论的使用极限。

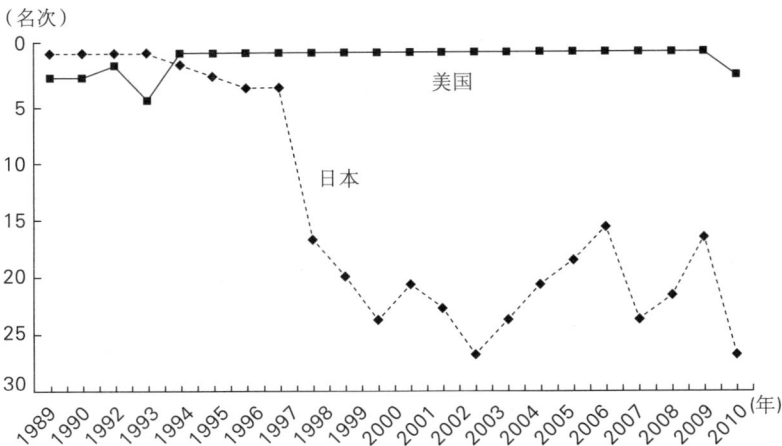

图9-1 日美间产业竞争力比较

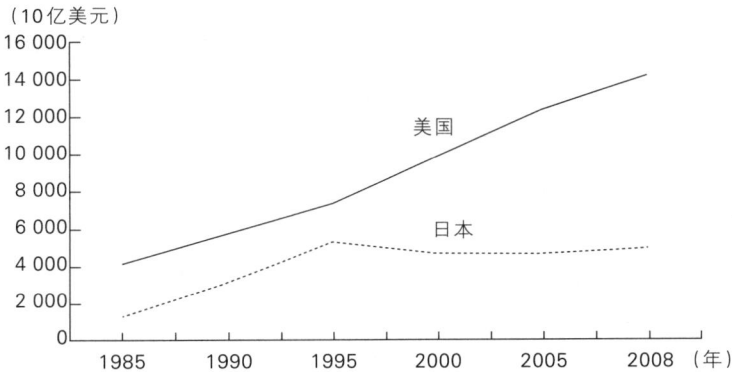

图9-2 日美间GDP趋势

在日本,已经产生了在大都市圈和地方圈的GDP差异。依靠工厂招商、农业保护、公共事业的地方圈经济的衰退难以避免。在此背景下,加之全球化和新兴国家对发达国家的追赶,带来了成本削减的压力和生产地点的海外转移(经济产业省,2010)。

因此,可以说US模式的引入对于日本地方经济的复兴是有必要的。为应对收入差异,需要寻求捐款和慈善等手段的充实。但是,与引入Cloning Silicon Valley政策时的美国对比,日本制造业的国际竞争力维持着比当时的美国高的水平,无法期待像Cloning Silicon Valley政策那样的宏观政策的全面转换。[①]可以说，日本US模式的引进同20世纪初的波士顿一样，应该在经济成熟带动下的地区经济复兴这一限定目的和范围内实施。但是，即使在此情况下，宏观政策和作为中间组织的区域经济联合体的构建也是不可或缺的。

9.2 区域经济联合体的构建

9.2.1 宏政政策的改善

日本的情况是，以引进US模式为目的，自20世纪90年代末实施的宏观政策亟待改善。其关键点是减少风险。

在日本式SBIR中，需要面向突破性技术进一步进行研究、开发、商业化，其中包含成果调控的美国型Contract模式。在Contract模式中，研究、开发、商业化的资金支持并不是那种求助于NTBFs的资助方法，因其将科技风险企业的培育当作事业进行，费用自不用说，必须确保其利益的获取，保证与其顺利发展相应的灵活性。而且，Contract模式不仅要求成果的实现，也要求成果的调控。结果，援助负责人通过将技术风险和事业风险与企业家共有，来获取"双重创业风险"的减少。这就对NTBFs开发计划的选择、援助提出了严格的判断要求和责任要求。而且，通过加入对Set Aside这样的现有大企业进行强制购买的制

---

① 在日本，技术创新、雇佣、收入等，无论在哪个领域作为大学风险企业的NTBFs都无凌驾于大企业之上的事例，而且日本的大企业，与实施Cloning Silicon Valley政策时的美国大企业相比，并没有失去竞争力。因此，即使无法期望实现像美国那样的全面性的政策转换，也应该对作为大学风险企业的NTBFs的功能给予肯定，也应当并行且持续地采取面向高科技产业形成，促使NTBFs共同创业、成长、聚集实现的宏观政策。因为曾有过以下不可忽视的例子，一般不太为人所知，在围绕电子高清晰度电视机的日美竞争中，以NHK为中心的日本大型企业联合汇集了工艺创新的精华，制造了模拟高清晰度电视机，却因为形成于圣地亚哥区域经济联合体的电子通信产业NTBFs的集聚，GI公司收购Videocipher公司开发的高画质电子技术，使日本这些大型企业花费30多年时间和数千亿元资金的开发付之一炬。GEM报告从这个事实出发，得出了只要直接缩减对雇用者的保护费用，快速成长的新创业就会增加，并且是一种长期利益的结论，但与此同时如果不构建区域经济联合体，只会以产生Working Poor收场而已。实际上，在撒切尔执政时期，Statist模式解体，在和美国同幅度削减雇用者保护的还有英国，英国创业率的成长本具有很高的可能性，却是当时美国的一半以下（Bosma & Levie，2009）。可以说这是无视各国的制度和对应政策的、GEM报告的各国比较分析中，对宏观论使用的极限。

度，按需搬入的同时，检验其成果，就可以使援助负责人的适用性和援助的妥当性得到验证[①]。

在 TLO 方面，有必要明确针对大学研究，开发国家支援成果的商业化功能，使窗口一条龙化。在此基础上，有必要对作为 TLO 研究成果的水平提升进行援助。TLO 在接受国家援助的研究成果方面，是将其通过现有企业商业化，还是通过接受 SBIR 援助的 NTBFs 进行商业化，需要仔细甄别。无论在哪种情况下，如果最终不能商业化，而浪费国家财产的话，都会产生严重的后果。

对于新兴市场也同样需要以风险金融的创设、扩充为目标，面向私募股票发行市场的调整和富裕阶层及机构投资家的资金动员，寻求 IPO 市场制度和功能的改善。为促进 NTBFs 的 IPO 支援，从通过 NTBFs、投资家、证券交易所、证券公司等的风险共有来实现风险减少的观点，到对现有新兴市场 JASDAQ 的统合，以及到实现 Order Driven 的规模，骨干证券公司作为发行股票商，承担着流动性风险。在该范围内，将 J-sox 等作为不适用对象，管控缓和也是不可欠缺的。从新兴市场开设的经过来看，比起 NTBFs 的 IPO 支援，应该优先考虑交易所和证券业界的利益，不得不说在 IPO 中缺少减少 NTBFs 和投资家风险的观点。

除非改善这种现有的宏观政策，否则即便产生了突破性的技术，也和区域经济联合体构建以前的波士顿一样，其商业化将会在日本以外的地区得以实现。实际上，在生命科学领域已经出现了这种征兆。另外，如果宏观政策得不到改善，地区的区域经济联合体构建很可能也以毫无进展的计划而结束。因此面向区域经济联合体的构建，需要现有宏观政策的迅速改善。

---

① 通过加入"强制性经济负担"的判断，无法简单地做出评价，排除了苦于预算不够和地区援助等而致使判断标准下降的危险性。但是，如果只将技术成果作为选择基准，那么在科学研究经费的取得上，走在前列的有实力大学和承担其成果商业化的 NTBFs 将赢得援助，很可能形成特定地区的优待。实际上，在美国的 SBIR 中，对完成向企业家大学变身的 MIT 和斯坦福大学相关的 NTBFs 的选择更多，并且可以看出其继续增多的趋势，虽然这一点成了对 SBIR 的批判点，但地区环保构建的成果仍有所体现，选择地区的分散化也初露端倪（Chapman，2010）。

9.2.2　以满足充分条件和必要条件为目标

在现有宏观政策已经得到改善的前提下，地区应实施的政策是区域经济联合体构建的充分条件，即满足"技术和人的一定集聚"。根据区域经济联合体构建形成的 NTBFs 创业、成长、集聚所带来的高新技术产业的形成，并不是在全国无论哪个地方都能统一实施的政策。除非满足"技术和人的一定集聚"，否则就是没有实际效应的政策。因此，在 Cloning Silicon Valley 政策中，美国联邦政府对满足充分条件的特定地区给予面向区域经济联合体构建的奖励，将其实施交给地区政府完成。

充分条件满足的具体政策是，带来"技术和人的一定集聚"的大学产学联合型研究的强化、扩充。这个政策是，成功引入 MCC 的奥斯汀所采用的政策。具体为，向代表地区的企业家大学转型，并为此设置 UICRC 和筹备研究院，以及 UICRC 中产学协作型 R&D 援助和相关企业研究院的引入。

为了实施上述内容，大学自身将企业家大学定为目标，获得地区生产业界和政府的理解和承认，求得援助这一步就变得十分必要①。

地区的产业界和政府对地区旗舰大学积极地进行产学连带型 R&D 援助，提高了获取的国家研究援助资金和 SBIR 资助所取得的实绩。在招揽相关领域企业的同时，实现研究、开发人才的此类集聚，有必要对交通工具、住宅、双职工家庭的雇用和育儿、教育、文化等进行筹备和完善，以改善生活环境。

此外，对于该"技术和人的一定集聚"还有外部因素的影响，在 NTBFs 的创业、成长需要的情况下，作为必要条件，必须筹备面向其创业、成长的援助组织。如果不能满足这个必要条件，"技术和人的一定集

---

①　在日本的大学中，存在打着学术研究自由的旗号，却逃避这种实用科学式的政策的行为，向企业家大学转型很可能遭到来自大学内部的排斥。但是，企业家大学中的产学联合型 R&D 并不会降低研究水平，作为突破性的技术，必须研究出 World Class Technology，提高研究水平是必不可少的。以波士顿模式的引入为目标的斯坦福大学为了取得地区内产业界的帮助，设立了作为 UICRC 的 Stanford Research Institute，并表示"比起在广阔领域的平凡涉及，更应该构建由少数稀有人才搭建的尖塔"，物色优秀的研究者，由这些挑选出来的优秀研究者创造出成为 IT 和 BT 基础的突破性技术。

聚"所产生的突破性技术就会流向其他地区，并在该地区实现商业化。

但是，在日本很难满足地区上的必要条件。这是因为，在日本的各地区中，几乎不存在商业培养方面能援助NTBFs的、有能力的管理者、参加PEM项目的天使投资家和VC、流动性劳动市场、代理人、律师、会计、顾问人才、投资银行等援助机构的集聚。

当然，即使在美国也并不是在所有的地区都可以看到这种支援机构的集聚。但仍有必要进行NTBFs成功企业的孕育，援助机关的招揽和集聚。仅有一开始就作为大学风险企业的NTBFs是不够的。在UICRC产学联合型R&D的积累过程中，研发出突破性的技术，只有将其商业化寄希望于NTBFs而不是在现有企业的情况下，NTBFs才能创业。并不是说优先实现国家提出的"在三年中开创1 000家公司"的目标，就能实现NT-BFs的创业。

其次，区域经济联合体新型创业的构建过程由谁主导的问题也随之产生。在"大压缩的时代"的Statist模式中，对宏观政策要求公平性，地区的均衡发展成为政策实施的标准。

但是，以面向区域经济联合体构建的"技术和人的一定集聚"为目标，优先援助旗舰大学和拥有旗舰大学的特定区域这种做法，必然会引起现有企业、现有制度和其他地区的利害关系人的强烈反对。

在抑制这种反对的同时，取得对"技术和人的一定集聚"的活动是新的企业家活动。对此已在第二章中提出并在第八章中作出阐明。进行这种新的企业家活动的主体是Influencer。但是，在抑制这种个人主导性的日本，Influencer要在怎样的背景下、经过什么样的过程才能实现，尚需要更进一步的探讨。

但是，如果从US模式、剑桥、奥卢、札幌等事例来看的话，当从"技术和人的一定集聚"中衍生出突破性的技术，并且其商业化的实现只能依靠NTBFs这种状态产生时，以Influencer和能够管控的特定的个人为中心，实现了面向创业、成长援助的组织就会成立。在此意义上，也许可以这么说：正是由"技术和人的一定集聚"产生出的突破性技术，使Influencer出现，并成为改变地区经济的原动力。

9.2.3 脱离对发达国家的追赶

区域经济联合体的构建，与在 Statist 模式下实施的追赶发达国家的政策有很大不同。并且在文化、制度不同的日本，对于 US 模式的引入有根深蒂固的批判，认为其不具有实效性。[①]

但是，从战后到 20 世纪 80 年代，不仅是美国，在英国、法国、德国、日本等发达国家，虽然存在着微观上的差异，但从宏观角度分析的话各国在"大压缩的时代"依然拥有宏观上类似的产业构造，从而形成了中流社会（Piketty & Saez，2006），如果文化和制度能带来决定性的变化，在日美文化和制度之间存在巨大的差异的话，那么在日美中"大压缩的时代"这种类似现象的出现，该如何说明才好呢？

US 模式在支撑"大压缩的时代"的产业构建时崩溃，中流社会无法维持时的美国的新经济发展政策。1990 年年末，日本的状况也和 20 世纪 80 年代初期的美国相同，无法维持带来中流社会的产业结构，特别是从地方层面开始失去经济成长的基础。区域经济联合体的构建政策是在日本地方层面的高新技术产业的形成导向下的地方经济复兴、发展的新尝试。

但是，如果把文化和制度上的日美差异当作问题来看的话，那么也许有关企业破产的差异也应该作为问题来看。在 US 模式的引入上，强烈要求修正这一错误。

根据 Abernathy-Utterback 模式，可以得出对于形成高新技术产业的新市场型、突破性技术革新的产生来说，摸索尝试是必不可少的。在摸索尝试上，失败是成功之母。因此，在硅谷，承担科技革新的 NTBFs 在新市场型、突破性技术革新上的失败、破产被看作是对实现目标的多个选项的遴选，有助于提高成功概率，是得到好评的事情。

但遗憾的是，在日本，岂止是不认可 NTBFs 的失败，还存在着强加给破产企业家的沉重经济负担，并存在着给予创业失败者消极评价的社

---

① 重视上下关系的美国和重视共同作业的日本，有着很大的文化性差异。很难轻易地将在美国成功的产学技术转让政策和风险企业援助政策照搬到日本。但是，批判者并没有考虑到本书中所探讨的美国的结构改革，而是将其简单地还原为文化的差异。

会环境。这无法使 NTBFs 担负起对于技术培养来说不可避免的摸索尝试。

的确，不允许失败的这种法律制度和社会环境可避免将有限的资源投入到不合理的摸索尝试中，符合有效率的追赶发达国家这一目标。事实上，可以说日本由于有这种法制和社会环境，因此避免了不断摸索尝试带来的资源浪费，因为将贫乏的资源集中到追赶发达国家之中才能够在亚洲最早地实现对发达国家的超越。

现在日本已经成为发达国家，高效追赶的目标也不在适用于经济发展。我们应当根据实际情况建立适宜的新目标。为此，不断反复摸索尝试，为了高新技术产业的形成，新市场型、突破性技术革新的创造是不可或缺的。为了这个课题的完成，不仅需要采用 NTBFs "双重创业风险" 的宏观政策，还需要援助其创业、成长、集聚的区域经济联合体。

但是，即便是构建了宏观政策和区域经济联合体，也不可能杜绝破产。在 NTBFs 创业、成长中，包含了在众多新创业中的成长，其中的一部分因探索尝试而破产。为了实现在地区上 NTBFs 共同创业、成长、集聚，必须对在追赶发达国家时期形成的破产惩罚的政策进行改革。而且，比起都市层面这种政策的变革，在地方层面的要求更为强烈。

9.3　寻求 "鹤冈奇迹"

日本在 "大压缩的时代" 中实现了制造业的技术革新，在经济的高速增长条件下完成了向发达国家追赶的奇迹[①]。但是，现在却陷入了连经济增长都无法维持的状态。为打破这种现状，实现新的经济增长，必须引入 US 模式。因此，在与美国相比未进行地方分权的日本，正在谋求地区上

[①]　P.克鲁格曼称，在亚洲除日本外的各国的经济高速增长是资本和劳动力投入的结果，并不是提高生产效率的技术革新的成果。日本经济的高速增长，是伴随着技术革新的创造，而且通过 "飞跃" 现象，达到凌驾于很多欧美发达国家之上的程度。为了说明日本这一 "飞跃" 现象，产生了新的分析机制——National innovation System 论。弗里曼下结论称，日本的经济高速增长期，Statist 模式发挥了极为有效的作用，面向其解体的结构改革比在美国还要苦难。

的 NTBFs 成为新市场型、突破性技术革新的核心。

接下来，以被誉为引起新奇迹的导火索而备受期待的"鹤冈奇迹"为例，通过验证日本各地区为实现 NTBFs 共同创业、成长、集聚的区域经济联合体构建实现的可能性，作为本文的总结。

9.3.1 区域经济联合体准备期——引入 IAB

"鹤冈奇迹"的区域经济联合体构建的充分条件的产生，始于对农业上的研究及对研究、教育据点丧失的担忧。

在鹤冈市，农业现在仍是一项重要的产业。山形县内的市町村农业上市额是最大的。在此背景下，在农业部门中就有了与山形大学农业部频繁合作的品种改良活动。可是，从 20 世纪 90 年代中期开始，农学部的改良转化计划浮出水面。由于该改良转化计划而担心丧失农业上研究、教育据点的鹤冈市探讨了能够代替山形大学农业部功能的新的研究据点的引入。探讨的研究领域不仅限于农业，也包含作为新领域开始受到关注的生物领域等生命科学的研究、教育据点的引入[①]。

当时山形县也计划在大学升学率很低的庄内地区设立公设民营式的新大学，依托在庄内地区有关联的庆应义塾大学制订设立新大学的计划。该计划因 2001 年东北公益文科大学的开学得以实现。鹤冈市将这个新大学的主要校园出让给酒田市，对庆应义塾大学提出了设置生命科学领域的尖端研究方面教育设施的要求。由于鹤冈市表现出来的强烈愿望和经济的负担条件，庆应义塾大学在鹤冈市新开设了尖端生命科学研究所（Institute for Advanced Biosciences，IAB）。

IAB 定位为以生命机制为系统进行分析的系统生物学这一尖端研究，不断整合基因组、蛋白质组、代谢组、生物信息学等基础研究，进行医药生物、环境生物、食品生物等应用领域研究的"Academic Venture"，旨在创造出突破性技术，设置在鹤冈市。

新设立的 IAB 给鹤冈市在一定程度上带来了"技术和人才的集聚"，

---

① 关于鹤冈市的措施等，来自前任市长富塚阳一的听证会和鹤冈市及 IAB 的相关资料。

因此在代谢组分析上发明了突破性技术。依据毛细管电涌、飞行时间型质量分析的代谢组测定发明，是在速度、精度、灵敏度方面高出现有技术数十倍的突破性技术。这个发明由庆应义塾大学TLO知识产权中心申请专利，2002年8月，在申请专利后仅一年零一个月的时间便意外地获得了专利认可。

9.3.2 外部因素——HMT公司的创立

知识产权中心曾一度寻找能有效利用该专利的企业。但是，企业的负责人仅表示对其技术的优越性的认可，并没有出现想要将其应用于实践的企业。在这个时期，虽然基因组解读正在迎来它的最后阶段，但对于下一步的课题，以蛋白质的构建和功能的网罗式分析为目标的蛋白质组处于开始引起大家注意的阶段，而代谢组还未能成为研究对象。此时产生了突破性技术无法在现有企业中实现商业化这一原因，创新者陷入了左右为难的困境。

对于大学创造出的突破性技术的商业化，只能以发明者为中心创办NTBFs。虽说如此，NTBFs具有技术、事业"两重创业风险"，这并不是仅靠大学的研究者就能创业成功的。

知识产权中心的负责人得到了对VC抱团创业、成长、发展生物尖端领域合作伙伴和熟悉生命科学领域的世界技术动向的《日经生物》主编的帮助，成功地援助了NTBFs，成立了人类代谢组科技股份公司（下称HMT）。

9.3.3 区域经济联合体的准备期——代谢组研究校园的筹备

HMT公司朝着"对代谢组分析相关突破性技术"的商业化，为创造出新市场型、突破性革新技术，在第一阶段进行了扩大新技术用途的共同研究；在第二阶段实现了融入新技术的测定装置的开发、制作、贩卖；在第三阶段瞄准新测定装置的市场开拓，采取了加入医药、环境、食品等领域的企业战略。鹤冈市开始筹备HMT公司实施企业战略的开发据点。

HMT公司在创业之初借助IAB，随着科技风险公司培育的正式进行，空间变得更加狭小了。在学生的实验、研究场所，和企业进行共同研究不仅不能确保实验的保密性，还很有可能产生利益冲突和引起企业和教育的混乱。为了避免这个问题，筹备研究基地，设置UICRC就变得势在必行。鹤冈市在了解该情况后，在IAB旁边设置了鹤冈代谢组校园，并将其正式命名为鹤冈市尖端研究产业支持中心，它是一个拥有商务培训功能的UICRC。

从第二章中推导出的区域经济联合体的构建模式来看，在此时的鹤冈市，没有集聚能够提供"生产者服务"的支持机构，也没能形成供给营业资源的网络的组成与统合，就着手朝着NTBFs创业、成长的"援助组织"进行了筹备。为了筹备这个援助组织，必须推进能够提供风险融资、转职网络、专业营业支持服务机构的引进和集聚。

但是，在日本的经济结构中早已把此类专业机构都集聚在大都市中，由此来看，在鹤冈市筹备这样的援助组织是极其困难的，作为招揽商家的前提，需要出现成功的企业以吸引关注和展示其可行性。因此，也就是说地区中以成功企业的出现为目的的援助组织的筹备就必须以成功的企业为前提，这就陷入了Catch22的矛盾之中。

可以说，成功企业的出现对突破因鹤冈市援助组织的筹备而产生的Catch22是必不可少的。以之前的事例为例，就有波士顿的DEC、剑桥地区的Acorn等。HMT公司能否成为这样的成功企业遭到了质疑。

HMT公司和相关人员以"鹤冈奇迹"的实现为目标展开了相关企业活动。而且，为了支持HMT公司的成功，以IAB和UICRC为中心，不断推进与代谢组产业相关的研究机构和企业的集聚，鹤冈代谢组集群这一高新技术产业也逐渐形成（如图9-3所示）。

9.3.4　外界压力——成功企业的出现

使鹤冈市的区域经济联合体构建向确立期转移的外部影响因素还未出现。现在可以说是正处于开始筹备面向NTBFs共同创业、成长的援助组织的阶段。可是，从日本的地区特性来看，鹤冈需要在这个阶段中出现早期成功企业。

HMT公司，达成了三个阶段的企业战略，甚至不断地向实现IPO的阶段成长，但由于新兴市场的不良情况和证券公司回避风险的应对措施，

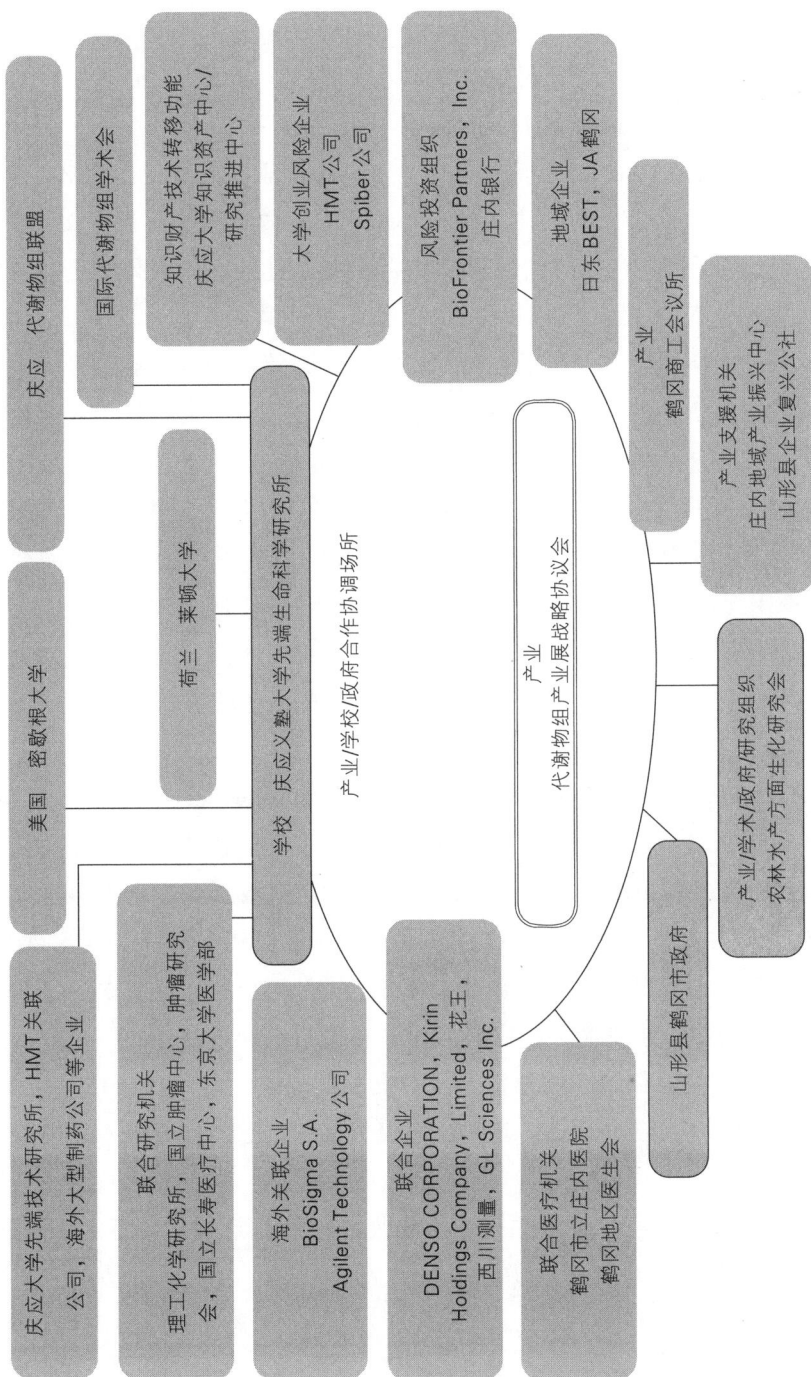

图9-3 鹤冈代谢物组产业群的形成

未能实现IPO。也有主张引入能带来巨大雇用效果工厂的市议会会员，在一个有着建立代谢组产业集群的高新产业策略的区域经济联合体里，这种主张实际上没有完全得到该地区的认可。

　　但是，随着IAB研究进行的同时，负责将其成果商业化的HMT公司的存在也引起了世界性的关注。2005年6月，从17个国家集聚了200多名研究人员，召开了第一届代谢组研究国际会议。此外，国内外的企业均向鹤冈代谢组研究集聚，与IAB和HMT公司进行共同研究。而且，HMT公司还将技术活用到农业生物领域的研究上，开始对地区农业带来巨大成效，其开发的新品种大米"光泽公主"经科学证实，味道超越了至今为止最受欢迎的另一个品种的水稻（KOSHIHIKARI）。

　　这种成绩的取得受到了广泛的好评，地区认知度也逐渐得到了提高，显而易见，其原因是区域经济联合体的构建，但为了得到地区的最终认可，必须出现成功企业，给予地区能够切实感受到的经济效果。HMT公司实现了IPO，在其对地区雇佣和收入产生影响的时候，鹤冈市又会发生怎样的变化呢？可以说，鹤冈市成为日本构建区域经济联合体的一块试金石。

9.3.5　区域经济联合体构建的开创——作为Influencer的市长

　　鹤冈市区域经济联合体的构建能够过渡到筹备期的理由，可以说是IAB产生的代谢组测定技术，从此前基因组的生命科学角度来看，是不可欠缺的突破性技术。因为是突破性技术，所以承担其企业科学技术风险，创造出新市场型突破性技术革新的HMT公司的创业是不可或缺的，面向其成长的支持组织也是必需的。鹤冈市在援助组织的筹备方面，采取了最大限度地利用国家和地区的补助金及资助款的战略，但不仅仅依靠于此，为了得到持续性的应对方法，鹤冈市还担负着将自己的预算投入其中的风险。实际上，由于政权交替，"地区产学官共同据点筹备事业"的预算规模削减了近三分之一，鹤冈的代谢组研究校园扩张计划的预算从25亿日元减至11亿日元，建筑物的施工也将被搁置，鹤冈市只好自己拿出了16

亿日元的预算，继续建设建筑物。(《庄内日报》，2010-02-20)①

在使鹤冈市的援助政策具有独立性和持续性上发挥巨大作用的是，主导引入IAB的前任市长富塚阳一。富塚从1991年上任至2009年卸任，担任了五届共18年的鹤冈市市长。在任期间没有制定、实施过短期效果的政策。他重视、强化地区的独立性，引入IAB也并不是瞄准生命科学产业的形成，而是针对作为当地农业优越性基础的研究、教育据点的丧失这一危机，才开始积极地推动招揽具有代替功能的IAB。

这个推动就是成功地引入了名为系统生物学的这一当时极其先进研究的IAB，发明了对于此类研究不可缺的代谢组测定方面的突破性技术。作为使该突破性技术商业化的HMT公司一成立后，就召集了与HMT公司创业有关的产、学、官方面的专家，成立了叫作鹤冈生物战略恳谈会的"共识空间"，制定了面向区域经济联合体构建的战略。鹤冈市遵从恳谈会上所提出的战略，用市里的预算费用筹备了代谢组等援助组织。富塚充分利用这些专家和市政人员的知识和智慧，独立地制定并实施了一些必要的政策。②

在美国，影响者(Influencer)往往被要求和政治家保持距离(Gibson & Rogers，1994)。但是，在鹤冈市的案例中，可以说富塚市长起到了影响者的作用。这个案例能有多大程度的适用空间尚需要探讨，但似乎可以说在影响者发挥功能的地区的区域经济联合体应该都有对NTBFs共同创业、成长的援助，这一点是日、美、英共同存在的事实。

从鹤冈市的例子来看，即便是在日本地区内，为促进NTBFs共同创

---

① 来自地区上的对于此预算削减的抱怨大家可能已经有所耳闻，从苏格兰的SE的例子中我们能看明白，这可以说是随着政权交替的正常现象。在战后Statist模式下实行的虽是民主主义，但过于习惯没有政权交替这一反常现象，我们应对政权交替未采取应对政策的不明确做法进行反思。这一点对参与美国的产学技术转让相关者和大学风险企业援助的负责人来说是常识，为了维持其持续性，采取了从地区财团中调度资金的应对方法(2010年12月3日，面向美国大学风险企业支持的相关者的演讲)。

② 有这样一段逸闻，在为了得到国家预算的审查会上，要求生命科学产业形成短期成效的审查委员，对提出"农业上的重要性论述IAB"和"HMT公司贡献"的富塚表示反对，并认为其方案不能理解，不采纳也没有关系。

业、成长、集聚的区域经济联合体的构建也不是不可能。

芬兰是一个只有529万人口，GDP仅2 727亿美元（人口是2007年的数据，GDP是2008年的数据，总务省统计研究所，2010）的小国，但可以说"奥卢奇迹"也给其带来了巨大的冲击。但在规模完全不同的日本，决不能让"鹤冈的奇迹"止步于奇迹，我们应该寻求在各地区的奇迹再现。

但是，由于鹤冈还未出现成功的事例，和20世纪80年代初的美国类似，因此地区的政策负责人对US模式的引入犹豫不决。但是，在政权交替这种新政治状况中，日本的宏观政策失去了持续性，对于地区的政策负责人来讲，甚至觉得被政府的宏观政策所愚弄，因而觉得很悔恨。为了改变这样的事态，对作为区域经济联合体构建的激励政策的国家宏观政策进行改善是不可或缺的。同时，使更多的成功企业出现，形成外部的影响是非常紧迫的课题。

9.4 高新技术产业形成带来的地区经济复兴

2011年3月11日发生的东日本大地震和巨大的海啸，给日本东北地区的产业带来了毁灭性的破坏。特别是在对比县内生产总值的时候，之前在远远高出国内其他地区平均生产总值的农业和水产业，也受到了很大的打击。灾难不仅给渔业和农业带来了直接影响，还造成了对港湾设施的破坏和土壤盐化的发生等情况，基础设施和相关部门也遭受到了严重的灾害。不仅如此，通过成分比率来看，东北地区仅次于服务业的就是制造业，制造业里大部分都是供给厂商。所以灾难不只影响到了东北，也影响了全世界。今后，怎样让东北地区在这场灾害中复苏，不仅东北地区需要思考，也是以后日本经济将要面临的一大课题。

可是，在此应该确认的问题是，在东日本大地震发生之前，事实上东北地区的经济已经展现了衰退的倾向。从县内生产总值来看，2000年到2007年间，全国平均增加了0.4%，但是东北却减少了0.7%。在县内生产总值与全国的增长趋势呈相反的倾向中：第一产业比例很高，与全国

1.4%的构成比率相对。东北地区第一产业平均生产总值是2.6%，青森和岩手的比率分别为4.4%和3.8%。在制造业上，与全国的构成比例减少的情况相比，东北地区从2000年的19.4%增加到2007年的20.4%。因为东北地区有着这样的产业结构，所以东日本大地震对地区经济产生了很大的打击（以上数据来自日本政策投资银行，2010）。

实际上，作为产值仅次于服务业的制造业，与其世界级的供应链中十分重要的位置并不匹配。虽然其制造能力得到了很高的评价，但其中的大多数都陷入了"持续财政赤字"（《日本经济新闻》（朝刊），2011-05-17）的异常财政状况中。这样，曾经作为大产业部门的制造业将无法再成为增加用工和收入的骨干产业。此外，在第一产业中小规模从业者较多，通过提供有工作价值和高工资的"好工作（quality jobs）"来增加用工和收入是很困难的。基于东北地区经济形势的考虑，在充分认识到仅靠复兴现有产业是无法实现东北经济复兴这一现实的基础上，必须制订、实施有实效性的经济复兴计划。

贯彻本书的基本想法是，技术创新和将其具体化的产业构建的改变正是带来经济发展的原动力，是提高生产性和高生活水平的一个源泉（Scherer，1999；宫川，2005）。在此基本想法之上，在考虑复兴东北经济的时候，不仅复兴现有企业，可以说新市场型突破性革新技术下的高新技术产业的形成也是不可缺少的。

具备这种实效性复兴政策的地区是会受到限制的，因为必须满足"技术和人类的一定的集聚"的条件。但幸运的是，在东北地方的各个县内，存在能够满足该充分条件并成为据点的大学。现在正是认识产学合作的必要性，策划以产学合作型研究成果的突破性技术进行商业化的NT-BFs，并面向其创业、成长、集聚引导高新技术产业，构建区域经济联合体的时候。另外，为使该区域经济联合体的构建具有实效，可寄希望于国家进行结构改革和宏观政策的改善。

东北各县在构建面向这种新型高新技术产业形成的区域经济联合体时，必须深入学习同在东北取得成果的"鹤冈奇迹"，并结合各县的实际情况，通过各县独特的区域经济联合体的构建，实现高新技术产业的形成，并将其转变成"东北的奇迹"。可以说，这是不可能的事情。这也考验了地区的构想力和实行力。期望本书中所指出的，由NTBFs而产生，旨在形成地区高新技术产业的区域经济联合体模式对这个尝试能做出一点点贡献。